Die Brost-Bibliothek.
Impulse aus dem Ruhrgebiet

Die Brost-Bibliothek.
Impulse aus dem Ruhrgebiet

Herausgegeben von Prof. Bodo Hombach

– Band 6 –

Mission Wahrheit

Wer vermittelt uns ein realistisches Bild unserer Welt?

Bodo Hombach (Hrsg.)

Tectum Verlag

Die Schriftenreihe *Die Brost-Bibliothek. Impulse aus dem Ruhrgebiet* wird herausgegeben von Prof. Bodo Hombach in seiner Funktion als Präsident der Brost-Akademie.

Bodo Hombach (Hrsg.)
Mission Wahrheit
Wer vermittelt uns ein realistisches Bild unserer Welt?

Die Brost-Bibliothek. Impulse aus dem Ruhrgebiet, Band 6

ISBN 978-3-8288-5167-2
ePDF 978-3-8288-5168-9
ePub 978-3-8288-5169-6
ISSN 2747-5425

Umschlaggestaltung: © Frank Georgy
Umschlagabbildung: http://francescoridolfi.com (envato)

Gesamtverantwortung für Druck und Herstellung:
Nomos Verlagsgesellschaft mbH & Co. KG
Printed in Germany

Besuchen Sie uns im Internet
www.tectum-verlag.de

Bibliografische Informationen der Deutschen Nationalbibliothek
Die Deutsche Nationalbibliothek verzeichnet diese Publikation in der Deutschen Nationalbibliografie; detaillierte bibliografische Angaben sind im Internet über http://dnb.d-nb.de abrufbar.

Die Brost-Bibliothek. Impulse aus dem Ruhrgebiet

Die Brost-Akademie will Impulsgeber sein für das Ruhrgebiet und darüber hinaus. In ihren Projekten, Veranstaltungen und Publikationen bringt sie Menschen zusammen, die mit innovativen Ideen und kreativen Lösungen neue Akzente setzen und Strahlkraft über die Region hinaus entwickeln. Die besten davon stellt sie mit der *Brost-Bibliothek* einer breiten Öffentlichkeit zur Verfügung.

In der Reihe kommen renommierte Wissenschaftler, Journalisten und Publizisten zu Wort, die sich in ihren Beiträgen aktuellen gesellschaftlichen, politischen und kulturellen Fragestellungen widmen, welche für das Ruhrgebiet besonders relevant sind, aber auch national wie international diskutiert werden. Dabei spüren die Autoren den zugrundeliegenden Herausforderungen nach und entwickeln lösungsorientierte Handlungsempfehlungen für das Ruhrgebiet und darüber hinaus.

Herausgeber der Reihe ist Prof. Bodo Hombach in seiner Funktion als Präsident der Brost-Akademie.

Inhaltsverzeichnis

Jedem seine Wirklichkeit? Zum Stand von Journalismus und Debattenkultur

Vorwort

von Bodo Hombach

Ich denke, das darf man an dieser Stelle sagen und so dem Urteil des Lesers munter vorgreifen: Diesem Buch ist es gelungen, Experten, Autoren und Zeitgenossen zu versammeln, denen die öffentlichen Dinge am Herzen liegen. Sie begnügen sich nicht damit, die Verlautbarungen der Macht und der Mode entgegenzunehmen. Sie haben Eigenes zu sagen, zu relevanten Themen, mit guten Gründen und in klarer, oft mitreißender Diktion. Sie alle haben die Autorität hellwacher Beobachtung und professioneller Lebenserfahrung. Auch die junge Generation (Hörer und Hörerinnen eines Seminars der Universität Bonn) meldet sich zu Wort.

Es geht um den öffentlichen Diskurs und damit um eine kritische Infrastruktur der Zivilisation, um die Mittel, die Wege und die Bereitschaft, sich ein adäquates Bild unserer Welt zu machen. Jeder Beitrag wirft ein Licht – oft ein Schlaglicht – auf zentrale Aspekte der medialen Landschaft; durchaus in „brennender Sorge", denn dort ist nichts mehr vertraut und gewiss. Die Fragen liegen auf dem Tisch und werden immer dringlicher gestellt.

Aufklärung ist eine in Jahrhunderten erkämpfte Methode der Welterkundung. Rinnt sie uns wieder einmal durch die Finger? Wird sie an den Meistbietenden versteigert oder auf dem medialen Rummelplatz zwischen Geisterbahn, Riesenrad und „Hau-den-Lukas" zerrieben? Wollen selbsternannte Gatekeeper nur noch herrschen statt dienen?

Dienen sie also nur noch illegitimer Macht, ihren kommerziellen oder ideologischen Interessen? Machen Journalisten lieber Politik, statt über Politik zu berichten? Wollen sie mit ihren Fragen nur noch die Realität dementieren, anstatt sie zu erkunden und zu beleuchten? Ist Sprache nur noch „Sprech" und „wording", also gezieltes Missverständnis, oder ist sie kostbares Werkzeug der Verständigung? Was bringt uns KI, wenn die natürliche Dummheit des Schwarms und der Propaganda sich durch künstliche Intelligenz nicht mehr bremsen, sondern nur noch verstärken lässt?

Argumentationsarme Politik verunsichert. Verunsicherung beunruhigt. Unruhige Bürger machen ein unruhiges Land. Die Welt ist im Taumelflug, und zurzeit ist kein Pilot erkennbar, der sie wieder in die Spur bringt. Pragmatismus schwächelt gegenüber dem wachsenden Heer von Überzeugungstätern und Täterinnen.

Kurt Tucholsky ist wieder Zeitgenosse. Am 11. März 1920 schrieb er in der *Weltbühne*: „Diese Zeit hat durchaus etwas Gespensterhaftes. Die Leute gehen täglich ihren Geschäften nach, halten Feste ab und tanzen, heiraten, lesen Bücher: aber es ist alles nicht wahr... Die Grundfesten wanken... Sie reden verschiedene Sprachen, die babylonischen Menschen, und sie verstehen einander nicht. Sie sprechen aneinander vorbei und sie haben weniger gemeinsam denn je... Wohin treiben wir? Wir lenken schon lange nicht mehr, führen nicht, bestimmen nicht. Schemen und Gespenster wanken um uns herum – taste sie nicht an: sie geben nach, zerfallen, sinken um. Es dämmert, und wir wissen nicht, was das ist: eine Abenddämmerung oder eine Morgendämmerung."

Sind wir auf einer eingefetteten Rutschbahn? Wer ruft „Halt!" oder streut wenigstens Sand? Wenn Sprachlosigkeit um sich greift, gibt es doch ein gutes Gegenmittel:
Miteinander sprechen.

Ich halte inne und atme durch.

In solcher Zeit wird Hoffnung zur Pflicht. Jürgen Habermas hatte erkannt: Öffentlichkeit ist kein vorhandener Raum, den man so oder so betreten und besiedeln kann. Sie entsteht überhaupt erst, wenn man sie beansprucht. Sie entsteht, wenn der Bürger seine Wohnung verlässt und sich auf den „Bürger"-steig begibt, wo er Mit-„Bürgern" begegnet und mit ihnen ins Gespräch kommt. Es bilden sich Gruppen, Parteien und schließlich ein politischer Wille, der im Wettbewerb mit anderen durch demokratische Institutionen Gesetzeskraft erreichen kann. Solche Menschen haben alles Recht, sich mit Stolz „Republikaner" zu nennen. An ihrem „Schwarzen Brett" hängt Hannah Arendts geschliffener Satz: „Niemand hat das Recht, zu gehorchen."

Aber...

„Was ist Wahrheit?", fragte Pilatus den Angeklagten, der sich selbst als „Der Weg, die Wahrheit und das Leben" bezeichnet hatte. – Wir wissen, wie die Sache ausging. – Aber die Selbstbezichtigung dieses Unruhestifters hatte merkwürdige Aspekte. Auch ihm schien die „Wahrheit" als eine eher heikle Angelegenheit. War sie nicht eine gefährliche Fiktion? Hatte nicht jeder seine eigene? Konnte man sie nicht viel zu leicht missbrauchen? War sie überhaupt zugänglich? Wem? In welchem Maße? Vielleicht nahm er sie deshalb in die Mitte der beiden anderen Begriffe: „Weg" und „Leben". Das federte sie ab. Das machte sie menschlicher, praktikabel, begehbar und somit weniger bedrohlich.

Der denkende Zweibeiner ist fehleranfällig, vergesslich, leicht abgelenkt, träge, verführbar durch Oberflächenreize und Interessen. Und er ist heute ein anderer als morgen. Wer aber einen „Weg" geht, ist immerhin offen für neue Erkenntnisse. Er bleibt unterwegs, im unruhigen Einklang mit den Stufen seiner persönlichen und sozialen Entwicklung. Er singt sogar – wie Bert Brecht – das „Lob des Zweifels".

Und wer sich auf das „Leben" einlässt, respektiert dessen Widersprüche. Er unterwirft sich nicht der Abstraktion, bleibt berührbar durch das Konkrete, durch Begegnungen und Ereignisse. Für ihn ist das Gegenteil der Wahrheit auch nicht ganz falsch und der Umweg manchmal die kürzere Verbindung. Er kann Kompromisse schließen und geht nicht auf den Leim ideologischer Reinlichkeitsfanatiker. Wenn er sich in einem Konflikt verheddert, fragt er: „Was machen wir jetzt?" und „Wo wollen wir hin?" Für die alten (und noch immer jungen) Griechen entstand Wahrheit aus der Auseinandersetzung und im Dialog. Sie lag nicht in, sondern zwischen den Kontrahenten. Kontroverse und Streit waren nicht peinliches Vorkommnis, sondern belebende, menschliche Fähigkeit. Sie hatten ein Wort dafür, und es gilt als Inbegriff ihrer Kultur: „agon". Es steht für Wettstreit, Rede und Gegenrede. Von der Erfindung der Olympischen Spiele über die des Theaters bis zum philosophischen Diskurs lag hier das Geheimnis einer kulturellen Supernova ohnegleichen. Wir zehren noch immer davon.

Aber diese Kunst war immer bedroht. Gegenwärtig scheint sie wieder einmal dramatisch zu schwinden. Sie atrophiert wie ein Muskel, den man nicht beansprucht. Es wird immer schwieriger, über Probleme sachlich und undogmatisch zu sprechen. Gewiss ist es mühsam, auch schmerzliche Themen auf der Sachebene zu erforschen und dann zu fragen: Wer sind hier die interessierten Gruppen oder involvierten Parteien? Was wollen die? Aus welcher Logik heraus handeln sie, und wo könnte es vielleicht einen Kompromiss geben? Es ist leichter, die Debatte zu beenden, bevor sie begonnen hat. Es genügt der moralische Kurzschluss: „Wenn du nicht dieser oder jener Auffassung zustimmst, dann hast du einen Defekt, eine negative Eigenschaft. Dann liegst du nicht falsch, sondern ‚bist' falsch, ein Leugner von irgendwas oder der ‚Versteher' von irgendwem."

Neue politische Bewegungen und daraus resultierende Parteien stehen in der ewig alten Tradition der Apokalyptiker. Denen ist bei Strafe der Selbstauflösung Differenzierung und Zweifel verboten. Gerne verbieten die auch anderen „den anderen Blick". Kulturschaffende, die sich – so oder so – nicht genug distanziert haben, dürfen ihre Oper nicht mehr aufführen, ihre Ausstellung nicht zeigen oder ihren Vortrag nicht halten. Auch im Wörterbuch regiert der Rotstift. – Schlagartig erlischt die Suche nach „Wahrheit in der Kontroverse". Rede und Gegenrede verkümmern zur Schlag-Zeile, zum Sprechchor.

Die meisten Probleme sind komplex. Kompliziert werden sie aber erst in den Köpfen. Dort sind sie Projektion und Konstruktion eingeübter Verhaltensweisen und schlechter Gewohnheiten. Das platte Moralisieren ist dann ein Akt der Schmerzvermeidung. Die eigenen Vorurteile bleiben ungefährdet. Immanuel Kant unterschied einmal den moralischen Politiker vom politischen Moralisten. Der erstere ist bemüht, Recht durchzusetzen und zur Geltung zu bringen. Der andere formt sich die Prinzipien seines Handelns so zurecht, wie er sie braucht. Er will keine vernünftige Zustimmung, sondern blinde Gefolgschaft – zum Teufel mit der Wahrheit!

In Kriegszeiten erleben wir das mit voller Wucht. Die offizielle Suspendierung der Zivilisation und der Humanität zwingt bewaffnete Menschen, einander nach dem Leben zu trachten, Städte zu zerstören, Infrastruktur zu vernichten. Plötzlich ist jeder verpflichtet, Partei zu ergreifen, und weiß doch: Jede Information ist fragwürdig und fast immer Propagandalüge. Es gibt keine unabhängige Quelle. Man rettet sich ins moralische Bekenntnis wie in einen Panic Room.

Gerade werden wir von der Nachkriegszeit in die Vorkriegszeit politisiert, geschrieben und gesendet. Natürlich ist es ungeheuer schwierig, sachlich über ein Geschehen zu sprechen, das uns mit unerträglich schockierenden Bildern konfrontiert. Die Wahrheit des Krieges ist aber der Krieg. Alles Sprechen über den Krieg muss mit dem Entsetzen beginnen, dass es ihn überhaupt gibt. Nur dann durchbrechen wir die mediale Oberfläche und verlassen die Logik der Sandkästen und Aufmarschpläne. Nach dem Entsetzen des Dreißigjährigen Krieges fand man einen Weg, auch und sogar mit den Feinden zu reden. Man nannte das Diplomatie. Es war nützlich, Teufelskreise zu sprengen und Frieden zu schaffen.

Der Volksmund sagt: „Man muss sich bemühen, einmal in den Schuhen der anderen zu stehen." Jeder Krieg beginnt im Kopf. Warum nicht auch der Frieden? Ein Perspektivwechsel kann Schnittmengen und Spielräume erkennbar machen.

Fakten haben ihre eigene Wahrheit. Sie scheren sich nicht darum, was wir von ihnen halten. Auch die Rede vom „Weltuntergang" ist ein steiles Missverständnis. Die Spezies „Mensch" mag sich an sich selbst verschlucken und untergehen. Solange wir uns aus Gründen „nationaler Ehre", territorialer Besitzgier, ethnischer Waschzwänge oder persönlicher Eitelkeit gegenseitig massakrieren, wobei wir es immerhin vom Faustkeil zur Interkontinentalrakete gebracht haben, haben wir eine schlechte Prognose. – Die „Welt" hat nichts damit zu tun. Sie entdeckt gerade erst, dass es uns gibt.

Auf der gesellschaftlichen Ebene kommen immer subjektive Bewertungen ins Spiel. Wie wichtig ist mir der Sachverhalt? Was beeinflusst meine Wahrnehmung? Aufgrund welcher Interessen? Welcher Weg führt zum Ziel? Welchen Spielraum haben wir, das als richtig Erkannte durchzusetzen? Zu welchen Kosten? Mit welchen Folgen für andere? Wertsetzungen sind immer persönliche Wertschätzungen.

Wer über „Wahrheit" spricht, muss über „Medien" sprechen. Da unsere Primärerfahrungen schon lange nicht mehr ausreichen, sind wir auf Sekundärerfahrungen angewiesen. Wir brauchen sie für Orientierung und konsistente Entscheidungen, nicht nur in der Wahlkabine. Vermitteln sie uns ein realistisches Bild unserer Welt? Ein „Bild" ist es immer.

Medien stehen aber nicht außerhalb des Systems. Sie sind dessen integraler Bestandteil. Sie sind Faktum und Faktor zugleich. Sie sind menschengemacht und interessengeleitet. Sie beschreiben und bebildern nicht nur unsere Welt. Sie wirken auch auf sie ein, beeinflussen unsere Wahrnehmung und damit unser Handeln. Das bedeutet Macht und nicht selten Machtmissbrauch. Mancher muss für sein Weltbild sehr viel Welt ausblenden.

Und doch: Demokratie und offene Gesellschaft sind nicht denkbar ohne freie und unabhängige Medien, die allen Bürgerinnen und Bürgern zugänglich sind. – Wen wundert's: Autokraten haben nichts Eiligeres zu tun, als sie abzuschaffen. Und Autokraten – das sehen wir zurzeit ringsum – sind nicht mehr Königsmörder und Putschisten. Sie delegitimieren die demokratischen Institutionen und verbreiten gezielte Unwahrheiten, die sich durch ständiges Wiederholen einnisten. Verantwortungslose Medien halten ihnen die Steigbügel. Und ahnungslose Jubler schwenken die Fähnchen. Zuletzt lassen sie sich von der zerrütteten Gesellschaft ins Amt wählen. Aus der repräsentativen Demokratie wird die „repräsentative Diktatur".

Um diesen Weg der Scham und der Schande zu vermeiden, braucht es verantwortungsvolle Medien: starke Sender und Verlage, die sich – bei allem Wettbewerb um Marktanteile – am Gemeinwohl orientieren. Journalisten, Redakteure, Herausgeber und Intendanten, die den aufrechten Gang beherrschen und bereit sind, sich von der Wirklichkeit irritieren zu lassen.

Ein Buch wie dieses ist „Meeting Point" in Zeiten wachsender Unübersichtlichkeit. Es ist gelebte Debattenkultur. Es stiftet Bündnisse zwischen Autoren und Lesern. Schon das Inhaltsverzeichnis macht Mut. Jeder Beitrag legt seinen Finger auf eine Wunde, aber keiner mit „Lust am Untergang", sondern als Appell und Absicht, „sich des eigenen Verstandes zu bedienen und aus selbstverschuldeter Unmündigkeit herauszutreten". So definierte Immanuel Kant den Begriff „Aufklärung". Wir begehen in diesem Jahr den 300. Geburtstag des Königsberger Denkers. Und noch immer ist Mission „Wahrheit" kein unkündbarer Besitz, sondern Konzept, Prozess, Expedition in vermintes Gelände.

Die Brost-Stiftung gibt hier Gelegenheit und Ort. Sie erfüllt ihren Auftrag als Teil der Zivilgesellschaft. Ich danke allen, die das so wichtig nehmen wie es ist.

Vor allem danke ich den großartigen Autorinnen und Autoren, die sich mit ihren Beiträgen, Erfahrungen, Ideen und auch Temperamenten in dieses „Gästebuch" eingeschrieben haben. Dank auch allen Mitarbeiterinnen und Mitarbeitern der BAPP und der Brost-Akademie, die dieses Buch gewollt und technisch ermöglicht haben. Und ein besonderer Dank an alle Leserinnen und Leser, die es in die Hand nehmen und dem möglichen Erkenntnisgewinn kostbare Lebenszeit widmen. Sie ist klug investiert. Die „Mission Wahrheit" ist keine „Mission Impossible".

Prof. Bodo Hombach ist Vorsitzender des Vorstandes der Brost-Stiftung, Präsident der Brost-Akademie und Ehrenpräsident der Bonner Akademie für Forschung und Lehre praktischer Politik (BAPP). Hombach lehrt als Honorarprofessor an der Universität Bonn. Zuvor war er unter anderem als Chef des Bundeskanzleramtes sowie als Sonderkoordinator des Stabilitätspaktes für Südosteuropa in Brüssel tätig. Von 2002 bis 2012 war er Geschäftsführer der *WAZ*-Mediengruppe in Essen.

The Future Is Now: Chancen und Herausforderungen der (digitalen) Medienlandschaft

Wissen, woher der Wind weht. Die Wahrheit und der Wetterbericht

von Ulrike Demmer

Und jetzt: zum Wetter. Es gibt wohl kaum ein Thema von so leichtfüßiger Universalität wie dieses. Ob einem das Grau des Tages gerade die Laune verhagelt oder man sich wie ein Kind über den ersten Schneefall freut – als Smalltalk-Thema Nummer eins bringt das Wetter die Menschen kollektiv zum Jammern oder Jubeln. Jeder spricht darüber. Weil es jeder kann. Und alle wissen, dass der Wetterbericht nur eine Momentaufnahme ist. Diese Flüchtigkeit der Großwetterlage hat das Thema so herrlich unverfänglich wirken lassen. Bislang.

Denn jetzt zum Wetter 2023. Starkregen und Gewitter über weiten Teilen Deutschlands, 46 Grad in Indien, das Wetterphänomen El Niño tritt erneut im Pazifik auf. Dürre von der Sahelzone bis nach Sachsen, Waldbrände in Griechenland, eine Flutkatastrophe in Libyen. Wenn wir heute auf das Wetter blicken, lassen sich die extremen Wetterlagen als Folgen des menschengemachten Klimawandels nicht ausblenden. Das einstmals so beiläufig banale Reden über das Wetter ist zu einem Thema geworden, das weitaus mehr verhandelt als Regen oder Sonnenschein. Die extremen Wetterlagen provozieren inzwischen extreme Meinungen. Ein Kampf um Deutungshoheit und die Wahrhaftigkeit von Aussagen über das Wetter ist entbrannt.

Für die Wissenschaft ist die Suche nach der Wahrheit die Grundlage ihrer Arbeit und die Grundlage ihrer Glaubwürdigkeit. Auch die wissenschaftlichen Daten der Meteorologen sollten Orientierung geben, Informationen, auf die man sich verlassen kann. Meteorologen wie Karsten Schwanke (ARD) und Özden Terli (ZDF) führen nichts Politisches im Schilde, wenn sie allabendlich die Wetternachrichten präsentieren. Und doch ernten sie zunehmend Hasskommentare in den sozialen Medien. In einem Beitrag des ARD-Magazins *Panorama* vom 14. September 2023 berichtet die Journalistin Isabell Schneider über die beiden Wetterexperten. Immer dann, wenn sie einordnen und beschreiben, dass dies nicht nur ein weiteres Jahr sei, das ein bisschen zu warm ist, sondern auch die Ursachen für die extremen Wetterlagen mitbenennen, immer dann also, wenn sie über den Zusammenhang von Wetter und Klima aufklären, ernten die Meteorologen Kritik. Als „Mietmaul" oder „Systemschwätzer" tituliert eine meist anonyme aufgebrachte Menge die beiden Meteorologen. Es handele sich beim Wetterbericht um ideologisch motivierte Panikmache von links.

„Physik ist links", twitterte daraufhin Özden Terli als ironische Retourkutsche anfangs, inzwischen aber hat er die Kommentarfunktion in den sozialen Medien abgestellt. Die Diffamierungen und Unterstellungen setzen den Kolleginnen und Kollegen in den Wetterstudios zunehmend zu. Ihre mediale Präsenz macht sie zu einer Angriffsfläche für diejenigen gesellschaftlichen Gruppen, die in Abrede stellen wollen, dass Wettermoderatorinnen und -moderatoren wissenschaftliche Fakten transportieren.

Die Instrumentalisierung der Wetternachrichten zeigt beispielhaft, dass selbst die Wissenschaft zu einem ideologischen Schlachtfeld geworden ist. Was nichts anderes bedeutet, als dass inzwischen alles bestritten und umgebogen werden kann. Damit sind gesellschaftliche Standards bedroht, die sich seit der Renaissance und der Aufklärung entwickelt und durchgesetzt haben: die Gültigkeit wissenschaftlicher Erkenntnisse und Fortschritte, die sich, anders als die Glaubenswahrheiten des Mittelalters, durch neue Entdeckungen und Forschungen stets in Frage stellen lassen müssen. Doch die Skepsis gegenüber Fakten, selbst gegenüber meteorologischen Messdaten, rührt nicht länger aus der Vermutung, dass es morgen neue und präzisere Erkenntnisse geben wird, sondern aus einem fundamentalen Unglauben, der selbst schon als eine negative Heilslehre gesehen werden kann.

Die Macht der sogenannten „alternativen Fakten“ kennen wir, seit im Jahr 2017 die Beraterin des ehemaligen US-Präsidenten Donald Trump, Kellyanne Conway, diesen Begriff geprägt hat. Dass der wissenschaftliche Diskurs nicht mehr von solchen Desinformationskampagnen frei ist, hat sich in Deutschland weithin in der Pandemie gezeigt. Zahlreiche sogenannte „Raubverlage“ oder „Fake-Verlage“ setzen heute ungeprüfte oder falsche Behauptungen in die Welt und erwecken den Anschein, es sei Wissenschaft. Die Frontlagen einander entgegenstehender „Wahrheiten“ auf der Wetterkarte stehen damit symbolisch für die gestörte Diskursfähigkeit der gesamten Gesellschaft.

Das Dilemma ist bekannt. Besonders pointiert hat es die österreichische Schriftstellerin Eva Menasse bei ihrer Rede anlässlich der Verleihung des Ludwig-Börne-Preises 2019 auf den Punkt gebracht. Sie beklagt darin das „Verschwinden der Öffentlichkeit“ und beschreibt die Zersplitterung in Einzelmeinungen insbesondere vor dem Hintergrund der Möglichkeiten durch Internet und soziale Medien. Ein jeder von uns grabe sich derzeit sein eigenes Tunnelsystem. Weitläufig. Verzweigt. Und mit der Möglichkeit, Ungewolltes und Unbequemes umgehen zu können und so niemals auf Widerspruch zu treffen. Den Sammelplätzen und großen Kreuzungen, die einstmals insbesondere die großen Massenmedien wie Rundfunk oder Zeitungen geboten hätten, denen könne man heute jederzeit ohne Weiteres entgehen. Und – das macht es besonders bedrohlich – es sei möglich, dort ungestraft alles zu tun, was an der hellen Oberfläche verboten ist. Andere Meinungen dienen so nicht mehr dazu, unsere eigenen Meinungen zu überprüfen, sondern nur dazu, den anderen dingfest zu machen.

Die Erreichbarkeit von Argumenten an einem für viele zugänglichen und nachvollziehbaren Ort sei an ein Ende gekommen, so ihre Bilanz, die Öffentlichkeit als solche löse sich gerade komplett auf. Themen im Tunnelblick, die Möglichkeit massenhafter Teilhabe in einer digitalisierten Welt bei gleichzeitiger Fragmentierung verhinderten den demokratischen Diskurs.

Der Journalismus, der gerne dem Selbstverständnis eines Hüters der Wahrheit folgt, steht hier selbst in der Gefahr, der eigenen eigentlichen Aufgabe nicht mehr gerecht zu werden. Journalisten orientieren sich gern an dem Gehalt von Kontroverse und Emotion, wenn der Nachrichtenwert eines Ereignisses gemessen werden soll. Doch das taugt als Maßstab nicht länger, wenn diejenigen, die Krach und Konflikt um des Widerspruchs willen vom Zaun brechen, behaupten, dieser Krach sei allein schon berichtenswert – und, sobald das eigene Getöse nicht medial aufgegriffen wird, von Zensur und Cancel Culture reden.

Aber auch der gegenläufige Reflex, den inszenierten Krach oder Widerspruch zu enttarnen, um die wahre Wahrheit zu verteidigen, füllt das journalistische Selbstverständnis nicht länger genügend aus. Sicher ist es wichtiger denn je, die überhandnehmenden Glaubens- und Ideologiewahrheiten in Frage zu stellen und an Fakten zu prüfen. Aber das journalistische Rollenverständnis wird erst vollständig durch die Erkenntnis, dass niemand, auch die idealistischsten Repräsentanten der vierten Gewalt nicht, von einer Wahrheitsplattform aus handelt, die gegen jede Anfechtung verteidigt werden könnte. Gegen die neuen absoluten Gewissheiten, die sich in den Chatrooms des Internets überall verbreiten, hilft am Ende womöglich nur das Bewusstsein des eigenen Zweifels, also die Überzeugung, dass es keine ideologischen Gewissheiten gibt, sondern dass in jenem demokratischen System, in dem wir leben, aus vielfältigen Widersprüchen ein Konsens immer wieder neu verhandelt und erstritten werden muss. Hier zu moderieren, einzuordnen, den Lautesten nicht das Feld zu überlassen, gehört zu den wichtigsten Aufgaben der Journalisten. Meinungsbildung und Debatte funktionieren nicht durch Übertönen, sondern durch Kontext und durch Einordnung.

Eine wesentliche Ursache für das wachsende Unvermögen zum Diskurs ist so schlicht, dass wir sie zu übersehen scheinen: Wir reden kaum noch miteinander. Die sozialen Medien, die digitale Welt der Kommunikation führen nicht nur zum massenhaften Tunnelblick. Das Gespräch stirbt aus. Die Gelegenheiten, sich persönlich miteinander auszutauschen, verschwinden wie die Insekten auf den Feldern. Wann der Schalter in der Bank verschwunden ist, an dem die Devisen für den Urlaub gewechselt wurden, daran kann sich kaum jemand mehr erinnern. Inzwischen verschwinden auch die Menschen an der Kasse im Supermarkt. Und in immer mehr Restaurants klebt auf dem Tisch ein QR-Code, den der Gast scannen kann – nicht nur, um aus der Speisekarte auszuwählen, sondern auch gleich, um zu bestellen. Selbst die Tage des Telefongesprächs sind gezählt. Die schriftliche Nachricht kostet weniger Überwindung als das Gespräch.

Diese Gesprächslosigkeit ist eine Herausforderung für die Demokratie. Demokratie lebt davon, dass wir uns als Gemeinschaft begreifen. Ein Projekt, das nur gelingen kann, wenn wir miteinander reden.

So haben die Niederländer schon vor Jahren erkannt, dass selbst die Schlange an der Kasse ein soziales Netzwerk sein kann. 2019 führte die Supermarktkette „Jumbo" die „Kletskassa" ein, die Kasse, die den kleinen Plausch mit der Kassiererin oder dem Kassierer ermöglicht. Die französische Kette „Carrefour" folgte dem Beispiel und schuf die „Blabla Caisses" aus demselben Grund. Eine Gegenbewegung zum kontaktlosen und unpersönlichen Trend des Self-Checkout.

So könnte das Gespräch über das Wetter am Ende doch wieder ein Lichtblick sein. Kaum ein anderes Thema erfährt eine größere Öffentlichkeit, da es einen jeden von uns unmittelbar und universal angeht. Es ist tief verankert in unserer Gewohnheits-DNA und wird wohl auch die Smalltalk-Charts noch auf lange Zeit anführen. Das Reden über das Wetter zeichnet sich als einer der seltenen gemeinsamen Orte von Öffentlichkeit aus, an denen sich Einzelmeinungen immerhin noch begegnen.

Ulrike Demmer studierte Rechtswissenschaften in Bonn und Berlin. Nach dem Besuch der Berliner Journalistenschule volontierte sie beim ZDF. Sie arbeitete u. a. für radioeins vom rbb, den NDR (Extra 3) sowie für das ZDF-Morgenmagazin. Während ihrer Zeit beim *Spiegel*, u. a. als Korrespondentin für Verteidigungs- und Sicherheitspolitik, erhielt sie den Deutschen Reporterpreis und den Henri-Nannen-Preis. Dann wechselte sie ins Berliner *Focus*-Büro, anschließend als Leiterin ins Hauptstadtbüro des RedaktionsNetzwerks Deutschland (RND). Von 2016 bis 2021 war Ulrike Demmer stellvertretende Sprecherin der Bundesregierung. Seit dem 1. September 2023 ist sie Intendantin des Rundfunk Berlin-Brandenburg (rbb).

Zwischen Influencern und TikTok-Timeline – Das schwierige Verhältnis der Jungen zu den Nachrichten

von Meinolf Ellers

Eine 16-jährige Schülerin brachte das ganze Dilemma auf den Punkt: „Ich weiß ja gar nicht, was Nachrichten mit meinem Leben zu tun haben", antwortete sie den Wissenschaftlern des Hamburger Leibniz-Instituts für Medienforschung | Hans-Bredow-Institut im Rahmen einer großen Grundlagenstudie zum Verhältnis der 14- bis 24-Jährigen zu den Nachrichten.

Die aufwendige Befragung von 1.000 Jugendlichen und jungen Erwachsenen im Auftrag der neugegründeten Medieninitiative #UseTheNews bestätigte 2021 einen grundlegenden Befund: Nie seit Gründung der Bundesrepublik 1949 waren sich der Informationsjournalismus und die nachwachsende Generation so fremd.

Wie sehr die Digitalisierung, vor allem aber der Siegeszug der sozialen Medien wie TikTok, Instagram, Snapchat oder YouTube das Verhältnis zu den Nachrichtenmedien verändert haben, belegen auch die Daten des seit 2013 jährlich erscheinenden Reuters Digital News Reports der Oxford University. Auch hier erhebt und analysiert das Leibniz-Institut die Daten für Deutschland. Für 2023 hatte der Leiter des Forschungsteams, Sascha Hölig, wenig Erfreuliches zu berichten. Nicht allein, dass die allgemeine Nachrichtennutzung hierzulande weiter rückläufig ist und die Bezahlbereitschaft für journalistische Inhalte auf niedrigstem Niveau stagniert, auch das Vertrauen in die Nachrichten hat einen neuen Tiefpunkt erreicht.

Stimmten 2015 noch 60 Prozent der Befragten in der Gesamtbevölkerung der Aussage „Ich glaube, man kann dem Großteil der Nachrichten meist vertrauen“ zu, so waren es 2023 nur noch 43 Prozent. Noch besorgniserregender fielen die Werte für die Altersgruppe der 18- bis 24-Jährigen aus. Lediglich 34 Prozent sprachen ihr Vertrauen aus (2015: 53 Prozent), während 36 Prozent – der historische Höchstwert – zu Protokoll gaben: „Ich stimme nicht zu!“ Weitere 30 Prozent zeigten sich unentschieden.

In die entstehende Vertrauenslücke stoßen neue Akteure. Influencer oder Content Creators, deren Social-Media-Kanälen zum Teil Hunderttausende folgen, nutzen ihre Reichweiten, um der Community im Plauderton die Welt zu erklären. Aus Sicht ihres jungen Publikums sind sie dabei glaubwürdiger und authentischer als die professionellen Redaktionen mit ihren aufwendigen Recherchen und den von vielen junge Nutzerinnen und Nutzern als kompliziert und unverständlich empfundenen Texten.

So sehr es den Influencern gelingt, die Aufmerksamkeit der „Gen Z“ mit einfacher Sprache und unterhaltenden Formaten zu gewinnen, so problematisch ist bei einigen von ihnen der Umgang mit Daten und Fakten. In einer komplexen Welt der Kriege und Krisen ist es eben mitunter mühsam, auch notwendige Zwischentöne und komplexe Zusammenhänge aufzuzeigen. Dies wiegt umso schwerer, als Teile der 14- bis 24-Jährigen mangels auch nur minimaler Kompetenzen im Umgang mit Nachrichten fast ungeschützt den Verlockungen der Desinformation ausgesetzt sind. Dank der sich explosionsartig entwickelnden Macht der Künstlichen Intelligenz werden diese Manipulationen immer subtiler und immer weniger durchschaubar.

Dabei war es noch nie so falsch, von „der“ Jugend zu sprechen. Die Leibniz-Wissenschaftlerinnen und -Wissenschaftler weisen darauf hin, dass die Generation Z in Nachrichtennutzung und Nachrichtenkompetenz so heterogen ist wie keine zuvor. Während die Gruppe der „Journalistisch Informationsorientierten“ (JIO) nach wie vor sicher und kompetent durch das Überangebot an Informationen surft, haben die „Gering Informationsorientierten" (GIO) keine Vorstellung von Nachrichten und Journalismus und der möglichen Relevanz für ihr Leben. Immerhin aber macht diese Gruppe ein gutes Drittel der Generation Z aus.

Der Vertrauensverlust und die zunehmende Entfremdung zwischen den Informationsmedien und den Jungen alarmiert nicht nur Medienmacherinnen und -macher, sondern auch die Bildungspolitik. Droht gar das Abdriften in eine desinformierte Gesellschaft, der – siehe die Gruppe der GIOs – die grundlegenden demokratischen Fähigkeiten zur politischen Meinungsbildung und zum fairen Diskurs verloren gehen?

Die Befunde reichen mittlerweile tief in die breite Bevölkerung. Unter dem Titel „Zwischen Achtung und Ächtung" präsentierte das Rheingold-Institut im Auftrag des Bundesverbandes der Digitalpublisher und Zeitungsverleger (BDZV) im Herbst 2023 eine Untersuchung zur „Kluft zwischen Medienakzeptanz und Medienaversion in Ost- und Westdeutschland".

Befeuert durch existenzielle Angst- und Konfliktthemen wie die Corona-Pandemie, den Ukraine-Krieg oder die Klimakrise wenden sich demnach große Teile der Bevölkerung von den Medien ab oder sogar in zunehmend aggressiver Weise gegen sie. In der Gruppe der sogenannten „Medienkritikerinnen und -kritiker" wird dabei der Unmut über den Journalismus weitgehend gleichgesetzt mit Frust über die Politik. Da ist das Schimpfwort von der „Systempresse" nicht weit.

2024 feiert die Bundesrepublik den 75. Geburtstag des Grundgesetzes. Ein Teil der Verfassung, die das Fundament für die erfolgreiche deutsche Nachkriegsdemokratie legte, ist der Artikel 5 zur Presse- und Meinungsfreiheit. Tatsächlich aber scheint es, als stehe das bewährte und auf Vertrauen fußende Zusammenspiel zwischen einem breit gefächerten Angebot an verlässlichen Nachrichtenmedien und ihrem Publikum in Frage wie nie zuvor seit 1949. Das Gleiche gilt für den gesellschaftlichen Konsens darüber, dass politische Meinungsbildung und Debatten in der Demokratie nur auf Basis gesicherter Fakten und Informationen möglich sind.

Vor diesem Hintergrund haben sich die Partner der 2020 gegründeten Medien- und Bildungsinitiative #UseTheNews entschlossen, das Jahr 2024 in Deutschland zu einem „Jahr der Nachricht" zu machen. Die Allianz reicht von ARD und ZDF über RTL/ntv und den *SPIEGEL* bis hin zu Verlagen, Verbänden, Landesmedienanstalten oder Stiftungen. Ziel ist es, in einer umfassenden Kampagne auf die Gefahren der Desinformation aufmerksam zu machen, für vertrauenswürdige Nachrichtenquellen zu werben und einen Beitrag zur Förderung einer zeitgemäßen digitalen Nachrichtenkompetenz speziell unter Jugendlichen und jungen Erwachsenen zu leisten.

Das Vorhaben setzt auf vier eng miteinander verknüpfte Module:

1. Mit einer Gattungskampagne wollen die Informationsmedien und ihre Partner die Bevölkerung für die Gefahren der Desinformation sensibilisieren und auf die Bedeutung vertrauenswürdiger Nachrichten aufmerksam machen. Unter dem Claim „Vertraue Nachrichten, die stimmen statt Stimmung machen" kommen prominente Testimonials zu Wort, die selbst regelmäßig Gegenstand und Opfer von Falschnachrichten sind, die wiederum von Nutzerinnen und Nutzern ungeprüft über ihre Social-Media-Timelines geliked, kommentiert oder geteilt werden.

2. Herzstück des Konzepts ist ein sogenannter Social News Desk. Ein Team von jungen Journalistinnen und Journalisten, unterstützt von Expertinnen und Experten aus den Bereichen Medienpädagogik, digitales Marketing und Social Media, bereitet täglich ein Nachrichtenthema so auf, dass Jugendliche und junge Erwachsene den Bezug zum eigenen Leben verstehen können. Das Konzept greift damit einen der eingangs zitierten zentralen Vorbehalte auf, den Jugendliche in der 2021 vorgelegten #UseTheNews-Grundlagenstudie formuliert hatten: Was haben Nachrichten mit meinem Leben zu tun?

   Um zugleich auch dem wachsenden Vertrauensverlust im Verhältnis zwischen Jugendlichen und dem Nachrichtenjournalismus zu begegnen, orientiert sich der Social News Desk vorrangig an den Prinzipien von Transparenz und Partizipation. Während die Künstliche Intelligenz mit ihren Möglichkeiten immer mehr verblüfft, zugleich aber auch immer undurchschaubarer wird, muss Journalismus erst recht zeigen, dass er keine Geheimwissenschaft ist, sondern ein nachvollziehbares Handwerk, in dem sich Jugendliche, genau wie im Praktikum beim Tischler oder Bäcker, selber ausprobieren können.

Vorgesehen ist deshalb, dass der Social News Desk jeden Tag mit einer live auf den sozialen Kanälen gestreamten Redaktionskonferenz beginnt, in der das Team in aller Offenheit Themen auswählt und die Berichterstattung diskutiert. Jugendliche können sich mit Vorschlägen einschalten, können Fragen stellen oder kommentieren. #UseTheNews-Partnerschulen haben die Möglichkeit, im Rahmen von Projektwochen mit dem Social News Desk zusammenzuarbeiten und unter Umständen sogar eigene Inhalte beizusteuern.

Was in der Redaktionskonferenz besprochen und ersonnen wird, postet das Team dann im Laufe eines Tages als Video- oder Audioformat auf Instagram, YouTube oder TikTok und liefert jungen Followern damit neuen Stoff für soziale Interaktion.

Die Partner von #UseTheNews – ob Sender, Verlage oder journalistische Hochschulen – entsenden eigenen Nachwuchs an den Social News Desk, der damit zu einem Ausbildungslabor für die zeitgemäße Arbeit mit und für junge Zielgruppen wird. Parallel zum „Jahr der Nachricht“ soll ein umfassendes Whitepaper entstehen, das bis Ende 2024 gewonnenes Praxiswissen für Redaktionen aufbereitet. Eine begleitende Studie des Leibniz-Instituts für Medienforschung soll dokumentieren, ob und wie es gelingt, vor allem auch die Gruppe der sogenannten „Gering-Informationsorientierten“ (GIO) mit dem Social News Desk zu erreichen. Die GIOs, die etwa ein Drittel der 14- bis 24-Jährigen repräsentieren, haben die größte Distanz zu den Nachrichten.

3. Während die Öffentlichkeitskampagne die Message des „Jahrs der Nachricht“ transportieren soll und der Social News Desk der Aktivierung der jungen Zielgruppe dient, sollen die beiden übrigen Module – Newscamps und Modellprojekte – der direkten Interaktion dienen – Journalismus und Nachrichten zum Anfassen also.

   Erste praktische Erfahrungen mit dem Format eines Newscamps konnte #UseTheNews im September in Hamburg sammeln. Als Partner der Tincon, dem Jugendevent der re:publica, bot die Initiative rund 2.000 Schülerinnen und Schülern, die sich mit ihren Lehrpersonen angemeldet hatten, ein breites Programm zu Pressefreiheit, dem Erkennen von Falschinformationen, der Arbeitsweise von Influencern, oder Einblicke ins TikTok-Team der *Tagesschau.* Gemäß einer Mischung aus „Stages & Stations“ konnten die Jugendlichen sowohl einem Bühnenprogramm zuhören als auch an diversen Stationen selbst aktiv werden.

   Für das „Jahr der Nachricht“ planen die Initiatoren eine Serie von Newscamps, um darüber alle Regionen des Landes, vor allem aber auch die Jugendlichen außerhalb der Metropolen zu erreichen.

4. Im Zuge dieser Regionalisierung sollen auch gemeinsame Modellprojekte zwischen Schulklassen und Lokalredaktionen eine wichtige Rolle spielen. Wenn Jugendliche klagen, ihnen fehle der Bezug von Nachrichten zur eigenen Lebenswirklichkeit, dann hat vor allem engagierter Lokaljournalismus das Potential, den Gegenbeweis anzutreten. Spätestens wenn es um die Frage nach der eigenen Zukunft in der Heimatregion geht, werden auch ansonsten eher gelangweilte TikToker hellhörig.

   An der niedersächsischen Nordseeküste haben sich die Redaktionen der *Nordseezeitung* und die Zeitungsgruppe Ostfriesland unter dem Titel „Zukunft Nordsee“ zusammengetan, um die großen Zukunftsfragen der Region bis hinunter in die Lokalberichterstattung gemeinsam zu planen, in einer neuartigen Kooperation gemeinsam zu produzieren und sich untereinander auszutauschen.

Wenn etwa ein Deichschäfer in Ostfriesland aufgibt, weil die Wölfe regelmäßig seine Herden heimsuchen, interessiert das auch die Menschen hundert Kilometer weiter nordöstlich in der Region Cuxhaven. Wenn eine Gemeinde angesichts steigender Meeresspiegel ein besonders smartes Konzept für den Deichschutz vorstellt, ist das von Belang für alle Kommunen entlang der Nordseeküste. Bislang konnte es passieren, dass solche Stoffe von überragendem Interesse für die Menschen der Großregion Nordsee – selbst innerhalb eines einzelnen Verlages – zwischen verschiedenen Lokalausgaben versickerten.

Wichtiger Bestandteil des Konzepts von „Zukunft Nordsee“ ist die Einbeziehung von Partnerschulen. Schülerinnen und Schüler legen gemeinsam mit der Lokalredaktion zunächst ihr Thema fest, um dann mit dem Smartphone loszuziehen und selbständig beispielsweise Beteiligte zu interviewen. Das entstehende Audio- und Videomaterial wird gemeinsam mit den Expertinnen und Experten der Redaktion bearbeitet. Der Verlag veröffentlicht das Ergebnis dieser Koproduktion mit der Schule in seinem Digitalangebot (möglichst vor der Paywall), die Schülerinnen und Schüler dürfen daraus eigene Formate erstellen und auf TikTok oder Instagram posten. Und ganz nebenbei bekommen Jugendliche so Einblicke in journalistisches Handwerk und verstehen besser, warum Lokaljournalismus für die eigene Heimat und das eigene Leben vor Ort so wichtig sein kann wie die Feuerwehr und der Hausarzt.

Meinolf Ellers ist Geschäftsführer der von der Deutschen Presse-Agentur (dpa) und dem Hamburger Senat 2022 gegründeten UseTheNews gGmbH. Er kam 1985 zur dpa und war nach verschiedenen redaktionellen Aufgaben als Reporter, Auslandskorrespondent und Ressortleiter ab 1996 für die digitale Strategie und Produktentwicklung der größten deutschen Nachrichtenagentur verantwortlich.

Warum die Demokratie Medien braucht – auch und gerade im Internetzeitalter

von Nathanael Liminski

Nichts hat unsere Welt in den letzten Jahrzehnten grundlegender und schneller umgepflügt als das Internet. Waren 1998 gerade einmal 2 Prozent der Weltbevölkerung online, sind es heute 65 Prozent. In atemberaubender Geschwindigkeit wurde das Internet von einer Kuriosität, an der junge Computerpioniere in den Garagen des Silicon Valley bastelten, zu einer Technologie, ohne die unser Alltag nicht mehr zu denken ist. 24 Stunden am Tag, 7 Tage die Woche verbindet das Internet Milliarden Menschen rund um den Globus. Einen Mausklick entfernt finden wir jeden Tag mehr Informationen, als einem einzelnen Menschen jemals zuvor in der Menschheitsgeschichte zur Verfügung standen – das kollektive Wissen unserer Spezies steht jeder und jedem offen.

Mit dieser Ermächtigung des Individuums verbanden sich große Hoffnungen für das Kollektiv, als das Internet seinen globalen Eroberungszug Anfang der 90er Jahre antrat. Endlich würden mit Hilfe des technologischen Fortschritts die Ideale der Aufklärung erfüllt und Menschen den Ausgang aus ihrer Unmündigkeit finden. Man hegte Vorstellungen von einer globalen Gemeinschaft von „Netizens", die traditionelle Machtverhältnisse nivellieren und der Verwirklichung von Demokratie und Menschenrechten dienen würde. Das Internet würde ein Instrument zur Erreichung des von Francis Fukuyama ausgerufenen Endzustands der Geschichte sein, so die Utopie.

Heute wissen wir, dass das Internet ein zweischneidiges Schwert ist. Ein Blick in die Geschichte hätte schon damals gezeigt: Ein so umwälzender technologischer Fortschritt bleibt nicht auf positive Effekte beschränkt.

Die Erfindung des Buchdrucks hatte ähnlich tiefgreifende Auswirkungen auf die Gesellschaft. Er beförderte ihre Alphabetisierung und mit dieser auch ihre Demokratisierung. Doch die Vervielfältigung von Schriften ermöglichte auch die Verbreitung von Desinformation und befeuerte politische Radikalisierung. Eine Folge waren blutige Religionskriege und wahnwitzige Hexenverfolgungen. So erwies sich Luthers Vorstellung von einem „Priestertum aller Gläubigen“, das nicht zuletzt durch die vom Buchdruck ausgelöste Bildungsrevolution ermöglicht werden sollte, als eine genauso utopische Vorstellung wie die Träume der Tech-Unternehmer des Silicon Valley von einer globalen „Netizen“-Gesellschaft einige Jahrhunderte später.

Zweifellos hat das Internet eine immense emanzipatorische Wirkung – auch heute. Es hat den einzelnen Bürger befähigt, sich wirksamer mit anderen zusammen gegen Unrecht und Unterdrückung zur Wehr zu setzen. Doch wir müssen auch mit Ernüchterung feststellen, dass die Digitalisierung die harte Hand autokratischer Regime bei der Kontrolle ihrer eigenen Bevölkerung gestärkt hat. Ein Blick nach China zeigt, welche Dystopien Orwell'schen Ausmaßes das Internetzeitalter erschreckende Realität werden lässt.

Ähnlich zweischneidig hat sich das Internet auf die Verfasstheit liberaler Demokratien ausgewirkt. Die Möglichkeiten demokratischer Partizipation sind um ein Vielfaches größer als früher. Noch nie war es leichter, sich mit Hilfe digitaler Plattformen zivilgesellschaftlich zu engagieren und seine politischen Repräsentanten dazu zu bringen, ihren Wählern gegenüber Rechenschaft abzulegen. Auch die Breite des heutigen Informationsangebots, das die Errichtung von Informationsmonopolen in unseren demokratischen Gesellschaften nahezu unmöglich macht, ist eine positive Entwicklung hin zu mehr Transparenz.

Doch der Zusammenhalt in unserer Gesellschaft ist dadurch nicht nur gefördert worden – er ist auch brüchiger geworden. Das hat nur bedingt mit der Vielzahl und Gleichzeitigkeit der Krisen zu tun, mit denen wir heute konfrontiert sind, denn Krisen gab es schon immer. Der qualitative Unterschied besteht darin, dass sie heute schneller und vielfältiger rezipiert werden. Die moderne Medienlandschaft gleicht einer konfusen Kakophonie. Das, was Bertolt Brecht mit seiner Radiotheorie mit Blick auf den Hörfunk vor fast hundert Jahren mutmaßte, ist heute tatsächlich Realität: Wir alle sind Sender und Empfänger zugleich.

Das überfordert viele Menschen und schürt Unsicherheit. Unter solchen Umständen ist der natürliche Reflex, den Rückzug auf die eigene Scholle anzutreten. Menschen, die sich aus einem Gefühl der Überforderung heraus in ihrer eigenen Blase eingerichtet haben, lassen sich aus dieser nur sehr schwer wieder herausführen. Das liegt daran, dass unsere Medienlandschaft heute nicht nur laut und unübersichtlich, sondern strukturell so angelegt ist, dass die Abkapselung in einem medialen Wohlfühlraum aktiv befördert wird.

Das gilt insbesondere für Soziale Medien, über die heute ein nicht unbeträchtlicher Teil der Bevölkerung teilweise, verstärkt sogar ausschließlich, Nachrichten konsumiert. Die Algorithmen der großen Plattformbetreiber – gleich, ob Facebook, Instagram, X, TikTok oder YouTube – bieten einem Nutzer überwiegend Inhalte an, die mit den bereits etablierten Präferenzen übereinstimmen. So wird die dem Menschen inhärente Tendenz gefördert, sich mit Menschen umgeben zu wollen, die so aussehen und denken wie er selbst.

In Zeiten, in denen der Druck von außen enorm zunimmt, brauchen wir eine Gesellschaft, die im Kern zusammenhält und Krisen bewältigen kann. Es muss uns also ein Anliegen sein, einer Fragmentierung in viele abgeschlossene Echokammern entgegenzuwirken. Das Rad der digitalen Revolution lässt sich nicht zurückdrehen. Es wäre auch nicht wünschenswert mit Blick auf die beschriebenen Vorzüge der Digitalisierung, auch hinsichtlich unserer Medienlandschaft. Technologischer Fortschritt lässt sich nicht rückgängig machen – aber er lässt sich gestalten und muss gestaltet werden.

Das ist eine gesamtgesellschaftliche Aufgabe. Die Politik muss Rahmenbedingungen setzen, die die Medienvielfalt nicht nur schützen, sondern auch ermöglichen. Die Wirtschaft muss einen gemeinwohlorientierten rechtlichen Rahmen auch in der Anwendung neuer Technologien akzeptieren. Die Medien müssen durch Transparenz und Qualität so glaubwürdig sein, dass sie ihren Beitrag gegen die gesellschaftliche Polarisierung im Zeitalter moderner Massenmedien leisten können.

Wie dünn der Firnis ist, zeigt sich beispielhaft an der Debatte um den öffentlich-rechtlichen Rundfunk. Er ist – auch durch eigene journalistische Fehler, politisches Sendungsbewusstsein und organisatorische Trägheit – selbst zum Gegenstand von Kritik und Polarisierung geworden. Das macht es den politischen Kräften leicht, deren Agenda darauf ausgerichtet ist, eine undifferenziert kritische Sicht auf „die" Medien im Allgemeinen zu befördern. Sie missachten die vierte Säule der Gewaltenteilung, weil sie Demokratie mit all ihren Säulen zum Einsturz bringen wollen. Es ist evident, dass Fehler von Medien in diesem populistisch aufgeladenen Umfeld überproportionale Wirkung haben. Umso wichtiger ist die Sicherung grundlegender Standards: journalistische Sorgfalt, redaktionelle Binnenpluralität, technologische Transparenz, politische Ausgewogenheit. Das ist angesichts der Dynamik des Weltgeschehens und der Technologie immer herausfordernder. Aber darin liegt der Mehrwert von Qualitätsmedien gegenüber sozialen Netzwerken. Meinungsbildung ist mehr als Meinungsabbildung. Medienvielfalt und Meinungsfreiheit gehen dabei Hand in Hand – und sind existentiell für eine moderne Demokratie.

Denn die Welt funktioniert nicht nach einem Schwarz-Weiß-Muster: Es müssen auch Schattierungen und Grautöne im Meinungsbild zugelassen werden. Wer bei Waffenlieferungen an die Ukraine Bedenken hegt, ist deshalb noch kein „Putin-Versteher", wer sich nicht auf der Straße festklebt, kein Leugner des Klimawandels, und wer eine Pandemiebekämpfung mit Augenmaß fordert, ist kein Corona-Leugner. Solches Schubladendenken ist bequem, aber nicht demokratieförderlich, weil es den Diskurs scheut, ja unmöglich macht. In den Medien, aber auch in unserer Gesellschaft insgesamt, brauchen wir eine größere Bereitschaft, dem „Meinungsgegner" überhaupt zuzuhören, sich bisweilen sogar auf den Gedanken einzulassen, dass dieser Recht haben könnte.

Einem breiten Meinungsspektrum Raum zu lassen, heißt nicht, einem wertefreien Relativismus das Wort zu reden. Es gibt Grundsätze und Grenzen für den Diskurs in unserer freiheitlich-demokratischen Grundordnung. Wer die Grenze zu Rassismus, Antisemitismus und Demokratiefeindlichkeit überschreitet, muss die Härte des Rechtsstaats zu spüren bekommen.

Und das muss auch im digitalen Raum gelten. Diesen Ansatz verfolgt Nordrhein-Westfalen konsequent. Mit dem bereits 2017 als erste Initiative dieser Art gegründeten Projekt „Verfolgen statt nur löschen" werden Rechtsverstöße im Internet durch die Medienaufsicht, von Strafverfolgungsbehörden und Medienhäusern aufgespürt und als Rechtsverstöße weiterverfolgt. Um der Dimension gerecht zu werden, wird in Nordrhein-Westfalen künstliche Intelligenz bei der Identifikation von Verstößen eingesetzt – mit großem Erfolg und mit zunehmendem Interesse auch bei anderen Ländern und bei europäischen Partnern. Wir wollen und wir müssen auch im Internet eine wehrhafte Demokratie sein.

Andernfalls untergräbt sich unsere Demokratie mit einer falsch verstandenen Toleranz selbst. Es gilt der Satz von Karl Popper: „Uneingeschränkte Toleranz führt mit Notwendigkeit zum Verschwinden der Toleranz." Er sollte uns Mahnung und Auftrag zugleich sein, die Segnungen des Internets in unserer Medienordnung zu kanalisieren, mit Kohärenz, Klugheit und Konsequenz.

Nathanael Liminski ist seit dem 29. Juni 2022 Minister für Bundes- und Europaangelegenheiten, Internationales sowie Medien des Landes Nordrhein-Westfalen sowie seit Juni 2017 Chef der Staatskanzlei des Landes Nordrhein-Westfalen. Von 2014 bis 2017 war Liminski Parlamentarischer Geschäftsführer der CDU-Landtagsfraktion Nordrhein-Westfalen. Zuvor war er als Referent für Reden und Grundsatzfragen im Bundesministerium des Innern und im Bundesministerium der Ver teidigung tätig. Von 2010 bis 2011 arbeitete er in der Hessischen Staatskanzlei als Referent für die Reden des Hessischen Ministerpräsidenten. Nathanael Liminski studierte Mittelalterliche und Neuere Geschichte, Politische Wissenschaft und Öffentliches Recht (Staatsrecht) an der Rheinischen Friedrich-Wilhelms-Universität Bonn und an der Sorbonne Universität in Paris mit dem Abschluss Magister Artium.

Wahrheit und Demokratie – Eine Bestandsaufnahme der Rolle der Medienlandschaft

von Andreas Rudas

In der aktuellen medienpolitischen Diskussion werden, vor allem von Medienwissenschaftlern und Journalisten, sehr einfache Botschaften formuliert. Es lassen sich dabei drei Gruppen ausmachen:

1.) In dieser Gruppe herrscht vornehmlich die Meinung, dass nur journalistisch generierte Informationen die Garanten für die Wahrheit seien, weil Social Media lediglich Instrumente für Fake-News-Produzenten und Verschwörungstheoretiker seien.
2.) In politischen Kreisen wiederum, aber auch bei vielen sogenannten Fachleuten, gilt die Überzeugung, dass journalistische Wahrheit, objektive Information und journalistische Unabhängigkeit bei öffentlich-rechtlichen Medienanstalten am besten aufgehoben seien.
3.) Ganz anders: Die Internet-Community. Für diese ist die Zeit der etablierten Medien wie TV und Print längst abgelaufen. Nur durch die Vielfalt des digitalen Raumes werde man umfassend informiert.

Der frühere österreichische Bundeskanzler Dr. Fred Sinowatz, der von 1983 bis 1986 amtierte, stellte einst im Rahmen einer intensiven Debatte fest, „dass alles sehr kompliziert" sei. Er wurde damals – und teilweise noch bis heute – dafür verspottet und massiv kritisiert. Die

Formulierung des eigentlich klugen und gebildeten österreichischen Staatsmannes mag vielleicht unglücklich gewählt gewesen sein, aber in Wirklichkeit wollte er wohl lediglich und völlig richtig feststellen, dass es bei vielschichtigen Problemstellungen eben keine einfachen Antworten gibt.

1. Die Medienlandschaft

Fernsehen

Zuallererst muss man mit dem Dogma aufräumen, das Fernsehen, wie wir es kennen, sei tot. Die österreichischen Daten, die sicher auch, in gewissem Maße, für andere Länder repräsentativ sind, beweisen das Gegenteil. Österreichische Medienkonsumenten nutzen Bewegtbilder durchschnittlich 246 Minuten pro Tag.

Wenn auch diese Nutzung bei den 14- bis 49-Jährigen geringer ist – sie liegt bei 215 Minuten –, ist die Behauptung, die Jungen seien schon längst weg vom Fernsehen, nicht wirklich aufrechtzuhalten.

Die klassischen TV-Anbieter verzeichnen mit 77 Prozent der Nutzer immer noch die überwiegende Mehrheit der Zuschauer. Diese konsumieren das Fernsehprogramm entweder über den Livestream oder zeitversetzt im Rahmen der Mediathek. Lediglich 21 Prozent der Bewegtbildnutzer greifen nur auf Streaminganbieter wie Netflix zu.

Es lässt sich bei den Tagesreichweiten schon eine gewisse Abwanderung der Jungen zu den Videoplattformen feststellen. Zwar verfolgen nur noch 47 Prozent der 14- bis 29-Jährigen die Programme der klassischen Broadcaster, aber auch sie schalten die sogenannte Glotze, den Big Screen, ein, und zwar immerhin 86 Prozent der 14- bis 29-Jährigen.

Print

Einen wirklich schwierigen Stand in der modernen Medienwelt haben die Printprodukte. Dort ist die massive Erosion nicht mehr wegzuleugnen. Die österreichische *Kronen Zeitung* zum Beispiel war einmal –

gemessen an dem Verhältnis von Lesern zur Gesamtbevölkerung – eine der größten Tageszeitungen der Welt. Im Jahre 2000 konnte die Zeitung immer noch auf weit über 1 Million Leser verweisen, jetzt, 20 Jahre später, gibt es nur mehr halb so viele. Was bedeuten nun diese Zahlen?

Das klassische lineare Fernsehen ist immer noch der dominierende Übermittler von Informationen. In der Pandemie hat sich beispielsweise gezeigt, dass die wesentlichen Nachrichten die Österreicherinnen und Österreicher über das klassische Fernsehen erreicht haben.

Radio als Informationsgigant

Bei der Gegenüberstellung von TV und Print dürfen wir aber nicht das Radio vergessen.

Die Prime Time im Radio ist durch die heutigen Mobilitätsgewohnheiten der Menschen determiniert. Die Tages- und Höchstreichweite wird in der Früh und am späten Nachmittag erreicht; das ist die Zeit, in der viele Menschen im Auto sitzen, meist im Stau stecken und gerne Radio hören.

Durch die einfacheren Produktionsmöglichkeiten beim Radio kann man ungleich schneller als im Fernsehen und im Print die Menschen mit wichtigen Informationen erreichen. In Katastrophensituationen ist das Radio der verlässliche Partner für die Einsatzkräfte.

Im Fall eines Blackouts zum Beispiel können lebenswichtige Informationen über generatorenbetriebene Senderanlagen ausgestrahlt und von batteriebetriebenen Radios empfangen werden.

Das ist entscheidend, da bekanntlich im Blackout jegliche Funktion eines Mobiltelefons ausfällt.

2. Wer garantiert uns die Wahrheit?

Im Prinzip ist die Behauptung, dass nur die journalistischen Arbeitsergebnisse für die Wahrheit stehen, nicht falsch, aber natürlich muss man auch diese Feststellung im Detail hinterfragen.

Sind es Produkte, die dem journalistischen Ethos unterworfen sind, das heißt, wird die objektive Berichterstattung durch das Prinzip des *Check – Re-Check – Double-Check* zumindest angestrebt und die konkrete journalistische Information vom allenfalls subjektiv gefärbten Kommentar getrennt? Oder müssen wir uns damit abfinden, dass auch Journalisten nur Menschen und somit beeinflussbar sind, von den Eigentümern des Mediums, in dem sie wirken, von guten Freunden oder von geschickten PR-Agenten?

Interessanterweise sorgt neuerdings der Markt dafür, dass sich vor allem im Printbereich die Qualität durchsetzt. Die kleiner werdende Gruppe der Printkonsumenten orientiert sich immer stärker an gut recherchierten Artikeln, intelligenten Kommentaren und spannenden Hintergrundberichten. Es ist daher kein Zufall, dass Qualitätsmedienhäuser – auch in einer für Printmedien sehr schwierigen Zeit – wachsen und Gewinne verzeichnen können. Als Beispiele dafür dienen unter anderem die *Zeit*, das *Handelsblatt*, die *Neue Zürcher Zeitung*, die *New York Times* und die *Washington Post*.

Der öffentlich-rechtliche Rundfunk und seine Funktion in demokratischen Gesellschaften

Qualität, Unabhängigkeit und Ausgewogenheit sind auch die Garanten dafür, dass vor allem in Westeuropa die öffentlich-rechtlichen Medienanstalten eine Zukunft haben. Man muss schon mit aller Fairness festhalten, dass die meisten der in der europäischen Broadcasting Union organisierten öffentlich-rechtlichen Sender einen wesentlichen Beitrag zur Gewährleistung der Meinungsfreiheit und zur Erhaltung der demokratischen Verfassung leisten. Auch wenn man nicht immer mit der Berichterstattung der öffentlich-rechtlichen Medien einverstanden ist, kann man mit Sicherheit behaupten, dass sie nicht willfährig den Regierenden dienen. Vielmehr befruchten sie durch ihre doch kritische Berichterstattung den Regierungen gegenüber die öffentliche Diskussion und lassen Vertreter aller politischen Parteien zu Wort kommen.

Des Weiteren ist in unserer oft kleinkarierten, teilweise nationalistischen Gesellschaft eine umfassende internationale Berichterstattung für die demokratische Weiterentwicklung lebensnotwendig. Aber nur öffentlich-rechtliche Fernsehsender können und wollen in Korrespondentennetze und tiefgehende internationale Berichterstattungen investieren.

Die Finanzierung des öffentlich-rechtlichen Rundfunks

Die Finanzierung der öffentlich-rechtlichen Rundfunkanstalten ist Gegenstand breiter und intensiver Diskussionen. Und das nicht nur in Österreich und Deutschland.

Aber bei aller Kritik an bürokratischen Strukturen, unklarer Personalpolitik und ungerechtfertigten Privilegien muss man objektiv anerkennen, dass sehr viele Programminhalte nur mit Gebührenfinanzierung realisiert werden können. Dazu zählen Kultursendungen, Minderheits- und Bildungsprogramme. Natürlich liefern auch kommerzielle Sender manche dieser Programminhalte, aber nicht mit der Intensität und auch Qualität, weil sich bei marktwirtschaftlich agierenden Unternehmen Kosten und Investitionen rechnen müssen.

Der öffentlich-rechtliche Rundfunk in Ländern mit gleichsprachigen größeren Nachbarn

In Ländern mit gleichsprachigen großen Nachbarn, wie Kanada, Belgien, der Schweiz und natürlich Österreich, haben öffentlich-rechtliche Medienunternehmen eine ganz wichtige Funktion in der Bewahrung der kulturellen Identität. Österreich ist, wie man früher immer sagte, von Deutschland durch die gleiche Sprache getrennt. Das Österreichische galt lange Zeit als provinziell. Die Erfindung und Etablierung elektronischer Medien und die dadurch mögliche Weiterverbreitung des österreichischen Idioms haben daher entscheidend zur Entwicklung eines österreichischen Nationalbewusstseins beigetragen. Und damit ist es eine der wesentlichen Aufgaben des österreichischen öffentlich-rechtlichen Rundfunks, die österreichische kulturelle Identität, die Traditionen und Lebensweisen wiederzugeben und ihren Erhalt zu sichern.

Der private Rundfunk

Diese Feststellungen sollen aber nicht bedeuten, dass nur öffentlich-rechtliche Anbieter korrekt und umfassend berichten. Im deutschsprachigen Raum halten sich auch die kommerziellen Anbieter an journalistische Standards und bleiben in einer gewissen Form politisch neutral. Das ist aber nicht in ganz Europa so. Es gibt viele Verlegerpersönlichkeiten, im Print wie auch im elektronischen Bereich, die ihre mediale Macht zur politischen Einflussnahme missbrauchen und Regierungen stürzen beziehungsweise installieren wollen. Ein krasses Beispiel dafür ist der international tätige Verleger Rupert Murdoch. Nach seinen Vorstellungen wedelt der Schwanz mit dem Hund: Nicht Medien berichten über politische Entscheidungen und Maßnahmen, sondern politische Maßnahmen werden getroffen, weil es die Medienmacht so will.

Instrumentalisierung öffentlicher Medien

Gänzlich unterschiedlich ist die Medienwelt in den Ländern des ehemaligen Ostblocks. Dort sind öffentlich-rechtliche Sender, sehr oft wie früher, ausschließlich Sprachrohr der Regierung. Es gibt viele Beispiele dafür, dass bei einem Regierungswechsel sofort die Führung der öffentlich-rechtlichen Sender ausgewechselt wurde, vor allem die journalistisch Verantwortlichen.

Den Missbrauch des öffentlich-rechtlichen Rundfunks für parteipolitische Zwecke konnte man jüngst sehr gut anlässlich der Parlamentswahl in Polen beobachten. Dort wurde der öffentlich-rechtliche Rundfunk fast schon unverschämt für den Wahlkampf der Regierungspartei instrumentalisiert. Es ist daher auch nicht verwunderlich, zu beobachten, dass in diesen Ländern sehr oft private kommerzielle Medienprodukte mit ihrer Objektivität und Überparteilichkeit punkten können. Deshalb haben auch in fast allen diesen Ländern private Medienanbieter mehr Zuspruch als die staatlichen.

Digitale Medien

Leider sind viele Vorbehalte der etablierten Medienmacher gegenüber den über Social Media verbreiteten Informationen berechtigt. Social Media eignen sich hervorragend dazu, Falschinformationen, Gerüchte und Hassmeldungen ungeprüft und massenhaft zu verbreiten. Eine große Zahl der Adressaten dieser Nachrichten misst dem Internet eine höhere Glaubwürdigkeit zu als den etablierten Medien. Bei Wahlen oder kriegerischen Auseinandersetzungen häufen sich diese Fake News beträchtlich, weil sie als ideales Instrument zur Desinformation erkannt worden sind. Kriegspropaganda ist ja nichts Neues; immer schon wurde ein realer Krieg mit Kommunikationsanstrengungen nach innen und nach außen begleitet.

Neue Medien ermöglichen immer neuere Formen der Desinformation. Etablierte und seriöse Medien müssen eigene Internetredaktionen beschäftigen, um bei der Flut von Fake News, Gerüchten und offensichtlichen Falschmeldungen die Wahrheit herauszufinden und Tatsachen zu klären.

Künstliche Intelligenz (KI) ermöglicht es, noch bessere Fälschungen und noch trickreichere Täuschungsversuche zu produzieren.

Künstliche Intelligenz als Gamechanger auch im Medienbereich

Die Künstliche Intelligenz ist nicht wirklich etwas Neues, aber die Fortschritte bei der Rechenleistung und der Verfügbarkeit großer Datenmengen und neuer Algorithmen führen zu elementaren Veränderungen in der Wirtschaft und daher auch in der Gesellschaft. Diese Veränderungen bedeuteten auch einen Paradigmenwechsel in der Medienwelt.

Unbestritten ist, dass KI zu umfassenden Einsparungen bei Medienunternehmen führen wird. Unbestritten ist auch, dass KI die Arbeit der Medienschaffenden wesentlich erleichtern wird. Ob KI auch der Verbreitung der Wahrheit dienen wird, ist mehr als fraglich.

Künstliche Intelligenz scheint unbestechlich zu sein, immun gegen die Einflüsse von Lobbyisten, Politikern und Verlegern.

Wie eine Untersuchung der Stanford University bewiesen hat, konnten die maschinellen Inhalte eine Kontrollgruppe bei vielen Themen eher überzeugen als menschlich generierte Texte. Diese Erfahrungen vor allem in jüngster Zeit zeigen, dass zumindest im Medienbereich die Regulierung der Künstlichen Intelligenz ernst genommen werden muss.

Aus diesem Grund ist die österreichische Bundesregierung aktiv geworden und hat die Rundfunk- und Telekommunikationsbehörde RTR beauftragt, eine KI-Service-Stelle einzurichten, aus der, nach Abstimmung mit europäischen und nationalen gesetzlichen Bestimmungen, eine KI-Regulierungsbehörde werden soll.

So sehr gerade Europa und Österreich die Entwicklungen auf dem Gebiet der Künstlichen Intelligenz nicht verschlafen und durch überzogene Regulierungen behindern dürfen, so sehr ist auf dem Gebiet der Medienproduktion Regulierung notwendig und für demokratische Länder lebenswichtig.

Social Media, Sprachrohr der Opposition

So sehr, vor allem in westlichen Demokratien, Social Media zur Desinformation genutzt werden, so sehr hat das Internet in weniger demokratischen Ländern oder in Diktaturen eine gänzlich andere Funktion.

Dort haben Oppositionelle nur eine einzige Möglichkeit, ihre kritischen Meinungen und ihr Demokratiebewusstsein einer breiten Öffentlichkeit zu übermitteln, nämlich über das Internet. Da ihnen die klassischen Medien verwehrt sind, gibt es für sie nur einen einzigen Ausweg.

3. Konklusion

Öffentlich-rechtlich heißt nicht immer Qualität.

Journalistische Arbeit heißt nicht immer Unabhängigkeit und Wahrheit.

Und auch Social Media müssen nicht immer Fake News und Gerüchtemacherei bedeuten.

Wie gesagt: Es ist alles sehr kompliziert.

Andreas Rudas war Medienmanager mit Stationen als Generalsekretär des ORF, Geschäftsführer der Osteuropa-Tochter der *WAZ* und zuletzt Executive Vice President bei der RTL Group. Derzeit ist er Aufsichtsratsvorsitzender der RTR GmbH, der Rundfunk- und Telekomregulierungsbehörde in Österreich.

Das Geschenk im Schoß

von Bastian Schlange

Meine Suche nach der Wahrheit beginnt in der nordenglischen Stadt Scarborough. „Es war gut, solange es anhielt", stand dort auf Jimmy Saviles Grabstein (Thomas 2012). Ein halbes Jahrhundert ging der „schlimmste Sexualverbrecher in der Geschichte des Landes" (DER SPIEGEL 2015), wie die britische Polizei ihn nannte, seinen pädophilen Neigungen nach, öffentlich wurden sie erst nach seinem Tod. Die Geschichte dahinter ist kaum zu ertragen, durch seinen Fall begriff ich aber, welche Chance das Internet unserer Gesellschaft eröffnet.

Savile war ein DJ der ersten Stunde, TV-Star und gefeierter Wohltäter. Die Queen schlug ihn zum Ritter – als Dank für sein ehrenamtliches Engagement in Krankenhäusern, psychiatrischen Kliniken und Besserungsanstalten für Kinder. In vielen Einrichtungen genoss er besondere Privilegien und unterhielt eigene Privaträume. Über Jahrzehnte moderierte er für die BBC die Musikshow *Top of the Pops* und *Jim'll fix it*, eine Kindersendung, in der er Woche für Woche den kleinen Gästen Herzenswünsche erfüllte. Savile war für viele ein Volksheld. Unter diesem Deckmantel hatte er sich ein landesweites Netz gesponnen, um jederzeit seine Perversionen ausleben zu können.

Rund 500 Opfer umfasst Saviles Strafregister heute. Fast zwei Dutzend junge Mädchen, die mit Rückenmarksverletzungen gelähmt in ihren Krankenhausbetten lagen, missbrauchte er (DER SPIEGEL 2015). Auch an Leichen verging er sich. Die altehrwürdige Rundfunkanstalt

BBC sah jahrelang weg, hielt trotz immer wiederkehrender Anschuldigungen und Gerüchte an ihrem legendären Moderator mit den exzentrischen Macken und der Vorliebe für Goldkettchen und Trainingsanzüge fest. Sie unterband sogar die Veröffentlichung kritischer Recherchen über ihn. Savile schien unantastbar. Er pflegte Freundschaften zu Prinz Charles und Margaret Thatcher. Auch Polizeibeamte gehörten zum Kreis seiner Vertrauten.

Lange blieben seine Opfer mit ihrem Grauen allein. Gehör und auch einander fanden sie erst Anfang der 2000er im Netz, in Foren, Blogs oder Netzwerken wie Friends Reunited (Sebag-Montefiore 2021). Es waren die ersten Risse in einer Mauer kollektiven Wegschauens und Schweigens, durch die Saviles Verbrechen schließlich den Weg in die Öffentlichkeit fanden.

Hashtags, die die Welt verändern

Als ich eine Doku über sein Leben sah, wurde mir bewusst, wie außergewöhnlich unsere Zeit doch ist: Wir leben in einer Welt, in der die Schranken zur Öffentlichkeit aufgebrochen sind und das Diktat der Medienhäuser gestürzt ist. Wir leben in einer Welt, in der jede und jeder Öffentlichkeit mitgestalten kann, in der Skandale und Missstände an Verlagsinteressen, Redaktionspolitik oder fehlendem Rückgrat vorbei bekannt werden können und die Möglichkeiten, sich auszutauschen und zu vernetzen, unbegrenzt erscheinen.

Bewegungen wie Black Lives Matter oder MeToo sind aus Hashtags geboren und prägen bis heute unsere gesellschaftlichen Debatten. Die großen Wortführer des Arabischen Frühlings kommunizierten über Twitter und waren in regierungskritischen Facebook-Communitys aktiv. Für viele gilt die „Arabellion" als erste revolutionäre Welle, die der Kraft der sozialen Medien entsprang.

„Vorher haben die Leute immer gemeint, Politik sei was für die Elite", sagt die ägyptische Politikwissenschaftlerin Ghada al-Akhdar. „Außerhalb dieser Elite existierte gar keine politische Kultur. Und hier setzte dann die Wirkung von Facebook ein. Es hat die Kultur verändert“ (Stryjak 2016). So sieht es auch die tunesische Internetaktivistin Lina Ben Mhenni, die während des Arabischen Frühlings mit ihrem Blog *A Tunisian Girl* international Aufsehen erregte: „Das Netz ist so mächtig, weil es unmittelbar reagieren und unbegrenzt viele Menschen miteinander verbinden kann. Sobald jemand eine Idee oder Information ins Netz speist, wird sie umgehend empfangen. (...) Es überwindet sämtliche Schranken, Zäune und Mauern, Verbote und Grenzen, Parteizugehörigkeit und sogar individuelle Hemmungen – wie in meinem Fall die Schüchternheit“ (Schindler 2016).

Durch die Möglichkeiten des Internets scheint die demokratische Öffentlichkeit so stark und wehrhaft zu sein wie nie zuvor. Das ist eine wunderbare Vorstellung, nicht wahr? Aber ist es auch Fakt? Oder nur eine Wahrheit, an die ich gerne glauben möchte? Schließlich hat jede Medaille noch eine zweite Seite.

Der Makel im Transparenz-Paradies

Nach den Angriffen der islamistischen Terrororganisation Hamas am 7. Oktober 2023 und der Reaktion Israels geriet ich mit einer Bekannten aneinander. Sie hatte erst vor Kurzem ihren Vater und seine Familie kennengelernt, die als Palästinenser im Gazastreifen lebten. Über ihre Kanäle in den Sozialen Netzwerken erklärte sie hoch emotional, dass sie es von nun an als ihre Mission empfinde, der palästinensischen Sicht des Nahostkonfliktes Öffentlichkeit zu geben. „Bitte teilt die Informationen, die Menschen wie ich momentan posten“, schrieb sie. „Es findet gerade live ein Genozid vor den Augen aller Menschen statt und nichts wird von Seiten der Politik unternommen. Wir haben das Internet, wir sind vernetzt. Wir haben das Privileg, Bescheid zu wissen, wir haben also auch eine Verantwortung gegenüber den Menschen.“

Ich entschied mich, nicht mit ihr über Framing zu diskutieren, oder darüber, wo berechtigte Kritik endet und Antisemitismus beginnt. Mein Problem war viel grundsätzlicher: Sie verbreitete nachweislich Falschnachrichten.

In den vergangenen zwei Jahrzehnten ist eine Infrastruktur entstanden, in der jede und jeder alles publizieren kann – auf Webseiten, Videoportalen, in Onlineblogs oder den Sozialen Medien. Ohne das Öffentlichkeitsmonopol der Medienhäuser jedoch gibt es keinerlei Qualitätskontrolle, keine Journalistinnen und Journalisten, die ihr Handwerk gelernt haben und ethischen Grundsätzen verpflichtet sind. Was öffentlich wird, hängt nicht mehr von Nachrichtenfaktoren oder Qualität ab. Gedanken und Emotionen, Befindlichkeiten und krude Theorien strömen aus allen Ecken des Netzes mit einer Direktheit und Wucht auf uns ein, dass wir untergehen in einer Flut vermeintlicher Informationen.

Die Algorithmen der Sozialen Medien checken keine Inhalte. Sie schenken Content Reichweite, der Gefühle und Reaktionen entfacht. Gerüchte und Falschnachrichten verbreiten sich über diese Strukturen wie Lauffeuer und überrollen Menschen, die es noch gewohnt sind, jeder Nachricht Glauben zu schenken. Reflexhaft werden Inhalte geteilt, Freunde oder Verwandte nicht hinterfragt. Dieser Mahlstrom aus Informationen verschlingt jeden Anker einer Gewissheit.

Drei Nachrichten, die meine Bekannte in ihrer seit Kriegsbeginn chronischen „social media diarrhea" in die Welt hinaus geblasen hat, habe ich ihr exemplarisch gegengecheckt, transparent mit Quellen und Begründung. Geholfen hat es nicht.

Eine Welt, widewide wie sie mir gefällt

Sie müsse die Sicht der Palästinenser verbreiten, schrieb sie mir unbeirrt, „deswegen teile ich Informationen über die Situation der Menschen in Gaza und hierzulande, um darauf aufmerksam zu machen. Und das alles sehr schnell und in hoher Frequenz. Wenn sich da die ein oder andere Falschmeldung oder zu einseitige Berichterstattung einschleicht, dann ist das ärgerlich – aber derzeit nicht meine Priorität."

Ich las ihre Antwort mehrmals. Es war mir extrem schwergefallen, die Aussagen in ihren Posts nicht zu bewerten. Bewusst hatte ich vermieden, in eine emotionale Argumentation abzurutschen. Was hatte ich falsch gemacht? Ich dachte, ich appelliere an den kleinsten gemeinsamen Nenner, auf den wir uns alle einigen sollten: die Fakten. Was aber bedeuten Fakten in einer Welt, in der ich für jeden Bullshit, an den ich glauben möchte, vermeintliche Quellen finde?

Die menschliche Natur mag keine Widersprüche. Widersprüche bedeuten Nachdenken, manchmal sogar Umdenken. Und das ist anstrengend. Also sind wir gut darin, sie zu „übersehen", und hinterfragen zugleich weniger, was unsere Sicht der Dinge bestärkt. Denn der Wunsch, dass unsere Ansichten mit vermeintlichen Tatsachen übereinstimmen, wird auf der schier unerschöpflichen Informationshalde des Internets mit Leichtigkeit bedient. Durch die digitale Brille nehmen wir so immer unterschiedlichere Welten wahr. Wir begegnen algorithmengesteuerten Eindrücken, ausgewählten Bildern und stromlinienförmigen Nachrichten, die Künstliche Intelligenzen für uns als angenehm errechnet haben. Aus diesen passgenauen Bausteinen errichten wir dann unsere Ansichten. Ob sie der Wirklichkeit entsprechen, wird irgendwann egal.

Denn auch das soziale Regulativ fällt in Zeiten Sozialer Medien weg. Hätte ich mir früher eine völlig realitätsverfehlende Welt konstruiert, wäre ich der Cliquendepp gewesen. Keiner hätte mit mir abhängen wollen, weil ich Bullshit redete. Ich hätte mich entscheiden müssen zwischen einem einsamen Dasein und dem Hinterfragen meiner Weltsicht. Heute muss sich niemand mehr entscheiden. Oder hinterfragen. Der soziale Selektionsprozess einer gemeinsamen Wahrnehmung ist aufgelöst. Dank der unendlichen Weiten des Internets findet jeder selbst für den absurdesten Irrsinn und die behämmertsten Verschwörungserzählungen schnell und einfach Gleichgesinnte.

Opfernarrativen (à la „Ich fühle mich missverstanden, mir wird Unrecht getan"), Widerstandserzählungen (wie „Unser Aufbegehren ist eine moralische Pflicht!!1!!1!") und Bildern vermeintlicher Wohltäter („Wir wollen doch nur das Beste für die Menschen (mich)") bin ich in den zwei Jahren meiner Recherche zu Querdenkern, rechten Netzwerken und internationalen Desinformationskampagnen in allen Lagern begegnet. Sie sind Teil eines Radikalisierungsprozesses, in dem Scheu klappen zum größten Selbstschutz werden. Beziehungen zur Umwelt werden gekappt und die Abhängigkeit von der Bestätigung durch die Bubble immer größer.

Die Wahrheit wird in dieser Welt zur Entscheidung jedes Einzelnen. Wir vergessen, dass die Realität aus Widersprüchen besteht und verlieren uns zunehmend im populistischen Schwarz und Weiß. Es ist wichtig, dass wir das begreifen. Sobald nämlich der Begriff der Wahrheit ins Spiel kommt, maßt sich meist die Weltsicht des Einzelnen einen Absolutheitsanspruch an. Mit ihm steht auch der Vorwurf der Lüge im Raum, der Menschen in jene teilt, die recht haben, und jene, die im Unrecht sind. Wahrheit läuft auf Spaltung hinaus. Und am Ende auf Krieg.

Ein Bekenntnis zu Fakten

Meiner Bekannten antwortete ich, ich könne es nicht akzeptieren, dass sie Fakten als bewussten Kollateralschaden ihres ideologischen Kreuzzugs in Kauf nehme. „Das ist dieselbe Argumentationsstruktur, die auch Rechte, Querdenker, Schwurbler, Klimawandelleugner etc. für sich beanspruchen: Sie denken, ihre ‚Wahrheiten' seien so wichtig und groß, dass sie rechtfertigen, sich über Fakten und Tatsachen hinwegsetzen zu können. Du sagst, die Leute sollen sich ihre eigene Meinung auf Basis deiner Infos bilden. Sie sollen sich also auf Basis von Lügen und Propaganda, die du bewusst teilst, weil sie deiner Deutung der Situation entsprechen, eigenständig eine freie Meinung bilden?"

Darauf entgegnete sie mir nichts mehr, teilte aber fleißig weiter.

Es gibt viele Verbreitungsgründe für Desinformationen: Sehnsucht nach Aufmerksamkeit, Geldgeilheit oder Machthunger. Am schlimmsten finde ich aber die ideologischen, die sich in selbstgefälliger, moralischer Überlegenheit wähnen. Missionierende Überzeugungstäter maßen sich an, unsere Wahrheiten nach ihren Narrativen zu formen – ob sie den Tatsachen entsprechen oder nicht.

Wir brauchen ein Bekenntnis zu allgemeingültigen und wissenschaftlich belegten Fakten. Denn nur auf Basis einer gemeinsamen

Faktengrundlage können wir miteinander in den Dialog treten. Dabei müssen wir nicht derselben Meinung sein und die gleichen Ansichten vertreten. Streit gehört bei einer gesunden Demokratie dazu. Trotzdem müssen wir uns auf eine gemeinsame Sprache festlegen. Wie sollen wir sonst Lösungen für gesellschaftliche Krisen und Konflikte finden und handlungsfähig bleiben?

Wir müssen uns unseren Bias, unsere Voreingenommenheit, bewusst machen und uns wappnen gegen die Verführung durch Ideologien und Befindlichkeiten. Wir müssen lernen, vertrauenswürdige Quellen zu erkennen und zugleich als Vertreter dieser Quellen beginnen, neues Vertrauen zu verdienen. (Kleiner Tipp: Wer sich nicht gehört und ernst genommen fühlt, wendet sich ab.) Wir müssen uns den Fakten verpflichtet fühlen – ob sie uns gefallen oder nicht. Und wir dürfen nicht vergessen, auch immer die Gegenseite anzuhören und uns auf den Tanz eines gemeinsamen Dialogs einzulassen.

Denn: Wenn wir die Macht haben, zu publizieren und die Öffentlichkeit mitzugestalten, müssen wir auch die Verantwortung annehmen, unsere eigenen Redakteure zu werden. Wir müssen uns verantwortlich fühlen, die Informationen unseres Lebens selbst zu kuratieren und gegenzuchecken. Wir dürfen nur publizieren und verbreiten, was wirklich wahrhaftig ist und einer allgemeingültigen Ethik entspricht.

Nur so können wir das Geschenk der Öffentlichkeit, das uns das Internet in den Schoß unserer Gesellschaft gelegt hat, schützen und als Demokratie mit ihm wachsen.

Diese Chance ist es wert.

Literatur

DER SPIEGEL (2015): *Britischer Missbrauchsskandal. Die wehrlosen Opfer des Jimmy Savile.* 26.2.2015. https://www.spiegel.de/panorama/justiz/grossbritannien-neue-vorwuerfe-gegen-bbc-ikone-jimmy-savile-a-1020714.html (Zugriff am 30.11.2023).

Schindler, Bernhard (2016): *Die Rolle der neuen Medien im "arabischen Frühling" und ihre Auswirkungen auf die arabische Frau.* https://unipub.uni-graz.at/obvugrhs/download/pdf/1331664?originalFilename=true (Zugriff am 30.11.2023).

Schlange, Bastian (2023): *Das einzig wahre Faktencheckbuch*, 1. Auflage, CORRECTIV.Verlag, Essen. https://shop.correctiv.org/Das-einzig-wahre-Faktencheckbuch/SW10105.

Sebag-Montefiore, Poppy (2021): How two BBC journalists risked their jobs to reveal the truth about Jimmy Savile. *The Guardian*, 2.11.2021. https://www.theguardian.com/uk-news/2021/nov/02/jimmy-savile-bbc-journalists-risked-jobs-reveal-truth (Zugriff am 30.11.2023).

Stryjak, Jürgen (2016): Arabischer Frühling. Von der virtuellen zur realen Revolution. *Deutschlandfunk Kultur*, 26.09.2016. https://www.deutschlandfunkkultur.de/arabischer-fruehling-von-der-virtuellen-zur-realen-100.html (Zugriff am 30.11.2023).

Thomas, Gina (2012): Jimmy Savile. Der Kinderschänder. *FAZ.net*, 11.10.2012. https://www.faz.net/aktuell/feuilleton/medien/jimmy-savile-der-kinderschaender-11921096.html (Zugriff am 30.11.2023).

Bastian Schlange ist inhaltlicher Leiter im CORRECTIV.Verlag. Zuletzt schrieb er „Das einzig wahre Faktencheckbuch". Bis 2020 leitete er die NRW-Redaktion CORRECTIV.Ruhr und die CORRECTIV.Klimaredaktion. Für eine Recherche zu deutschen Wilderernetzwerken ging er ein Jahr undercover. Dafür gewann er den Axel-Springer-Preis für Investigative Recherchen.

Der Tod der Wahrheit oder warum der Papst Prada trägt

von Hans-Peter Siebenhaar

Die mit künstlicher Intelligenz (KI) konstruierte Realität steht vor einem Siegeszug. Noch nie war das Entdecken der Lüge für Qualitätsmedien so schwer wie heute.

Über die Medien- und Modewelt war im Jahr 2006 noch gut lachen. Auf der Kinoleinwand terrorisierte die egozentrische Chefredakteurin (Meryl Streep) eines mächtigen Modemagazins ihre Redaktion und eine ganze Branche der Kreativität. Die vom amerikanischen Filmregisseur und Harvard-Absolventen David Frankel inszenierte Komödie in Anspielung auf die Medienikone *Vogue* avancierte zum Kassenschlager. Der Streifen spielte das Zehnfache seiner Produktionskosten ein. Die süffisante Abbildung der Realität funktionierte perfekt. Längst zählt *Der Teufel trägt Prada* zu den filmischen Ikonen über das Mediengeschäft.

Zufall oder nicht? 17 Jahre später geisterte eine Nachricht durch die Welt, die auf den Hollywood-Blockbuster von damals anspielte. Die Botschaft: Der Papst trägt Prada. Ein auf die digitale Reise geschicktes Foto zeigt Franziskus in einer schmucken, blendend weißen Daunenjacke. Das mit künstlicher Intelligenz (KI) geschaffene Bild schuf einen Hipster-Papst. Für die Neuinszenierung des Oberhauptes der katholischen Kirche gab es global spontanen Applaus im Netz. Erst langsam sickerte durch: Das Foto ist eine Lüge. Es ist eine KI-Montage. Damals, wenige Monate nach der im November 2022 von dem KI-Unternehmen OpenAI vorgestellten Software ChatGPT, wäre das *fake photo* noch leicht zu erkennen gewesen. Denn das päpstliche Kreuz hing nur einseitig an der Kette, und die Hand war alles andere als perfekt gelungen.

Mittlerweile werden sogar Softwares wie der *fake image detector* angeboten, um KI-kreierte *images* aufzuspüren. Mit derartigen Tools war es anfangs noch leicht, Fälschungen von medialen Inhalten zu erkennen. Das gilt beispielsweise für den erfundenen Kniefall des russischen Präsidenten Wladimir Putin vor Chinas Staatschef Xi Jinping bei seinem Besuch in Russland im Frühjahr 2023. Das KI-generierte Bild war unabhängig von der politischen Plausibilität der Geste wegen unrealistischer Hand- und Ohrdarstellungen durchaus als Fälschung erkennbar. Wie eine Fälschungssoftware herausfand, war mehr als die Hälfte des Bildes von KI kreiert. Die besser gemachten Bilder einer angeblichen Verhaftung des ehemaligen amerikanischen Präsidenten Donald Trump durch Polizisten war von Anfang an leicht als konstruierte Realität erkennbar. Dennoch entsteht ein ungeheurer Schaden. Denn mit den *fake images* im Fall des Papstes, Putins oder Xis entstehen Narrative, die sich aus den Köpfen der Betrachter nicht einfach löschen lassen. Nach dem simplen Slogan „Ein Foto sagt mehr als tausend Worte" werden Aussagen in die Köpfe von Bürgern transportiert, die Folgen haben.

Die Bilder von Ereignissen, die es gar nicht gibt, sind nur die Spitze des Eisberges. Die Technik wird immer besser. Die Lüge zu erkennen, wird immer schwieriger. Wirklichkeit und erfundene Wirklichkeit sind selbst für die Qualitätsmedien immer weniger zu unterscheiden.

Dennoch ist in den Medienhäusern die Begeisterung über die künstliche Intelligenz groß. Denn mit KI lassen sich preisgünstig, schnell und künftig immer verlässlicher Inhalte für Medienmarken und ihre digitalen Kanäle schaffen. Als erstes Medienhaus machte Burda *(Focus, Bunte, Elle)* im Mai 2023 ein Experiment. Ein Extraheft mit 99 Rezepten zu „genialen Pasta-Gerichten für Genießer" als Ausgabe der Zeitschrift *Lisa Kochen & Backen* wurde erstmals komplett von der KI erstellt. Die Software ChatGPT der Microsoft-Tochter OpenAI „testete" am virtuellen Herd und schrieb die leckeren Rezepte der mediterranen Küche auf.

Die Zeit der Experimente geht mittlerweile zu Ende. KI wird mit der Verbesserung der Software durch Microsoft, Alphabet und andere immer mehr zum Werkzeug, mit dem Inhalte schneller, preiswerter und bisweilen auch besser erstellt werden können. Künstliche Intelligenz ist ein großartiges und sinnvolles Tool für eine Redaktion, welche die journalistische Pflicht zu Wahrheit, Sorgfalt und Unabhängigkeit ernst nimmt.

Der Nachteil: Das Suchen und Finden der Wahrheit und das Entdecken von Unwahrheiten, Spekulationen und Verdächtigungen gestaltet sich so schwierig wie nie zuvor. Denn die mit KI erstellten Fälschungen werden von Monat zu Monat besser. Die Überprüfung zwischen Wahrheit und Lüge wird immer aufwendiger. Für die Medien geht es um sehr viel. Der Erfolg von qualitativen Medienmarken wird entscheidend davon abhängen, ob sie auch in Zukunft der zentrale Gatekeeper der Wahrheit sein können. Die Chance dafür besteht, wenn die Medienunternehmen die Redaktionen mit KI-Tools von redaktionellen Alltagsarbeiten entlasten und ihnen mehr Zeit für Recherche und Verifizierung gewähren. Ob dies in Zukunft der Fall sein wird, ist noch unklar. Das Verhalten von einzelnen Medienkonzernen wie Axel Springer *(Bild, Welt)* und sein Arbeitsplatzabbau bei seinen Medienmarken deuten allerdings auf das Gegenteil hin.

Die generative KI sorgt in den Redaktionen für eine Kompetenzerweiterung. In Zukunft müssen Journalisten nicht nur den Mächtigen in Politik, Wirtschaft und Finanzen auf die Finger schauen, sondern vor allem der KI und ihren Produkten. Noch sind Medienmarken im digitalen Kommunikationsgeschäft Leuchttürme für qualitätsorientierte Nutzer auf dem stürmischen Meer von Information und Unterhaltung. Doch eine zunehmende Zahl steuert digitale Inseln und Archipele an, die – sirenenhaft mit unglaublichen Nachrichten, bizarren Prominentengeschichten oder irren Tipps – das Bedürfnis nach Negativismus,

Sensationslust und Gier befriedigen. Das wird das mediale Ökosystem sein, in dem die generative KI ihr Unwesen treiben kann.

Künstliche Intelligenz kann zum Totengräber der Wahrheit, wie wir sie bisher kennen, mutieren. Die neue Technologie schafft rund um die Uhr viele Wahrheiten und Unwahrheiten. Das hat Folgen für die Gesellschaft. Kommunikation kann als konstituierendes Element von Gesellschaft begriffen werden, formulierte einst der Soziologe Niklas Luhmann (1975). „Unter diesem Aspekt hat Massenkommunikation, haben die durch technische Medien verbreiteten Ereignisse und Handlungen, zumal in einer weitläufigen differenzierten Gesellschaft, eine zentrale Bedeutung für das soziale System", formulierte der Kommunikationswissenschaftler Winfried Schulz vor fast einem halben Jahrhundert (Schulz 1976). Ihre Aufgabe war es, „Öffentlichkeit herzustellen". Heute ist diese Aufgabe auf eine KI-gestützte Digitalisierung übergegangen, in der Medien auch durch ihre wirtschaftliche Schwäche zunehmend marginalisiert werden.

Das spüren die Demokratien. Die Kommunikation als konstituierendes Element demokratischer Gesellschaften löst sich wie in einem Salzsäurebad auf. Je größer die Fortschritte mit generativer KI, desto geringer die Bedeutung von Qualitätsmedien im sozialen System. Es entstehen digitale Gegenwelten, die mit Wahrheit und Wirklichkeit nur am Rande zu tun haben. Die Realität hat im Zeitalter der künstlichen Intelligenz immer weniger eine Chance. Denn die Währung der Digitalisierung sind die Klicks im Netz. Mit KI-gestützten Inhalten wird eine wundersame Geldvermehrung ermöglicht. Denn mit schnellem und geringem Kapitaleinsatz können Medieninhalte geschaffen werden, die maximale Aufmerksamkeit und damit mehr Nutzer und Seitenaufrufe generieren.

Die digitale Konstruktion von Wirklichkeit steht vor einem Siegeszug. In der Risikogesellschaft wurde über Jahrzehnte intensiv über die Gefahren diskutiert (Beck 1968). Mit der generativen KI ist nun der Risikofall eingetreten. Doch im Gegensatz zu einem brennenden Haus oder einem schwerwiegenden Diebstahl gibt es keine Versicherungspolice, die Beschädigungen beseitigen und die Kosten für die Heilung übernehmen könnte.

„Es gibt nicht nur eine Wahrheit“, schreibt der frühere Chef der größten Zeitung Europas, Kai Diekmann, in seinen Memoiren *Ich war BILD*, „verschiedene Wahrheiten können sich diametral gegenüberstehen“ (Diekmann 2023). Diese verschiedenen Wahrheiten wurden von politisch höchst unterschiedlichen Medien professionell recherchiert, interpretiert und transportiert. Der Nutzer hatte die Wahlmöglichkeit, sich zu entscheiden oder seine ganz eigenen Schlussfolgerungen zu ziehen. Diese Mission auf der Suche nach der Wahrheit tritt mit dem Bedeutungsverlust der klassischen Qualitätsmedien zunehmend in den Hintergrund. In Zeiten von generativer KI geht es nicht mehr um die verschiedenen Wahrheiten, die sich womöglich gegensätzlich gegenüberstehen. Künstliche Intelligenz stellt vielmehr die Frage: Was ist die Wahrheit? Welche Wahrheit gibt es noch? Ist das Gesehene und Gelesene tatsächlich die Wirklichkeit?

Als Michelangelo Antonioni im Jahr 1966 seinen Film *Blow Up* fertigstellte, konnte er künstliche Intelligenz noch nicht einmal erahnen. Doch der große italienische Regisseur stellte schon damals die richtige Frage: Was ist wahr und was ist falsch? Richtig oder fake? Als in der Schlussszene seines Thrillers im Swinging London sein Hauptdarsteller, der Fotograf Thomas (David Hemmings), im Park an einem Tennisplatz vorbeiläuft, liefern sich junge Leute pantomimisch ein Match ohne Schläger und Ball. Am hohen Zaun angelehnt beobachtet der Fotograf mit seiner Kamera das surreale Treiben. Als der imaginäre Ball schließlich unerwartet außerhalb des Spielfeldes mitten auf der Wiese landet, rennt er zum imaginären Ball und wirft ihn zurück. Die Spieler setzen mit einem wirklichen Tennisball ihr Match fort.

In dieser Situation befinden sich heute die Medien auf ihrer Mission zur Wahrheit.

Literatur

Beck, Ulrich (1986): *Risikogesellschaft. Auf dem Weg in eine andere Moderne*, Frankfurt: Suhrkamp.

Diekmann, Kai (2023): *Ich war BILD*, Köln: DVA.

Lamarre, Eric/Smaje, Kate/Zemmel, Rodney (2023): *Rewired. The McKinsey Guide to outcompeting in the of digital and AI*, Hoboken: Wiley.

Luhmann, Niklas (1975): Veränderungen im System der gesellschaftlichen Kommunikation und die Massenmedien. In: Schatz, Oskar (Hrsg.), *Die elektronische Revolution. Wie gefährlich sind die Massenmedien?*, Graz, Wien, Köln: Styria, S. 13–30.

Schulz, Winfried (1976): *Die Konstruktion von Realität in den Nachrichtenmedien*, Freiburg i. B.: Alber.

Dr. Hans-Peter Siebenhaar ist Journalist, Buchautor, Politikwissenschaftler mit Studium in Erlangen, Kalamazoo (USA) und Madrid, Medienexperte und Korrespondent des *Handelsblatts* in Düsseldorf, Wien und Brüssel. Seit 2022 ist er Chefautor und Mitglied der Chefredaktion der Finanzzeitschrift *Focus Money* in München.

Wahrheit in Zeiten von Künstlicher Intelligenz? Ein Plädoyer für soziale Technologiesouveränität

von Caja Thimm

Der Diskurs über den Zustand von Gesellschaft und Politik wird aktuell dominiert von diversen Diagnosen zur Krise der Demokratie und dem Beklagen einer „Desinformationsordnung" (Bennett/Livingston 2018). Dabei steht vor allem das Internet im Blickfeld – es wird wahlweise als „blutiges, chaotisches Schlachtfeld für die Wahrheitskriege" (Lynch 2016, 66) oder als Plattform für das Ende der Wahrheit (Kakutani 2018) bezeichnet. Gewichen ist die Hoffnung auf mehr Transparenz, Partizipation und Demokratie durch das Netz, vielmehr konstatiert man einen dystopischen Kommunikationsraum (Polizzi 2021). Solche Vorstellungen vom dystopischen Internet betreffen vor allem Phänomene wie Cybermobbing, Hassreden oder die massenhafte Verbreitung von Desinformation und Demagogie, unabhängig davon, ob sie von Menschen oder automatisierten Bots verbreitet werden.

Im Zusammenhang mit Wahlen hat die Frage nach der Rolle von manipulierten, falschen oder sogar gefälschten Informationen spätestens seit den Präsidentschaftswahlen in den USA im Jahr 2016, bei denen manipulierten Informationen Einfluss auf die Wahlentscheidung zugewiesen wurde, für Alarmstimmung gesorgt. Einigkeit besteht darüber, dass falsche bzw. manipulierte Nachrichten durch die digitalen Kommunikationsformen, insbesondere in sozialen Medien, an gesellschaftlicher Bedeutung gewonnen haben. Vielfach wird argumentiert, dass ‚Fake News' letztlich als Desinformation zu verstehen seien, die planvoll eingesetzt werden und mit strategischen Zielen verbunden sind. Auch Jürgen Habermas sieht ein massives Problem in einer „nicht mehr inklusiv auftretenden Öffentlichkeit", die vor allem auch durch das „Ausstreuen von Fake News" Verunsicherung in der Gesellschaft hervorruft (Habermas 2021, 496).

Ohne Zweifel haben die Entwicklungen der letzten Jahre wenig Anlass zu einer optimistischen Einschätzung digitaler Kommunikationsformen gegeben. Die Macht von algorithmengesteuerter Information, kontrolliert über große Plattformen und Suchmaschinen, wurde von Eli Pariser schon 2011 in seinem Modell der „filter bubble" detailliert beschrieben und kritisiert. Diese Algorithmisierung von Informationsflüssen ist nicht nur bei Google, sondern auch bei allen anderen Plattformen gängige Praxis und steuert das Nachrichtenmenü einzelner Personen in Anpassung an deren digitale Aktivitätsprofile. Diese algorithmische Programmierung digitaler Plattformen hat Folgen, die für eine demokratische Gesellschaft alarmierend sind. Plattformen wie TikTok zeigen, wie hasserfüllte und oft gefälschte Propagandavideos besonders junge Menschen agitieren und ihnen eine andere Realität vorgaukeln. Schon diese Social-Media-Phänomene sind eine massive Herausforderung für Fragen nach der Wahrheit, und nun kommt ein neuer Player ins Spiel – die „Künstliche Intelligenz".

Künstliche Intelligenz und das Ende der Wahrheit?

Ende des Jahres 2022 kam die von OpenAI entwickelte textbasierte KI ChatGPT als Gratisversion auf den Markt und veränderte nicht nur durch die simple, weltweit verfügbare Nutzeroberfläche die digitale Welt, sondern schockierte mit ihren interaktiven Fähigkeiten selbst überzeugte KI-Zweifler*innen. In kurzer Zeit haben solche generativen KI-Modelle (LGAIMs) die Art und Weise, wie wir kommunizieren, illustrieren und komponieren, verändert. Aber diese KI ist, genau wie die algorithmische Kuration der sozialen Medien, eine Black Box: Die Datenbasis und die Verarbeitungsprozesse bleiben verborgen. Die oft unethischen Lerndaten der KIs führen zu diskriminierenden oder voreingenommenen Antworten, darunter auch sogenannte „halluzinierte" Ergebnisse, bei denen die KI Inhalte erfindet und diese sogar bei Nachfragen verteidigt. Von Wahrheit also keine Spur.

Gerade die Niedrigschwelligkeit, mit der auch Bilder generiert werden können, wie die Beispiele der angeblichen Verhaftung von Donald Trump oder das Bild des in einen poppigen Winter Coat gekleideten Papstes medienwirksam demonstrierten, verweisen auf die Leichtigkeit der Fabrikation von Desinformation. Mag dies bei lustigen Bildern noch amüsant sein, ist eine mangelnde Kontrolle und menschliche Prüfung bei KI-basierten Entscheidungen in Bereichen wie Finanzen, Gesundheitswesen und der Strafverfolgung (vgl. Thimm/Thimm-Braun 2023) hochproblematisch. Und da nicht davon auszugehen ist, dass alle Akteur*innen KI-basierte Entscheidungen in Bezug auf ihren Wahrheitsgehalt prüfen werden bzw. dazu in der Lage sind, drängt sich das Bild einer beschleunigten Gesellschaft als einer Zweiklassengesellschaft auf, in der die Menschen gemäß ihrer digitalen Kompetenzen Teil der digitalen Gesellschaft sind oder aufgrund ihrer fehlenden Technologiekompetenz ausgeschlossen werden. Diese Kompetenzanforderungen bekommen jedoch mit dem Einzug von KI in das alltägliche Handeln einen erhöhten Stellenwert.

Soziale Technologiesouveränität: Mehr digitale Bildung braucht das Land

Auch wenn die aufgelisteten Kritikpunkte mehrheitlich auf problematische Entwicklungen im Hinblick auf die Ausbildung demokratiefördernder Strukturen im Netz verweisen, so erscheint es doch unklug, die vielen Optionen, die das Internet und Technologien allgemein für die Einzelnen, für Institutionen und Gesellschaft anbieten, zu negieren. Besonders die Abwertung von technisch-algorithmisch oder durch Selbstselektion fragmentierten Öffentlichkeit(en) beachtet nicht, dass diese Form der kleineren Öffentlichkeit(en) auch einen Raum für eigenständige Debatten darstellt und damit für die Demokratie einen wichtigen

Stellenwert einnehmen kann. Allerdings fiel der KI-Hype nicht nur mit historisch bedeutsamen sozialen Herausforderungen zusammen, sondern auch mit einer Zeit, in der eine kleine Handvoll privater Technologieunternehmen in vielen Lebensbereichen eine dominierende Stellung einnimmt. Viele dieser Unternehmen haben KIs entwickelt, um sie in erster Linie für den täglichen Betrieb ihrer Produkte und Dienstleistungen zu nutzen.

Natürlich stellt sich die Frage nach den Konsequenzen dieser Befunde. Fraglos braucht es Regulierung und politische Kontrolle. Der geplante „AI Act" auf europäischer Ebene könnte ein wichtiger Schritt werden, wenn nicht Lobbyisten die Kernideen verwässern. Den öffentlichen Raum einigen mächtigen KI-Datenunternehmen zu überlassen, wie es bei den sozialen Medien geschehen ist, ist keine Option für funktionierende zukünftige Demokratien. Der Ruf nach Regulierung ist ein zentraler Baustein für die Zukunft der Demokratie und sollte von Politiker*innen und der Zivilgesellschaft gemeinsam ernst genommen werden.

Aber es muss, wie an anderer Stelle mehrfach formuliert (Thimm 2023a, 2023b), auch eine neue Debatte um digitale Bildung einsetzen, die erkennt, dass Wahrheit heute so komplex geworden ist, dass es „soziodigitaler Souveränität" bedarf, um hier überhaupt noch das Wahre vom Unwahren trennen zu können. Es gilt auch, der Infragestellung personaler Autonomie durch diverse KI-Technologien entgegen zu treten. Dass Menschen in die Lage versetzt werden, neue Technologien einzuschätzen, ist durch die Verflechtung von Digitalisierung und KI mit dem gesellschaftlichen Leben zu einer grundsätzlichen Frage demokratischer Teilhabe geworden. Dabei geht es nicht darum, Technologie als Heilsbringer zu propagieren oder in ihr teuflische Manipulateure zu sehen, sondern darum, dass Menschen die Wirkweisen der digitalen Logiken verstehen und sie in ihren Alltag integrieren können. Die grundsätzlichen Fähigkeiten des kritischen Einordnens, Reflektierens und Aufarbeitens von digital erschlossenen Informationen sollten in den Fokus des öffentlichen Interesses rücken und über vielfältige Initiativen insbesondere im schulischen Bereich gefördert werden. Ohne diese soziale Technologiesouveränität ist ein demokratischer Meinungsbildungsprozess angesichts weiterer zu erwartender Technologiesprünge in Zukunft kaum noch vorstellbar.

Literatur

Bennett, W. Lance/Livingston, Steven (2018): The disinformation order: Disruptive communication and the decline of democratic institutions. *European Journal of Communication, 33*(2), S. 122–139. https://doi.org/10.1177/0267323118760317.

Habermas, Jürgen (2021): Überlegungen und Hypothesen zu einem erneuten Strukturwandel der politischen Öffentlichkeit. In: Seeliger, Martin/Sevignani, Sebastian (Hrsg.), *Ein neuer Strukturwandel der Öffentlichkeit?* Baden-Baden: Nomos (= Leviathan – Berliner Zeitschrift für Sozialwissenschaft, Sonderband 37), S. 470–499.

Kakutani, Michiko (2018): *The death of truth.* New York: William Collins.

Lynch, Michael Patrick (2016): *The Internet of Us: Knowing more and understanding less in the age of big data.* New York: Liveright.

Polizzi, Gianfranco (2021): Internet users' utopian/dystopian imaginaries of society in the digital age: Theorizing critical digital literacy and civic engagement. *New Media & Society, 25*(6), S. 1205–1226.

Thimm, Caja (2023a): Herausforderungen digitaler Bildung. Technologiesouveränität in Zeiten von ChatGPT. In: Bröckling, Guido/Fries, Rüdiger/Narr, Kristin (Hrsg.), *Mit Medienbildung die Welt retten?! Medienpädagogik in einer Kultur der Digitalität.* München: Kopaed, S. 3–14.

Thimm, Caja (2023b): Digitale Souveränität und personale Autonomie: Herausforderungen fur eine Digitalpädagogik. *Mediendiskurs*, Jg. 104, H. 2, S. 84–87.

Thimm, Caja/Thimm-Braun, Laura (2023): Künstliche Intelligenz und personale Autonomie: Diskriminierende Algorithmen als ethische und rechtliche Herausforderung für die Polizeiarbeit. In: Gössl, Susanne Lilian (Hrsg.), *Diskriminierungsfreie KI.* (= digital | recht Schriften zum Immaterialgüter-, IT-, Medien-, Daten- und Wettbewerbsrecht, Bd. 10), Berlin: epubli, S. 37–50.

Prof. Dr. Caja Thimm ist seit 2001 Professorin für Medienwissenschaft und Intermedialität an der Universität Bonn. Von 2017 bis 2022 war sie Sprecherin des NRW-Graduiertenkollegs und des Forschungsverbundes „Digitale Gesellschaft". Sie hat eine Vielzahl von Büchern zu Medien und Politik, digitaler Öffentlichkeit sowie zum Verhältnis Technologie und Gesellschaft publiziert.

Reingezoomt: Perspektiven auf Wahrheitsfindung im medialen Alltag

„Zu alt, zu voll, zu kaputt"

von Anja Bröker

Wahrheit? Schon im Journalismus scheint dieser Anspruch überhöht. Wahrhaftig sein, Fakten transportieren und möglichst nah ran an die Objektivität, trifft schon eher das Zielbild der Berichterstattung. Dabei auch „das Positive hervorzuheben, was geleistet wird" – wie es Adenauer einst für eine Pflicht der Zeitungsverleger, des Rundfunks und überhaupt aller Journalisten hielt –, gilt weithin als anbiedernd und aus der Zeit gefallen. Was also macht ein „realistisches Bild unserer Welt" aus?

Meine persönliche „Mission Wahrheit" nahm eine radikale Kehrtwende, als ich nach über 25 Jahren beim WDR meine Karriere im öffentlich-rechtlichen Fernsehen auf eigenen Wunsch beendete. „Die Seiten zu wechseln", gilt als eine gemeinhin umstrittene Entscheidung von Journalistinnen und Journalisten. Ein „Point of no Return"? Nicht zwingend. Doch in der öffentlichen Wahrnehmung wird das eigene Streben nach Objektivität im Sinne des journalistischen Schaffens fortan für beendet erklärt. Schließlich vertritt man nach einem Seitenwechsel künftig das Interesse einer Behörde, eines Unternehmens oder einer NGO.

In meinem Fall wurde die Deutsche Bahn zur sinnstiftenden Arbeitgeberin, bei der ich als Pressesprecherin anheuerte. Im Folgenden möchte ich einen Einblick geben, was auch in meiner neuen Aufgabe gilt, wenn ein „realistisches Bild unserer Welt" vermittelt werden soll.

Meine These: Unternehmenskommunikation braucht Authentizität, Erklärlogik und Empathie, um erfolgreich zu sein.

Zur Infrastruktur in Deutschland zählen Straßen und Brücken, deren Zustand oftmals als „marode“ kritisiert wird. Und doch beklagt die mediale Öffentlichkeit nichts so ausgiebig und so lauthals wie die Lage auf der Schiene. Auch das scheint sicher: Satire funktioniert dann besonders gut, wenn die Deutsche Bahn dabei vorkommt. Niemand würde ernsthaft anzweifeln: Das Image des Unternehmens ist angekratzt.

Um so überraschender war es, als ein TV-Spot der Deutschen Bahn zur besten Sendezeit genau das zum Thema machte. „Unser Schienennetz kommt an seine Grenzen. Daher gibt es Verspätungen und vollere Züge. Klar, das ärgert Euch. Wir ärgern uns auch.“ Ein Schuldbekenntnis. Und das in einer Corporate-Kampagne? In der Marketingwelt ein Schritt mit Seltenheitswert, der wegweisend für die nächsten Jahre sein wird.

Die neue Ansprache wirbt konstruktiv für Geduld und Verständnis. „Mehr Bahn für alle“ heißt die Kampagne der Deutschen Bahn, die einen realistischen Blick auf die Lage wirft. Spürbare Verbesserungen, so die Botschaft, gelingen nicht über Nacht. „Wir modernisieren und bauen wie noch nie. Neue Gleise und Bahnhöfe. Mehr Züge. Mehr Mitarbeitende. Es wird gut. Aber es wird dauern“, heißt es im TV-Spot.

Die Deutsche Bahn als eine der bekanntesten Marken Deutschlands gibt nicht nur zu, dass ihre Fahrgäste unzufrieden sind. Sie weist zudem noch darauf hin: Veränderungen sind schlichtweg alternativlos, wenn wir in Zukunft klimafreundlich reisen wollen. Deutschlands Schieneninfrastruktur muss dafür generalüberholt werden. Für die nächsten Jahre bedeutet das: Baustellen, Busse als Schienenersatzverkehr und noch lange kein Ende des Bahnfrusts.

Wenn die Qualität auf der Schiene nicht stimmt – und das ist leider immer häufiger der Fall –, dann müssen wir über die Gründe sprechen. Erklären, wie es dazu kam. Und was wirklich Verbesserung bringt. Die Botschaft: Wir haben verstanden. Wir krempeln die Ärmel hoch und reparieren unsere Infrastruktur von Kopf bis Fuß. Die Selbstkritik im

Rahmen einer PR-Kampagne weist den Weg für jede Kommunikation, die glaubwürdig sein will.

Manchmal sind es auch Schlagzeilen wie diese, die es auf den Punkt bringen: „Zu alt, zu voll, zu kaputt". In sechs knappe Worte fasste der zuständige DB-Vorstand für Infrastruktur die Malaise auf der Schiene. Mehr braucht es nicht, um den Ist-Zustand der Eisenbahn in Deutschland zu benennen. Und doch handelt es sich um eine kommunikative Zeitenwende, wenn ein Unternehmen in aller Öffentlichkeit Missstände transparent macht. Kein Druck durch investigative Recherchen, kein Leak vertraulicher Dokumente, keine Konkurrenz durch Wettbewerber machten diesen Schritt zwingend nötig. Sondern schlicht die Lage, die klare Worte braucht.

Ja, die Pünktlichkeit lässt zu wünschen übrig. Und ja, die Bahnfahrten enden öfter in vollen, verspäteten Zügen, oder sie fallen ganz aus. Wenn ich als Konzernsprecherin der Deutschen Bahn auftrete, dann spreche ich offen über den Ärger unserer Reisenden. Und deren Mühen bedauere ich aufrichtig und bitte um Entschuldigung.

Was machen diese Zeiten von Krisen mit Pressesprecherinnen und Pressesprechern? Wie umgehen mit der Realität, die oft unangenehm und glanzlos ist? Begeben wir uns dafür hinein in die permanenten Debatten um Zugausfälle, Verspätungen und Pannen: Wie kann es gelingen, in diesem Umfeld überhaupt erfolgreich zu kommunizieren? Die Lösung ist so einfach wie komplex: eine Kommunikation, die transparent ist, offen und ehrlich. Nur sie passt in diese Zeit. Makellose Botschaften auf Hochglanzpapier und voller Superlative haben ausgedient. Dem Publikum fehlt schlichtweg der Glaube daran.

Durch Werbung allein ändert sich die Realität nicht. Doch Kampagnen wie die der Deutschen Bahn greifen den Diskurs auf. Die Politik habe die Bahn in den vergangenen Jahrzehnten „kaputtgespart", die Probleme seien systemisch – sagt einer der dienstältesten Bahnkenner der Republik, Karl-Peter Naumann vom Fahrgastverband Pro Bahn. Doch Naumann sagt voraus: Sobald die Grundsanierung zum Ende des Jahrzehnts abgeschlossen ist, sei mit spürbaren Verbesserungen zu rechnen. Und auch viele DB-KollegInnen und -Kollegen, die schon länger bei der Bahn arbeiten, sagen: Endlich ist es soweit. Endlich hat die Politik erkannt, dass investiert werden muss!

Als Interessensvertreterin bewege ich mich im bekannten Spannungsfeld zwischen Loyalitätsverpflichtung meinem Unternehmen gegenüber und der eigenen Glaubwürdigkeit. Nur wer authentisch und nahbar ist, kann Vertrauen aufbauen. Im Journalismus gilt als „objektiv wahr", was tatsächlich bewiesen und gegen alle Anfeindungen behauptet werden kann. Dabei müssen Fakten oft in einen Kontext gestellt werden. Gilt dies auch im weiten Feld der Unternehmenskommunikation?

Der Deutsche Kommunikationskodex besagt im Artikel 9: „PR- und Kommunikationsfachleute sind der Wahrhaftigkeit verpflichtet, verbreiten wissentlich keine falschen oder irreführenden Informationen oder ungeprüfte Gerüchte." Das ist die Grundlage für das eigene Handeln, die niemals in Zweifel gezogen werden darf. Würden wir uns in den Pressestellen darüber erheben, wäre nicht zuletzt das Vertrauensverhältnis zwischen der Öffentlichkeit und uns in Gefahr. Fakten zu verdrehen, um eine Presseinformation „rund" zu machen, wäre grob fahrlässig und würde die eigene Reputation aufs Spiel setzen.

Für Pressesprecherinnen und Pressesprecher bleibt es eine der wichtigsten Aufgaben, schwierige Zusammenhänge zu erklären und dabei den gesellschaftlichen Nutzen der oft unpopulären Maßnahmen aufzuzeigen. Welche Schritte führen zu mehr Verlässlichkeit?

Dafür braucht es logische Erklärungen. Wie die von der unpopulären, aber sinnvollen Vollsperrung über Monate, um eine Bahnstrecke von Kopf bis Fuß zu sanieren. Vergleichen wir die Korridorsanierung mit der Renovierung einer Wohnung, die keinen Aufschub mehr duldet: „Würden Sie die Wasserleitung neu machen und dann erst ein Jahr später die Elektrik? Käme es nicht viel billiger, Sie würden alles in einem erledigen und hätten somit für viele Jahre Ruhe ...?" Das simple Beispiel erklärt das neue Konzept der Generalsanierung. Flickschusterei an der Infrastruktur, wie sie jahrzehntelang praktiziert wurde, gehört beendet, und auch die Finanzierungsmodelle müssen radikal vereinfacht werden.

Erklären und die Menschen abholen – nur so kann wieder Vertrauen entstehen. Dabei sind die Wege hin zum Publikum entscheidend, und ein integrierter Ansatz mit 360-Grad-Verbreitung ist dabei zeitgemäß. Egal, wo sie wahrgenommen werden, ob in der Lokalzeitung, auf TikTok oder in der TV-Werbung – überall müssen die Botschaften für die jeweilige Zielgruppe verständlich und nachvollziehbar sein. Nur so kann die deutsche Öffentlichkeit erreicht und hoffentlich mitgenommen werden.

Neben Kommunikatorinnen und Marketingexperten werden auch eigene Mitarbeitende zu Botschaftern, weil sie vor allem eins sind: glaubwürdig. Ob an Stammtischen, in Sportvereinen oder am Gartenzaun – sie sprechen auf Augenhöhe mit potentiellen Kunden, die sich wiederum besser verstanden fühlen. Auch das schafft Vertrauen. Zurzeit hat die Bahn hierzulande knapp 230.000 Beschäftigte. Auch wenn die aktuelle betriebliche Lage auf die Stimmung schlägt, sind gerade die Mitarbeitenden Verbündete der Kommunikation. Und ganz bewusst auch in TV-Spots: Das Gesicht zum Imagefilm, in dem der Bahnkonzern freimütig Probleme einräumt, ist eine DB-Kollegin aus Stuttgart.

Das Beispiel der Deutschen Bahn zeigt auf, wie in Krisenlagen ein „Verzeihungsdepot“ wieder aufgefüllt werden kann. Kommunikation wird in diesen Zeiten nur dann wahrhaftig, wenn sie empathisch, erklärend und authentisch bleibt. Traumwelten und schöne Worte trotz anhaltender Probleme gehören längst in die Mottenkiste der Unternehmenskommunikation.

Anja Bröker arbeitete mehr als 25 Jahre lang für die ARD und berichtete als TV-Korrespondentin aus Russland, China und den USA. 2020 wechselte sie zur Deutschen Bahn und ist Konzernsprecherin des Unternehmens.

Fakten, Haltung und Vertrauen: Die Herausforderungen beim gemeinnützigen Rundfunk

von Tom Buhrow

2022 stellte der renommierte Reuters Institute Digital News Report fest: Im Vereinigten Königreich und in Brasilien hat sich der Anteil der Menschen, die Nachrichten ganz oder teilweise meiden, zwischen 2017 und 2022 verdoppelt. In Großbritannien waren es 46 Prozent der Menschen, in Brasilien sogar 54 Prozent. Und in den USA lag der Anteil 2022 bei 42 Prozent. In Nordeuropa sind die Werte bisher etwas geringer – 29 Prozent in Deutschland, 36 Prozent in Frankreich. Unsere Fähigkeit und unsere Bereitschaft, das Weltgeschehen zu ertragen, sinken.

Es gibt ein Angebot des Westdeutschen Rundfunks (WDR) mit dem Namen *kugelzwei.* Es hat sich vorgenommen, konstruktiven, lösungsorientierten Journalismus zu machen. Deshalb hat die Redaktion auch einen sehr schönen Leitgedanken, vielleicht kann man sogar von einer Hypothese sprechen. Sie lautet: „Was, wenn die Zukunft gut wird?" Die Themen werden von der Lösungsseite aus betrachtet – das gelöste Problem ist eigentlich eher die Story hinter der erfolgreichen Idee. Mit am erfolgreichsten bei diesem Angebot ist eine Deutschlandkarte, auf der jede Menge inspirierende Ideen verlinkt sind. Man kann einfach nachschauen, welche funktionierenden Projekte es in der Nähe des eigenen Wohnortes gibt. Diese Seite wird überdurchschnittlich oft angeklickt. Warum ist das so? Vermutlich, weil die Menschen auch eine Sehnsucht nach guten Nachrichten haben.

Wir sind alle aufgeklärt, und es ist für uns wichtig, sich mit den Problemen dieser Welt zu beschäftigen. Aber es geht nicht ohne Hoffnung. Unsere Psyche kommt ohne Hoffnung nicht klar. Wir brauchen den Gedanken, dass die Zukunft gut werden kann. Daraus ist die Idee des „constructive journalism" entstanden.

Ein weiterer Aspekt: Eine beträchtliche Anzahl von Menschen hat schon ein Konzept von der Wirklichkeit im Kopf – inklusive Bewertung. Viele Menschen wollen ein Bild der Welt, das durch eine gewisse Brille betrachtet wird. Der Krieg in der Ukraine macht jeden Tag deutlich, wie unterschiedlich man eine Geschichte erzählen kann. Auf der einen Seite gibt es diejenigen, die den Medien vorwerfen, dass die Berichterstattung Russland einseitig zum Buhmann mache, schon durch die Wortwahl. Wenn man Menschen begegnet, die aus der Ukraine stammen, bemängeln diese schon allein die Tatsache, dass vom Ukrainekrieg die Rede ist. Es sei ein Angriffskrieg Russlands gegen die Ukraine und das müsse man auch so benennen. Dieses Ringen um Worte ist auch immer ein Ringen um Deutungshoheit. Nebenbei bemerkt: Das spiegelt sich auch bei der Wahl der Begrifflichkeit im öffentlich-rechtlichen Rundfunk wider. Denn es macht einen Unterschied, ob man vom Rundfunkbeitrag spricht oder von Zwangsgebühr. Sie finden das bei jedem Thema, das eine politische Dimension hat.

Im Internet funktioniert ohnehin Aufregung überproportional gut. Erfolgreich ist, was Emotionen auslöst, was polarisiert, was aus Begeisterung oder Empörung geteilt und kommentiert wird. Das wirkt sich auf den Journalismus aus. Aber der gemeinnützige Rundfunk hat eine Sonderaufgabe, sich dem Ziel von Neutralität und Ausgewogenheit zu verschreiben. Der gemeinnützige Rundfunk wird von der ganzen Gesellschaft bezahlt, er ist Dienstleister der Gesellschaft als Ganzes. Entsprechend ist er der Neutralität und Ausgewogenheit besonders verpflichtet. Kurz gesagt: Nicht alles, was in sozialen Medien erfolgreich ist, passt zu den Werten des gemeinnützigen Rundfunks. Denn es geht nicht um die maximale Aufmerksamkeit, sondern um die Frage: Wem kann man ein realistisches Bild der Welt zutrauen? Worauf basiert die Entscheidung, welche Medien man konsumiert? Auf Fakten? Oder auf Vertrauen?

An dieser Stelle ein Exkurs in die Wirtschaftswissenschaft, genauer gesagt: in die Informationsökonomik. Sie beschäftigt sich damit, wie viele Informationen man über bestimmte Arten von Produkten und Dienstleistungen hat – und wie sich das auf Kaufentscheidungen auswirkt. Vier Typen gibt es:

Erster Typ: Die normalen Güter

Da ist weitestgehend bekannt, welche Eigenschaften sie haben, und man muss nicht recherchieren, um das herauszufinden. Milch ist zum Beispiel so ein normales Gut.

Zweiter Typ: Die Suchgüter

Das bedeutet: Man kann durch Suchen ausreichend Informationen finden, um vor dem Kauf zu beurteilen, ob ein Produkt den gewünschten Anforderungen entspricht. Kindersitze sind ein Suchgut. Man kann sich einen der regelmäßigen Tests der Stiftung Warentest anschauen und sich darüber informieren, ob der Sitz eines Herstellers sicher, bequem und leicht zu bedienen ist.

Dritter Typ: Das Erfahrungsgut

Bei diesen Gütern kann man erst nach dem Kauf feststellen, ob das Produkt den gewünschten Anforderungen entspricht. Das gilt zum Beispiel für Wein – man kann sich vorher intensiv mit Wein beschäftigen, aber wie er wirklich schmeckt, weiß man erst nach dem Kauf.

Vierter Typ: Das Vertrauensgut

Selbst nach dem Kauf weiß man nicht, ob das Gut wirklich seinen Preis wert war. Medikamente sind das klassische Beispiel. Natürlich gibt es Studien, die Aussagen zur Wirkung treffen. Aber beim Gesundwerden spielen viele Faktoren eine Rolle: Ernährung, Schlaf, Wirkstoffe, psychische Verfassung, der Placeboeffekt und viele mehr.

Nimmt man an, jemand hat abends Kopfschmerzen und nimmt vor dem Schlafengehen eine Kopfschmerztablette. Am nächsten Morgen sind die Kopfschmerzen weg. Hat die Tablette gewirkt? Oder der Schlaf? Das kann nicht wirklich beantwortet werden – man kann den Alternativzustand ja nicht zum Vergleich heranziehen. Es muss also darauf vertraut werden, dass ein Medikament wirkt.

Journalistische Produkte fallen zu einem maßgeblichen Teil unter die Kategorie der Vertrauensgüter. Selbst nach dem Konsum ist es nur unter sehr großem Aufwand möglich, die Qualität zu überprüfen. Es gibt natürlich Indizien: Wie oft wird ein Medium vom Deutschen Presserat gerügt? Wie oft hat sich in der Vergangenheit die Berichterstattung als fehlerhaft oder falsch herausgestellt?

Aber ein hypothetisches Beispiel: Wenn man eine brandneue Dokumentation zur Abholzung des Waldes in Mexiko vor sich hat – ist diese realistisch? Es ist ja sehr schwierig, die ganzen Informationen in der Dokumentation selbst zu überprüfen. Die Frage ist vor allem eine Vertrauensfrage. Und Vertrauen wird von verschiedenen Faktoren beeinflusst. Wenn man falsche Informationen in einem Artikel entdeckt, dann wird die Person diesem Medium in Zukunft weniger vertrauen. Wenn Eltern einem Medium vertrauen, vielleicht seit Jahrzehnten die *Tagesschau* gucken, wird auch das eine Wirkung auf ihre Kinder haben. Wenn Freunde einen Artikel weiterleiten, räumt das Gehirn diesem Artikel einen Vertrauensvorschuss ein, weil man Freunden vertraut und sie schätzt.

Für gemeinnützige Medien ist es also wichtig, dass Menschen dem öffentlich-rechtlichen Rundfunk vertrauen. Und dabei kann der Rundfunk viel davon lernen, wie eine Freundschaft funktioniert. Es ist wichtig, dass man ehrlich und zuverlässig ist, dass man sich auf ihn verlassen kann. Deshalb ist es so wichtig, dass Journalisten sorgfältig arbeiten. Zur Freundschaft gehört auch, dass die Bedürfnisse des Publikums gekannt und respektiert werden. Sprich, dass die Journalisten wissen, wofür sich das Publikum interessiert und welche Mediennutzungsgewohnheiten es hat. Das heißt aber nicht, dass ein Freund dem anderen immer nach dem Mund redet. Freundschaft hält auch unbequeme Wahrheiten aus. Freundschaft bedeutet, dass es nicht nur ernsthaft zugeht, sondern man vor allem auch zusammen Spaß hat und etwas erlebt. Dass man zusammen ins Kino, ins Konzert oder ins Stadion geht. Deshalb sind Unterhaltungsangebote, Filme, Serien, Sportübertragungen wichtig im gemeinnützigen Rundfunk. Das Herz der Menschen muss erreicht werden, bevor Inhalte in die Köpfe gelassen werden.

Für mich ist aber noch ein weiterer Punkt ganz erheblich. Wir wollen von Freunden nicht bevormundet werden. Das müssen Medien respektieren. Es ist wichtig, dass Medien darauf vertrauen, dass die Menschen sich ihre eigene Meinung bilden. Das deckt sich auch mit einer ganz persönlichen Erfahrung, die sich aus meinem beruflichen Lebensweg ergibt. Die längste Zeit meines Berufslebens war ich Journalist, und damit weiß ich, dass sich der Journalist – zumindest nach sorgfältiger Recherche – ein Urteil zutraut. Mit diesem Selbstbewusstsein geht er auch auf Entscheidungsträger zu, die er zu interviewen hat. Nach über zehn Jahren als Intendant eines großen Senders muss ich bekennen: Ich könnte heute nicht mehr mit diesem unbefangenen Selbstbewusstsein den Bundeskanzler oder andere Verantwortungsträger interviewen. Der Grund: Ich weiß mittlerweile aus eigener Erfahrung, dass die wichtigsten Entscheidungen nicht ein Abwägen zwischen richtig und falsch sind, sondern ein Abwägen von unliebsamen Begleiterscheinungen. Der gemeinnützige Rundfunk darf sich erlauben, diese Komplexität zu benennen. Dann wird er das Vertrauen seines Publikums auch in Zukunft erhalten.

Tom Buhrow ist seit 2013 Intendant des Westdeutschen Rundfunks (WDR). 2020/2021 sowie von August bis Dezember 2022 war er Vorsitzender der ARD. Einem breiten Publikum wurde er bekannt als Moderator der Tagesthemen ab 2006. Zuvor war er in verschiedenen Positionen als Auslandskorrespondent der ARD tätig, u. a. als Leiter des ARD-Studios in Washington, D. C.

Wer vermittelt heute ein zutreffendes Bild unserer Realität?

von Manfred Güllner

Angesichts der zunehmenden Datenflut und der wachsenden Möglichkeiten der künstlichen Intelligenz glauben viele, dass mit Hilfe von „Big Data“ und „KI“ auch die gesellschaftliche Wirklichkeit in ausreichendem Maße abgebildet werden könnte. Dabei wird übersehen, dass die heutigen Algorithmen der künstlichen sogenannten „Intelligenz“ darauf beruhen, Verhaltensmuster der Vergangenheit zu erkennen und diese dann als Deutungsmuster für die Zukunft anzunehmen. Doch die gesellschaftlichen Strukturen und Prozesse, die Denkgewohnheiten, Wertvorstellungen und die Artikulationsfähigkeit der Menschen sind zu vielfältig und zu komplex, um diese allein durch vorangegangenes Handeln zu erklären.

Ohne sozialwissenschaftliche Deutungsraster und ohne eine entsprechende theoretische und analytische Durchdringung bringen auch die größten Datenmengen keine ausreichenden Erkenntnisse über die Befindlichkeiten der Menschen, ihre Ängste und Sorgen sowie die ihren Handlungen zugrunde liegenden Motive.

Um die gesellschaftliche Realität adäquat abzubilden, bedarf es nämlich mehr als in Tabellen und Power-Point-Charts gepresste Datenkolonnen. Die im Vergleich zu den Naturwissenschaften immer noch relativ junge Sozialwissenschaft ist sich dessen immer bewusst gewesen und hat statt bloßer „Fliegenbeinzählerei“ vielfältige ausgeklügelte, immer transparente und nachvollziehbare Methoden entwickelt, mit deren Hilfe sie sich der gesellschaftlichen Realität so weit wie möglich nähert.

Zum Handwerkszeug der Sozialforschung gehören neben der exakten Erfassung gesellschaftlicher Tatbestände und Vorgänge (also einer systematischen Statistik – heute erleichtert durch die neue Datenvielfalt) die genaue Beobachtung der Interaktionen der Menschen und die verschiedensten Verfahren, von Menschen Auskünfte über deren Befindlichkeiten, Einstellungen, Meinungen und Verhaltensweisen zu erlangen. Diese Auskünfte erlangt man auch heute trotz vielfältiger sonstiger Datenmengen und künstlicher Intelligenz nur dadurch, dass man die Menschen selbst fragt. Diese Erkenntnis von Karl Marx, der einen auch noch aus heutiger Sicht ordentlichen Fragebogen zur Ermittlung der Lage der Arbeiterklasse in Paris entwickelte, gilt unverändert.

Sozialforscher haben aber zudem die Aufgabe, die von ihnen ermittelten Befunde zu interpretieren und sie in einem durch wissenschaftliche Theorien abgesicherten Kontext zu deuten. Das alles erfordert allerdings Können und Erfahrung. Und bei denen, die die Erkenntnisse der Sozialforschung nutzen und verbreiten, ist ein verantwortungsvoller Umgang mit diesen Befunden unabdingbar.

Die durch solide Arbeit im Laufe der Zeit – und auch in der nach dem Zusammenbruch des Nationalsozialismus etablierten demokratischen deutschen Gesellschaft – mühsam errungene Akzeptanz der Sozial-, Meinungs- oder Wahlforschung wurde allerdings schon in der Vergangenheit durch Scharlatane und „schwarze Schafe“ in der Branche gefährdet. So verbreiteten in der alten Bundesrepublik viele Medien regelmäßig Zahlen der – allerdings nur aus zwei Personen bestehenden – „Wickert“-Institute, bei denen man am Vormittag um 11 Uhr Fragen in Auftrag geben konnte und am frühen Nachmittag gegen 15 Uhr schon „Ergebnisse“ auf Basis von über 2.000 angeblich „Befragten“ geliefert bekam – und das zu einer Zeit, in der es heute vorhandene technologische Möglichkeiten schneller Befragungen noch nicht gab. In den 1990er Jahren gaben dann viele Medien mit Hilfe des sogenannten Teledialogs (TED) zusammengezählte Daten als zutreffende Informationen über gesellschaftliche Tatbestände aus. Beim TED wird von Telekom-Computern gezählt, wie viele festgelegte Telefonnummern in einem bestimmten Zeitfenstern von wem auch immer wie oft angerufen wurden – ein Verfahren, das jedwede Manipulation ermöglicht.

Aktuell aber nimmt die Zahl solcher „schwarzen Schafe" rapide zu, die ohne solides Handwerkszeug, ohne den erforderlichen methodischen Aufwand sowie ohne jedwede theoretische Durchdringung Politik und Medien mit Daten über gesellschaftliche Vorgänge beliefern, die mit der Realität meist wenig zu tun haben. Von ähnlicher Qualität wie die früheren „Wickert"- oder TED-Daten sind heute zum Beispiel die Daten, die ein Berliner Unternehmen namens Civey – von der *FAZ* als „Klick-Demoskopen" charakterisiert – auf völlig abwegige, undurchsichtige und letztlich methodisch unzulässige Art generiert.

Das wäre nicht weiter erwähnenswert, wenn solche Daten nur als Spielelemente auf irgendwelchen Webseiten verwendet würden. Doch die von Civey als „repräsentativ" bezeichneten Ergebnisse werden einer Medien-Phalanx (neben allen Holtzbrinck-Medien – *Tagesspiegel, Handelsblatt, ZEIT, WirtschaftsWoche* – auch *SPIEGEL, Focus, WELT TV, Augsburger Allgemeine, Schwäbische Zeitung, BR, MDR* etc.) ohne Entgelt zur Verfügung gestellt und dementsprechend auch regelmäßig veröffentlicht. Die Medien können sich dabei auf einen ihnen vom Presserat ausgestellten „Persilschein" berufen, nach dem sie nicht mehr verpflichtet sind, zu prüfen, ob ihnen gelieferte Daten auch wirklich als „repräsentativ" bezeichnet werden können. Wenn irgendein wie immer obskurer Datenlieferant seine Daten als „repräsentativ" deklariert, dürfen die Medien das verbreiten – ohne Rücksicht darauf, ob die Daten verlässlich sind oder nicht.

Nun könnte es an sich egal sein, welchen Unfug Medien verbreiten – wenn die Medieninhalte nicht in starkem Maße die Meinungsbildung vieler Menschen beeinflussen würden. Zudem – und das ist noch gravierender – orientieren sich zunehmend politische Akteure bei ihren Entscheidungen an in den Medien veröffentlichten Daten oder lassen sich selbst von unseriös arbeitenden Instituten Daten liefern. Mit solchen verzerrten Daten wird zudem versucht, die Einstellungen der Menschen generell zu beeinflussen oder sogar gezielt auch deren Wahlentscheidungen zu manipulieren.

So hatte zum Beispiel die SPD in NRW im Vorfeld der Landtagswahl 2022 versucht, mit für jeden der 31 Landkreise und jede der 22 kreisfreien Städte an Rhein und Ruhr auf völlig undurchsichtige Art von einem unseriösen Anbieter generierten und veröffentlichten Daten Stimmung zu machen und die Meinungsbildung der nordrhein-westfälischen Wahlberechtigten zu beeinflussen. Auf Basis von zu verschiedenen Zeitpunkten vor der Wahl zu Themen wie Wohnen, Kita-Gebühren sowie Schul- und Krankenhausversorgung angeblich landesweit befragten 2.500 Wahlberechtigten wurden für die einzelnen Kreise bzw. Städte jeweils Daten veröffentlicht und als für die Bevölkerung in der jeweiligen Region „repräsentatives Ergebnis" ausgewiesen. Die zur Beeinflussung der Wahlentscheidung verbreiteten Daten waren aber nicht das Ergebnis von repräsentativen Umfragen, sondern wurden (ohne dass darüber informiert worden wäre) irgendwie „modelliert", also schlicht erfunden – selbst, wenn überhaupt niemand in der entsprechenden Stadt oder dem jeweiligen Kreis befragt wurde. Die Art und Weise solcher Datengenerierung hat jedoch mit seröser Meinungs-, Sozial- oder Wahlforschung nichts zu tun.

Dabei hält es eine große Mehrheit der Bundesbürger durchaus für richtig und nützlich, dass Umfrageergebnisse veröffentlicht werden, um etwas über die Meinungen von Menschen zu erfahren. Und über 80 Prozent aller Bundesbürger halten auch die von den bekannten seriösen Instituten erhobenen Daten (wie die der Forschungsgruppe Wahlen für das ZDF, die von Infratest dimap für die ARD, die von forsa für RTL/ntv oder die vom Institut für Demoskopie in Allensbach für die *FAZ*) für zuverlässig und glaubwürdig. Doch dass die Politiker diese zuverlässigen Ergebnisse über die Einschätzungen der Menschen auch ernst nehmen, glaubt nur eine Minderheit von 39 Prozent.

Dass die „schwarzen Schafe" in der Branche (wie Civey) zuverlässige Daten ermitteln, glauben von den Bundesbürgern jedoch noch nicht einmal 40 Prozent. Dennoch werden von solch dubiosen Anbietern generierte – und nicht mit Hilfe sorgfältiger und zuverlässiger Befragungen ermittelte – Daten unverdrossen von Medien verbreitet, von politischen Akteuren bei ihren Entscheidungsprozessen berücksichtigt oder zur Manipulation der öffentlichen Meinung genutzt.

Das aber kann schwerwiegende, brandgefährliche Konsequenzen für das politische System und den Zusammenhalt der Gesellschaft insgesamt haben. Wenn zum Beispiel von solchen Datengeneratoren eine aufgrund gezielter Manipulationen durch AfD-Anhänger zustande gekommene zu hohe Akzeptanz von AfD-Positionen als „repräsentatives" Forschungsergebnis ausgegeben und von Medien wie *WELT TV* auch verbreitet wird, werden dadurch Vorbehalte gegen rechtsradikales Gedankengut abgebaut und der AfD neue Anhänger zugeführt – mit allen negativen Folgen für die Stabilität des demokratischen Systems in der Republik.

Doch gerade in Zeiten großer geopolitischer oder ökonomischer Krisen, die zu großen Verunsicherungen bei den Menschen führen, benötigen Entscheider in Politik, Wirtschaft und Gesellschaft zuverlässige Daten über die gesellschaftliche Realität. Die bewährten Instrumente der empirischen Sozialforschung können solche Informationen recht zuverlässig liefern. Statt eines wilden, ungeordneten Datenwusts, statt mit unzureichenden Mitteln selbst erhobener bruchstückhafter Informationen oder statt von unseriösen Anbietern generierter verzerrter Daten sollten diese zuverlässigen Informationen aber auch entsprechend von Medien verbreitet und von den politischen Akteuren sachkundig genutzt werden.

Prof. Manfred Güllner beendete sein Studium der Soziologie, Sozialpsychologie und Betriebswirtschaft an der Universität zu Köln 1967 als Diplom-Kaufmann. Danach war er bis 1970 wissenschaftlicher Assistent bei Prof. René König, dem Nestor der empirischen Sozialforschung in Deutschland. Bis 1978 war er Mitglied der Institutsleitung (ab 1972 als Prokurist) bei infas in Bonn-Bad Godesberg. Von 1978 bis 1983 leitete er als Direktor das Statistische Amt (einschließlich Wahl- und

Einwohnermeldeamt) der Stadt Köln, bevor er 1984 forsa gründete. 2004 erfolgte die Berufung zum Honorarprofessor für Publizistik- und Kommunikationswissenschaft an der Freien Universität Berlin.

Vielfalt, Qualität und fairer Wettbewerb: Eckpfeiler einer künftigen Medienordnung

von Bert Habets

Nach 22 Jahren in der Medienbranche ist für mich der Stellenwert von Vielfalt, Qualität und fairem Wettbewerb heute größer denn je. Deshalb möchte ich unter diesem Motto meine Gedanken über die Eckpfeiler einer künftigen Medienordnung für Deutschland darlegen.

In meiner bisherigen Karriere habe ich Unternehmen in ganz Europa geführt – in den Niederlanden, in Luxemburg, Griechenland wie auch in Deutschland, Österreich und der Schweiz. Dadurch habe ich grundverschiedene Mediensysteme kennengelernt. Seit November 2022 bin ich nun Group CEO von ProSiebenSat.1. Ohne Frage eine herausfordernde – und gleichzeitig spannende – Zeit.

Zuallererst braucht es eine Vergewisserung: Was ist die Aufgabe von ProSiebenSat.1 als Medienunternehmen? Zwar hat sich die Medienindustrie in den letzten Jahren enorm gewandelt. Doch im Kern ist eines gleich geblieben: Medienunternehmen informieren die Bevölkerung über aktuelle Ereignisse, wir berichten ausgewogen über Entwicklungen in Politik, Wirtschaft, Kultur und Gesellschaft und tragen dadurch zu einer fundierten Meinungsbildung bei. Dabei ist eine kritische und unabhängige Berichterstattung essenziell, um unsere demokratische Grundordnung zu stärken.

Mit dem Boom von Social Media und der Möglichkeit, dass jedermann persönliche Ansichten im Netz millionenfach verbreiten kann, ob richtig oder falsch, haben wir eine neue Herausforderung. Unsere Herausforderung ist es, dieser Entwicklung mit seriösen und vertrauenswürdigen Informationsquellen zu begegnen und die Verbreitung von Falschinformationen zu verhindern oder einzudämmen. Diese Aufgabe können wir aber nur erfüllen, wenn die Menschen Grundvertrauen in uns als Medien haben.

Das war in der Vergangenheit selbstverständlich, heute müssen wir uns dieses Grundvertrauen durch unsere journalistische Arbeit immer wieder neu verdienen.

ProSiebenSat.1 bekennt sich auch in wirtschaftlich schwierigen Zeiten zu genau dieser Verantwortung und damit zur Medienvielfalt: Zu Jahresbeginn 2023 haben wir deshalb unsere eigene Nachrichtenredaktion gestartet. Dabei ist uns wichtig, gerade junge Zielgruppen für gesellschaftlich relevante Themen zu begeistern. Im nächsten Schritt bauen wir daher unser Informationsangebot über digitale Kanäle weiter aus.

Ich hatte bereits darauf hingewiesen, dass die Medienbranche einem Wandel unterworfen ist und sich seit Jahren in einer konstanten Transformation befindet. Wir bei ProSiebenSat.1 passen unsere Strategie regelmäßig auf die neuen Herausforderungen an, wir erschließen neue Geschäftsmodelle und stellen den Status quo in Frage.

So agil und zukunftsorientiert, wie wir als Medienkonzern arbeiten, würde ich mir auch eine Regulierung wünschen. Die neue Plattformregulierung ist ein erster Schritt.

In Europa gibt es viele unterschiedliche Mediensysteme – und jedes hat seine Vor- und Nachteile. Viele Systeme wurden in den vergangenen Jahren grundlegend verändert. Auch für Deutschland wünsche ich mir eine echte Reform. Denn wir brauchen in Deutschland ein starkes und vor allem ein zukunftssicheres duales System. So wie wir uns transformieren und modernisieren, so brauchen wir eine Reform beim öffentlich-rechtlichen Rundfunk!

Und dafür brauchen wir jetzt eine offene und ehrliche Diskussion. Damit meine ich einen konstruktiven Dialog darüber, was der öffentlich-rechtliche Rundfunk leisten soll, was seine Aufgaben sind und wie er finanziert wird.

Keine Frage: Wer Geld von fast jedem Haushalt in diesem Land bekommt, muss sich fragen lassen dürfen, wofür er das Geld ausgibt. Und ob er effizient und korrekt damit wirtschaftet.

Gleichzeitig bin ich fest überzeugt: Wir brauchen einen starken öffentlich-rechtlichen Rundfunk, der informiert. Der seine große Reichweite linear und digital einsetzt, um die Vielfalt unserer Gesellschaft abzubilden.

Es ist wichtig, dass die Politik die richtigen Weichen stellt. Der Zukunftsrat ist ein guter erster Schritt, den wir begrüßen: Ein Gremium mit Expert:innen aus ganz unterschiedlichen Bereichen unserer Industrie. Ein Gremium, das Politiker:innen möglichst unvoreingenommen berät und Lösungen finden kann, wie der öffentlich-rechtliche Rundfunk seine Stärken noch besser entwickeln kann.

Ich hoffe, dass der Zukunftsrat mutig genug ist, wirklich *out of the box* zu denken, und dass es keine Denkverbote gibt. Grundsätzlich unterstützen wir diesen offenen Dialog und wollen uns als privater Rundfunk in die Diskussion einbringen: Denn im dualen System hat jede Veränderung an der einen Säule Auswirkungen auf die andere Säule – und damit auf die Vielfalt in unserem Land.

Nach Vielfalt und Qualität stellt sich abschließend die Frage nach dem „fairen Wettbewerb". Doch mit wem stehen wir eigentlich im Wettbewerb?

Vor 20 Jahren war diese Frage noch sehr einfach zu beantworten. Heute haben sich die Vorzeichen geändert und die Antwort ist mehrdimensional geworden. Stichwort „Frenemy": Wir arbeiten heute auch mit Wettbewerbern zusammen, wenn es unternehmerisch Sinn ergibt.

Unsere Produktionstochter Redseven produziert beispielsweise für den öffentlich-rechtlichen Rundfunk wie auch für RTL. Darüber hinaus haben wir eine Vermarktungskooperation mit Burda und ein Joint Venture für Werbetechnologie mit RTL, da dies einen Mehrwert für Werbekunden bietet. Wir arbeiten auch mit Google und Facebook zusammen. Hierzu – sich jeden Einzelfall genau anzusehen – gibt es im Zeitalter der Konvergenz und Disruption keine Alternative mehr. Gleichzeitig gilt: Das Wichtigste sind heute und in der Zukunft unsere Zuschauer:innen. Sie sollten so unkompliziert wie möglich und so viele unserer Angebote wie möglich auffinden.

Zusammengefasst bedeutet dies: Wir brauchen reichweitenstarke Medien, die ausgewogen und umfangreich informieren, sodass sich die Zuschauer:innen selbst eine Meinung bilden können. Wir brauchen Medien, die Informationen verlässlich aufbereiten und objektiv einordnen. Ob Pandemie oder Krieg – die vergangenen Jahre haben uns sehr klar vor Augen geführt, wie wertvoll eine starke Demokratie ist und welche Rolle dabei unabhängige und qualitativ hochwertige Medien spielen. Das gilt für Nachrichten genauso wie für Unterhaltungsangebote, die gesellschaftlich relevante Themen aufgreifen.

Weil die Herausforderung eben nicht trivial ist und wir alle in einem Boot sitzen, möchte ich, dass wir alle an einem Strang ziehen, ein Signal an die deutsche Medienbranche senden und gemeinsam eine Anlaufstelle für unser Publikum bilden. Konkret meine ich damit, dass wir gemeinsam eine Plattform etablieren, der die Menschen vertrauen können.

Das ist keine leichte Aufgabe. In der Streaming-Landschaft gibt es viel Konkurrenz. Es ist eine große Herausforderung – aber gleichzeitig eine großartige Chance für ProSiebenSat.1 und die gesamte hiesige Medienindustrie.

Die Idee einer branchenverbindenden Streaming-Plattform ist natürlich nicht neu. Der Zeitpunkt dafür ist aber günstiger denn je – technisch gesehen wie auch mit Blick auf den Wettbewerb und den gesellschaftlichen *Need*.

Der Grundstein ist schon gelegt: Mit der vollständigen Übernahme von Joyn haben wir die Weichen für ein zentrales Digitalangebot gestellt. Jetzt haben wir die Entwicklung eines Streaming-Dienstes „made in Germany" selbst in der Hand! Wir positionieren Joyn als einen frei zugänglichen Streaming-Anbieter für die ganze Familie, eben nicht hinter einer Bezahlschranke. Wir fokussieren uns auf lokale Premium-Inhalte und verlängern so unsere TV-Expertise in die digitale Welt.

Joyn ist bereits eine Aggregator-Plattform – diesen Ansatz wollen wir jetzt ausbauen.

Wir fangen gerade erst an: Unsere Stars, Social-Media-Creator:innen, Industriepartner wie Produzent:innen, aber auch andere Sender oder Publisher laden wir ein, mitzumachen und ihre kreativen Ideen einzubringen. Wir sind offen für Gespräche und wollen das Angebot von Joyn erweitern. Dabei müssen wir es uns zum gemeinsamen Ziel machen, gerade die jungen Zielgruppen stärker auf Augenhöhe und digital abzuholen.

Im Ergebnis geht es also nicht um den Wettbewerb zwischen Privaten und Öffentlich-Rechtlichen. Es geht um den Wettbewerb von privatem und öffentlich-rechtlichem Rundfunk gegen die Flut von Desinformationen. Zusammen können wir einen verlässlichen Gegenpol bilden. Zusammen können wir für Vielfalt und Qualität stehen. Auch das bedeutet für mich Fairness im Wettbewerb: miteinander ein klares Ziel zu verfolgen. Je mutiger wir sind, desto größer sind unsere Chancen und der gemeinsame Erfolg.

Vielfalt, Qualität und Fairness im Wettbewerb sind wichtiger denn je. Und gleich, wie enorm die Herausforderung auch ist – ich denke immer positiv. Deshalb ziehe ich aus der Diskussion um den öffentlich-rechtlichen Rundfunk die klare Botschaft: Die Bereitschaft zum Dialog ist auf allen Seiten sehr groß. Der Reformwille, wie wir uns als Branche neu organisieren, ist enorm. Das begrüße ich sehr.

Wir bei ProSiebenSat.1 glauben an den Erfolg von Partnerschaften, da wo es notwendig und sinnvoll ist, da wo wir wertschöpfend Expertise bündeln und unsere Reichweite steigern können. Denn das ist ja das Schöne am Markennamen unserer Streaming-Plattform: *Joyn* steht für das Gemeinsame![1]

1 Der Beitrag beruht auf der Key-Note Speech, die Bert Habets anlässlich des Symposiums der Direktorenkonferenz der Medienanstalten am 22. März 2023 in Berlin gehalten hat.

Bert Habets ist seit November 2022 Vorstandsvorsitzender der ProSiebenSat.1 Media SE. Der Manager ist seit über 25 Jahren in der Medienbranche tätig und verfügt entsprechend über fundierte Erfahrungen in der Führung globaler Medienunternehmen sowie umfassendes Knowhow bei der Einführung und dem Ausbau von Streaming-Video-Diensten. Bert Habets war von November 2021 bis August 2022 CEO des europäischen Medienunternehmens Antenna Group, von 2017 bis 2019 CEO bzw. Co-CEO der RTL Group, von 2008 bis 2017 CEO von RTL Nederland und von 2001 bis 2008 Finanzvorstand bei RTL Nederland. Seine Karriere begann er 1996 bei der NIBC Bank in Den Haag, nachdem er einen Master in Wirtschaft und Recht an der Universität Maastricht abgeschlossen hatte.

Wirtschaft – wenn die Wahrheit eine Zahl ist

von Hans-Jürgen Jakobs

Wirklichkeit sieht in der Wirtschaft auf den ersten Blick sehr einfach aus: Die Wahrheit ist eine Zahl. Sie erscheint als Umsatz, Gewinn, Auftragsvolumen, Börsenwert. Oder als erklärendes Verhältnis zweier Größen, etwa mit Ziffern zur Rendite oder Produktivität. Wer will schon etwas gegen einen solchen zahlengesättigten Ansatz sagen? Wer viel verdient, hat seinen Job offenbar gut gemacht. Wer als Unternehmer Verluste macht, der agierte allem Anschein nach fehlerhaft. Alles klar? Mitnichten.

Ganz so einfach ist es mit der Wahrheit in der Wirtschaft nicht. Nicht alles, was wahr ist, ist messbar. Und nicht alles, was gemessen wird, ist auch wahr. Zahlen täuschen eine Sicherheit in der Wirklichkeitsvermittlung vor, die in diesem Ausmaß nicht existiert.

Da sind zunächst einmal alle legitimen und illegitimen, legalen und illegalen Tricks der Bilanzkosmetik, die das Zahlenwerk von Unternehmen viel besser darstellen können, als es tatsächlich ist. Der Fall Wirecard hat in dieser Hinsicht neue Tiefpunkte markiert – hatten Wirtschaftsprüfer der Großorganisation EY doch Jahresabschlüsse testiert, obwohl grundlegende Fragen überhaupt nicht beantwortet waren. Am Ende fehlten fast zwei Milliarden Euro in der Bilanz. Und aus einem von Investoren, Politikern und auch Journalisten hofierten DAX-Konzern war ein spektakulärer Insolvenzfall geworden, der vor Gericht geklärt werden muss. Dass es historische Vorbilder (WorldCom und

Enron in den USA) gibt und aktuell auch andere Firmen (Adler Group in der Immobilienwirtschaft) die wahren Werte in der eigenen Bilanz offenbar kunstreich verschleiert haben, macht die Sache nicht besser.

Erschwerend kommt hinzu, dass lediglich vier Prüfkonzerngiganten (neben Ernst & Young noch PricewaterhouseCoopers International (PwC), Deloitte und KPMG) die Bilanzen quasi aller weltweit bedeutenden Unternehmen prüfen und daneben höchst profitable Beratungsdivisionen unterhalten, die das Leben der Kunden angenehmer machen sollen – zum Beispiel beim regelmäßig anfallenden Problem, Steuern zu zahlen. Was nach außen als Wahrheit erscheint, ist deshalb oftmals nur das Ergebnis einer geglückten maximalen Interessenswahrung.

Zur Mission Wahrheit gehörte also auch, klarzumachen, wie viel Geld der Öffentlichkeit über Tochter- und Enkelfirmen in Luxemburg, in Irland, auf den Virgin Islands und in anderen fiskalischen Oasen vorenthalten wird.

Zahlen sind nun einmal nicht so objektiv, wie sie sein sollten. Betrug beispielsweise (wie bei Wirecard) ist genauso subjektiv wie die Wahl der vorgeblich richtigen Abschreibungsform, die den Gewinn nach Gusto erhöht oder erniedrigt. Man kann Zahlen nur bei intensiver Prüfung aus möglichst vielen Quellen trauen.

Wer in den Wirtschaftsredaktionen dieses Landes hat aber, erstens, genügend Zeit, sich mit Bilanzen ausreichend auseinanderzusetzen? Und wer hat, zweitens, überhaupt die theoretischen Kenntnisse, dies in so anspruchsvoller Weise zu tun, dass tatsächlich ein Gegengewicht zur Deutungsmacht eines Chief Executive Officer oder eines Chief Financial Officer entsteht? Die Zeiten, in denen kundige Bilanzjournalisten auf einer Pressekonferenz den anwesenden Vorstand mit gezielten Wahrheitsfragen in Verlegenheit brachten, sind lange vorbei.

Journalistische Betriebe, auch Wirtschaftsredaktionen, stehen heute generell unter großem Druck. Der folgt aus einem Missverhältnis im digitalen Wandel, der einerseits dazu führte, dass die eigenen Erlöse und Ressourcen oft zu gering sind. Gleichzeitig aber bieten sich mittlerweile immer mehr digitale Medienkanäle (von WhatsApp bis TikTok) zum Abspielen an, und zwar unter prompter Beachtung des Nutzungsverhaltens. Was kommt an, was lassen wir lieber bleiben? Die Frage also ist, ob eine noch so triftige Bilanzanalyse überhaupt Wirklichkeit werden kann, weil sie dafür de facto mehr als nur eine Handvoll Leutchen ansprechen müsste.

Quantitativer Medienerfolg kann heutzutage viel leichter mit Mitteln der Digitalität „getrackt" werden als der wünschenswerte Wahrheitsgehalt. Das Problem verschärft sich im Journalismus noch durch den Einsatz von Künstlicher Intelligenz (KI), die Quellen ihres Wissens nicht offenbart und Fake News Tür und Tor geöffnet hat. Dennoch wird KI von Zeitungen und Zeitschriften immer stärker genutzt, obwohl deren wahres Geschäft die Kapitalisierung von Urheberrechten ist. Die Mission Wahrheit wird in diesem Geflecht zu einer vergeblichen Erforschung von Algorithmen, die global bestimmende Digitalkonzerne nun mal aus gutem Grund – ihrer Erfolgsmaximierung – unter Verschluss halten.

Die Bedeutung von Zahlen in Fragen der „Wahrheit" wird schließlich schnell zweifelhaft, wenn man auf die Aktienkurse börsennotierter Kapitalgesellschaften und auf die daraus gebildeten aggregierten Indizes schaut. Solche Ziffern transportieren subjektive Erwartungen der Anleger, Übertreibungen sind der Normalfall. Dennoch werden Entwicklungen etwa im amerikanischen Dow Jones oder im Deutschen Aktienindex (DAX) als quasi naturgesetzliche Entwicklungen und Fakten in die Wohnstuben gesendet. Die Wahrheit macht man sich so lange selbst, bis man entdeckt, dass sie so wahr nicht sein kann. So entdeckte der auf Technologie spezialisierte US-Börsenindex Nasdaq im Sommer 2023, dass es vielleicht nicht richtig sein kann, wenn lediglich sechs Einzelwerte (Tesla, Nvidia, Microsoft, Alphabet, Apple, Amazon) rund die Hälfte des gesamten Index-Werts ausmachen. Man beschloss eine Neujustierung, die eine geringere Gewichtung der sechs Tech-Aktien vorsah. Solche Zusammenhänge mindern auch den Wert von „Reichenlisten", die in Monatsjournalen der staunenden Bevölkerung regelmäßig vorgesetzt werden. Sie geben nur volatile Börsenbewertungen oder Pi-mal-Daumen-Schätzungen wieder. Wahr? Oder unwahr?

Wenn es um Wahrheit in der Wirtschaft geht, kommt auch die Frage ins Spiel, welche Wahrheit welcher Interessengruppe eigentlich gemeint ist. Die der Aktionäre, die hohe Kurse und Dividenden haben wollen? Die der Mitarbeitenden, denen es um gute Löhne und sichere Jobs geht? Die der Lieferanten, die hohe Preise und stabile Aufträge schätzen? Die der Kunden, die wiederum niedrige Preise, Qualität und Service verlangen? Oder die der Gesellschaft, die zum Beispiel Umwelt- und Klimaschutz will?

Wann sind, so betrachtet, die Wirtschaft und eine Firma gut? Gelegentlich hat man den Eindruck, dass der Aktionär (der Großaktionär) götzengleich über allem steht.

Und so kommen wir schließlich zur Ungleichheit der Waffen, zur Macht der Unternehmenskommunikation im Verhältnis zum Wirtschaftsjournalismus, wenn es um Wahrheitsfindung und Themenhoheit geht. Generell stehen immer mehr gutbezahlte PR-Berater (Konzerninteresse!) einer immer kleiner werdenden Anzahl von schlechtbezahlten Redakteuren und Autoren (Medienkrise!) gegenüber. Die beiden Seiten eint das Bestreben, das jeweilige Sujet – die Leistung einer Firma, einer Branche, einer Volkswirtschaft – ins Licht der Öffentlichkeit zu rücken. Über Akzentuierung, Priorisierung und Detailfülle – letztlich über das Narrativ – kann es aber sehr leicht zum Konflikt kommen.

Was Wahrheit in der Wirtschaft ist, wollen Redaktionen durch Recherche, die unbequemes Nachfragen einschließt, gezielt herausfinden. Auf Unternehmensseite existieren hingegen genaue Vorstellungen über die eigene Corporate Identity und die eigenen „Essentials“, denen sich die rapportierende Zunft doch bitte zu fügen habe. In diesen Kreisen moniert man gerne, dass der Journalismus ohnehin aufgrund knapper Budgetmittel viel weniger als früher leisten könne und so am Ende halbinformierte Zerrbilder entstünden. Man wolle da nur helfen! Demgegenüber argumentieren Wirtschaftsjournalisten, angesichts einer Dauerbestrahlung mit kommunikativen Botschaften und Events aller Art werde der eigenständige Durchblick erschwert. Zudem mischen angeheuerte PR-Agenturen und „Spin Doktoren“ immer stärker mit.

So verfestigt sich der Eindruck, dass Wahrheit in der Wirtschaft tendenziell eher den Normen einer im Firmeninteresse entstehenden Choreografie genügt als dem unabhängigen Forschergeist von Investigativjournalisten, die zuweilen begeistert über alte Heldentaten eines Bob Woodward und Carl Bernstein lesen oder in alten Hollywoodfilmen die Legenden unbestechlicher Wächter bewundern.

Der Wahrheit kommen in einem solchen Umfeld Journalisten nur näher, wenn ihnen ein Whistleblower ganze Datensätze zuspielt – siehe „Panama Papers“, „Paradise Papers“, „Luxemburg Leaks“, „CumEx-Files“, „Football Leaks“ oder jüngst „Cyprus Confidential Leaks“. Doch damit gilt auch: Der Journalismus leakt sich zu Tode. Die Offenlegung, Interpretation und Kontextualisierung der umfangreichen Datensätze gestalten sich in der Regel so voluminös, dass Leserinnen und Leser am Ende schier überwältigt und ermüdet die entsprechenden Dossiers zur Seite legen. Was bleibt, ist der Eindruck des Bösen. Was unterbleibt, eine exakte Wissensvermittlung. Man sieht nur Statistik, selten Kausalitäten. Man hat es immer mit entdeckten „halben Geheimnissen“ zu tun.

So sind die eigentlichen Adressaten der datenjournalistischen Enthüllungen die Staatsanwaltschaften, deren weitere Arbeit Klarheit über die andere Hälfte des Geheimnisses schaffen soll – sofern sie aufgrund von Personalkürzungen dazu überhaupt in der Lage sind. Der in Sachen Wirtschaftswahrheit agierende Journalismus hat dann anschließend über die Justiz weitere Aufgreifpunkte zur Berichterstattung. Er kann aber auch eingespannt werden in kommunikative Narrative von Verteidigern der Beschuldigten und somit Teil der populär werdenden „Litigation PR“ sein.

Am Ende befindet ein Richter über Fälle wie Wirecard oder die hanseatische Privatbank MM Warburg & Co., die an Cum-Ex-Machenschaften systemisch beteiligt gewesen sein soll. Die relevante Zahl – auf die es Wahrheitssuchende in der Wirtschaft so leidenschaftlich absehen – ist hier am Ende das verkündete Strafmaß. Das kann die Anzahl der Jahre im Gefängnis miteinschließen.

Hans-Jürgen Jakobs ist Diplom-Volkswirt und seit 40 Jahren journalistisch aktiv. Er arbeitete für die *Münchner Abendzeitung*, den *Spiegel*, die *Süddeutsche Zeitung* und das *Handelsblatt*, wo er von 2013 bis 2016 Chefredakteur war. Von ihm stammen die Bücher „Augstein, Springer & Co“ (zusammen mit Uwe Müller), „Geist oder Geld“, „Wem gehört die Welt?“ und „Das Monopol im 21. Jahrhundert“.

Regional- und Lokaljournalismus als Ort des rationalen Diskurses

von Tobias Korenke

Semantische Manöver, Verdrehung der Wahrheit, dreiste Lügen – alles im Dienste der Klickzahlen: Wir kennen inzwischen die Mechanismen sehr gut, die den großen Digitalplattformen riesige Reichweiten und sehr gut zu monetarisierende Datenschätze bescheren. Wir wissen, wie die Algorithmen der sogenannten Sozialen Medien Fake News, Hate Speech, Übertreibungen und Zuspitzungen belohnen. Gleichzeitig spüren wir wohl eher, als wir wirklich verstehen, dass nichts unser Zusammenleben so umfassend verändert hat wie die soziale Digitalisierung – „wir denken, fühlen und streiten anders, seit wir dauervernetzt und überinformiert sind", schreibt Eva Menasse in ihrem klugen Essay „Alles und nichts sagen".

Die Auswirkungen betreffen alle, auch diejenigen, die gar nicht „on" sind. Denn die Kommunikationsformen auf Instagram, X und TikTok haben längst auf alle Bereiche der Gesellschaft übergegriffen. Das gilt auch für Politik, Wirtschaft, Kultur und ihre professionellen Deuter und Erklärer, die Journalisten: Sie spielen inzwischen nach den neuen, erbarmungslosen Regeln der Algorithmen. Genauer: Sie müssen nach diesen Regeln spielen, denn sie werden an Klickzahlen und generierten Abos gemessen. Mehr und mehr bestimmen Dashboards, auf denen alle relevanten Daten wie Klickzahlen, Lesedauer und abgeschlossene Abos den Weg weisen, den redaktionellen Alltag. Und so tragen sie ihren Teil dazu bei, dass anerkannte Autoritäten rücksichtslos abgeräumt werden, ohne dass neue nachkommen – und an die Stelle des besseren Arguments die brutale Diskreditierung des Gegners tritt. Eine funktionierende Öffentlichkeit – als Marktplatz unterschiedlicher Auffassungen und Interpretationen der Wirklichkeit und als Ort gesellschaftlicher Klärung – scheint es nicht mehr zu geben. An die Stelle einer Debattenkultur ist eine Melange aus Empörung, Hass und Hysterie getreten.

Auch das Regionale und Lokale ist keine klickfreie Insel. Wenn es aber noch Spuren des rationalen Diskurses gibt, dann hier. Die Menschen sind von den Vorgängen in ihrer Stadt, ihrem Viertel oder ihrem Kiez, in ihrem Landkreis oder ihrem Dorf unmittelbar betroffen. Was hier passiert, das geht sie unmittelbar an, berührt ihr Leben oder verändert es sogar. Wenn der Stadtrat über die Schließung des Schwimmbads abstimmt, die dringend notwendige Fußgängerampel auf sich warten lässt, das örtliche Krankenhaus die Geburtsstation zumacht oder eine neue Kneipe in der Innenstadt aufmacht – dann wollen die Menschen erfahren, woran es liegt, wer es zu verantworten hat, was die Folgen sind, wie es weitergeht. Sie wollen Fakten, keine Interpretationen, Zuspitzungen und Übertreibungen. Die Erfolgsmuster der Algorithmen greifen hier kaum: die Menschen erwarten präzise, verlässliche Informationen, nachvollziehbare Erklärungen und konstruktive Lösungsansätze („things to be done"), wie das Leben in der Stadt, im Kreis, in der Gemeinde besser werden kann.

Guter Regional- und Lokaljournalismus liefert genau das. Und zwar deshalb, weil er nah dran ist an den Menschen, die im jeweiligen Gebiet leben. Er kennt den Alltag und die Lebenswelten der Menschen ganz genau, weiß um ihre Sorgen und Nöte, versteht ihre Erwartungen, Wünsche und Träume. Und er weiß um die relevanten Themen vor Ort. Regional- und Lokaljournalisten sind „Spürnasen" und „Kümmerer" in ihrer Region. Mit ihrer Arbeit halten sie uns informiert über das, was vor unserer Haustür passiert. Sie schauen den Mächtigen in Politik, Wirtschaft und Gesellschaft – mächtig kann auch ein Unternehmer, Arzt, Pfarrer oder Lehrer sein, erst recht, wenn es um Missbrauch von

Macht geht – auf die Finger. Sie tragen zur Selbstvergewisserung einer Bürgerschaft bei, halten lokale Gemeinschaften kommunikativ zusammen und stellen dadurch das Gefühl von Heimat her. Und idealerweise sorgen sie dafür, dass das Leben in der Gemeinde oder in der Stadt besser wird – indem sie nicht nur Missstände aufdecken und öffentlich machen, sondern immer auch Lösungsmöglichkeiten zur Diskussion stellen. Das von Cathrine Gyldensted Anfang der 2010er Jahre akademisch begründete und in der Folge international diskutierte Konzept des „constructive journalism" – im Regional- und Lokaljournalismus war es immer schon Teil des Selbstverständnisses.

Diese Nähe zu den Menschen hat politische Konsequenzen: Während es in Deutschland noch an Studien mangelt, wie sich Regional- und Lokaljournalismus auf die politische Kultur einer Region konkret auswirkt, ist man in den USA und Kanada bereits weiter. Dort stellte man fest, dass in den Regionen, in denen der unabhängige Journalismus vor Ort auf dem Rückzug oder verschwunden ist, Korruption zunahm, das zivilgesellschaftliche Engagement in Vereinen oder Initiativen abnahm und die Wahlbeteiligungen sanken. Sogar die Aufnahme von Krediten wurde für Kommunen teurer. Demokratie lebt davon, dass der Einzelne sie respektiert, trägt und ihre Institutionen achtet. Vereinfacht gesagt: Demokratie lebt vom Vertrauen der Menschen. Und kein Medium ist besser in der Lage, Vertrauen zu schaffen, als die Regional- und Lokalzeitung. Das zeigt zum Beispiel auch die Langzeitstudie Medienvertrauen des Instituts für Publizistik des Universität Mainz und der Universität für Sozialwissenschaften. Für 60 Prozent der deutschen Bevölkerung sind die Lokal- und Regionalmedien im Jahr 2023 vertrauenswürdig. Damit bleibt das Vertrauen in die Zeitungen und ihre Berichterstattung auf einem nahezu gleichbleibenden Niveau.

Doch wirtschaftlich steht es schlecht um den Regional- und Lokaljournalismus: Die Informationsgemeinschaft zur Feststellung der Verbreitung von Werbeträgern (IVW) gibt für das 1. Quartal 2023 eine Verkaufsauflage der Tagespresse von 12 Millionen Exemplaren an. Nimmt man Paid-Content-Angebote und E-Paper hinzu, erzielt die deutsche Tagespresse täglich insgesamt 13,36 Millionen Verkäufe ihrer gedruckten und digitalen Content-Angebote. Zum Vergleich: 1991, zwei Jahre nach der Wiedervereinigung, lag ihre Auflage noch bei gut 27 Millionen. Die Entwicklung ist kaum mehr aufzuhalten: Wenn angesichts von Rezession und Inflation das Geld knapper wird, werden viele Menschen bei dem vermeintlichen Luxus „Tageszeitung" zuerst sparen und ihre Abonnements kündigen.

Die Verlage haben zunächst nicht gerade mit kreativen Ansätzen geglänzt: Seit der Jahrtausendwende wurde nun vor allem gespart. Immer mehr Verlegerpersönlichkeiten, die meist vorrangig durch publizistisches und gesellschaftliches Interesse motiviert waren, zogen sich aus der operativen Verantwortung zurück. An ihre Stelle traten Manager, die mehr Befriedigung an der Lektüre einer Excel-Tabelle als an einer Reportage oder einem Leitartikel fanden. Die „Flanellmännchen" aus den auf Medien spezialisierten Beratungsfirmen Schickler, Arkwright, Stern Stewart zogen in die Verlagshäuser ein und sorgten dafür, dass Redaktionen geschlossen, zusammengelegt oder geschrumpft wurden. Gleichzeitig wuchsen die allein zahlengetriebenen Stäbe in den Vorstandsetagen. Die für den Regional- und Lokaljournalismus so fundamental wichtige Nähe zu den Menschen begann sich zu verflüchtigen. Wenn kein Lokalredakteur mehr vor Ort ist, wie soll er spüren, was die Menschen wirklich bewegt? Nicht überraschend, dass die redaktionelle Quantität und Qualität sanken. Und in all dem Effektivitäts- und Sparwahn wurden wichtige Entwicklungen verschlafen. Dass alle Verlage den Kern ihrer Wertschöpfung, nämlich Content, lange kostenfrei ins Netz gestellt haben, war ein großer Fehler. Zudem wurde viel zu lange nicht verstanden, dass das Netz dialogische Formen der Kommunikation nicht nur ermöglicht, sondern auch einfordert. Die Potenziale der neuen Technologien, von Chatforen über Videos bis hin zu Podcasts für die Regionalmedien, wurden lange unterschätzt. So gingen vor allem junge Zielgruppen verloren. Sie finden die traditionsreichen Marken nur noch wenig attraktiv und wünschen sich häufig auch anderen und anders gemachten Content. Heute liegt das Durchschnittsalter der Leserinnen und Leser vieler Regional- und Lokaltitel bei über 70. Das Ende ist absehbar.

Wenn sich nicht etwas radikal ändert.

Daran arbeiten die meisten Regionalmedienverlage inzwischen aber mit Hochdruck. Es ist klar, dass nur eine digitale Transformation die Zukunft sichern kann. Zweifellos, es ist ein gewisses Paradox, dass die Journalistinnen und Journalisten sich dabei der Kanäle und Technologien, die zur emotionalen Aufladung des rationalen öffentlichen Diskurses und letztlich zu seiner Abschaffung führen können, bedienen müssen. Denn natürlich sind die lokalen und regionalen Zielgruppen auch genau dort: Messengerdienste spielen dabei genauso eine Rolle wie Soziale Medien. Aber letztlich geht es doch um eins: dass guter, der Wahrheit verpflichteter Journalismus die Deutungshoheit zurückerobert, dass zuverlässige Recherchen und abgewogene Analysen den gesellschaftlichen Diskurs bestimmen – im Netz wie im Print.

Bei FUNKE gehen wir hier inzwischen sehr konsequent vor, hier gilt ein ganz klares „digital first". Die Beiträge, die im Netz besonders häufig aufgerufen werden, landen in der Print-Ausgabe, die dadurch jünger, frischer und besser wird. Die Priorisierung von Digital bedeutet also keine Vernachlässigung von Print. Die wäre unverantwortlich: Gedruckte Zeitungen müssen noch möglichst lange stabil am Markt bleiben, denn die Erträge aus Print finanzieren die Digitalisierung. Das Ziel ist aber klar: Möglichst bald sollen die Redaktionen vollständig aus den Digitalerträgen finanziert werden; FUNKE will das bis 2030 schaffen.

Eine wichtige Grundlage ist die Arbeit mit Daten – die Redaktionen lernen durch sie, was für die Userinnen und User wirklich relevant und interessant ist. Bei FUNKE arbeiten wir aber nicht daten*getrieben*. Wenn unsere Redaktionen ein Thema für journalistisch wichtig halten, es aber keine große Abrufzahl erwarten lässt, bringen sie es selbstverständlich trotzdem. Für die Glaubwürdigkeit der Titel ist es wichtig, dass journalistische Kriterien die Auswahl der Themen bestimmen. Sensibler denn je wird allerdings darüber nachgedacht, wie auch komplexe Themen aufbereitet werden können, um sie für möglichst viele Userinnen und User interessant zu machen. Auch Beiträge zu trockenen Themen wie „Schuldenbremse" können enorme Reichweiten erzielen und viele Abos generieren, wenn sie anschaulich und mit klug gewählten Beispielen darstellen, worum es geht und warum sie eine Bedeutung für das Leben der Leserinnen und Leser haben.

Selbstverständlich spielt auch die KI eine immer größere Rolle. Sie kann den Redakteurinnen und Redakteuren den Rücken für ihre journalistische Arbeit freihalten – KI kann etwa die Seiten gestalten, einen Digitalbeitrag ins Gedruckte transportieren oder einen Text einlesen. Es bleibt dadurch mehr Zeit für die gründliche Recherche vor Ort, das Gespräch mit Betroffenen, die gut geschriebene Reportage oder das sorgfältig gedrehte Video.

Von großer Bedeutung ist auch, dass die Redaktionen stärker im Bewegtbild und in den Sozialen Medien werden. Auch hier sind wir bei FUNKE immer erfolgreicher: Instagram spielt in vielen unserer Titel eine große Rolle. TikTok wird zunehmend wichtiger. Aber auch bei diesen Aktivitäten müssen wir genau schauen, welche Region für welchen Kanal besonders affin ist und welche weniger. Und wir müssen, so genau es irgend geht, die Themen analysieren, die die Menschen in ihrer Region bewegen. Dafür wurde das Projekt „Lokale Märkte" ins Leben gerufen, das den Redaktionen ein tiefes Verständnis für die Interessen der Menschen in ihrem Lebensfeld gibt. Als Ergebnis einer solchen gründlichen Marktanalyse wird dann zum Beispiel im Landkreis Olpe im Sauerland ein „Schützenfestticker" entwickelt, der rund um die Uhr über die Ereignisse auf über 70 Schützenfesten, die von April bis August im Umkreis von Olpe stattfinden und von jungen und alten Menschen besucht werden, berichtet. Ein großer Erfolg: Ein wahrer Klick-Tsunami stellte sich ein, zahlreiche Abos konnten generiert werden, und gut vermarktet war der Ticker auch – das Thema „trendete" eindeutig.

Auch im boomenden Podcast-Bereich macht FUNKE sehr viel. Jeder Titel hat eigene, der jeweiligen Region angepasste Formate: In Hamburg trifft der Chefredakteur Haider auf Entscheider, hier gibt's auch einen Crime-Podcast und neuerdings ein Wake-up-Format „Becker am Morgen", in Braunschweig podcasten „Deine Lieblingsmenschen", in Thüringen macht man sich auf die Suche nach „schönen

Orten", in der *Berliner Morgenpost* spielt das „Sportstübchen" ein große Rolle und Hajo Schumacher sendet seinen Mutmacher-Podcast und seinen Sex-Podcast in alle FUNKE-Verbreitungsgebiete. Überall erreichen die Produkte große Reichweiten, die Podcasts stärken den klassischen Markendreiklang – Bekanntheit, Sympathie, Vertrauen – der Titel, und auch die Vermarktung und damit die Refinanzierung funktionieren immer besser.

Der Kampf um den rationalen Diskurs im Netz ist noch nicht entschieden. Für unsere Debattenkultur und damit die Stabilität und Qualität unserer Demokratie wird viel davon abhängen, ob es gelingt, guten Journalismus als rationale Stimme zu erhalten. Guter Regional- und Lokaljournalismus mit seiner Nähe zu den Menschen hat da die größten Potenziale. Wenn der Start-up-Spirit, der in vielen Regionalmedienverlagen zu spüren ist, nicht von der brutalen Übermacht der Internetgiganten erstickt wird, gibt es eine Chance. Der Kampf lohnt sich. Es geht um sehr viel – um die „Mission Wahrheit"!

Dr. Tobias Korenke hat Geschichte, Politik und Philosophie studiert und viele Jahre als Berater für Politik und Wirtschaft gearbeitet. Heute ist er Leiter Corporate & Public Affairs der Funke Mediengruppe sowie Geschäftsführer der Funke-Tochter Raufeld Medien. Er hat zahlreiche Veröffentlichungen zu historischen, politischen und medienwirtschaftlichen Themen vorgelegt.

40 Jahre privater Rundfunk – 40 Jahre duales System. Eine Vergewisserung

von Michael Müller

1. (Verpasste) Chance

Der private Rundfunk, der 2024 sein 40-jähriges Jubiläum feiert, hätte in diesem Jahr auch seinen 100-jährigen Geburtstag begehen können. Denn möglich war privater Rundfunk in Deutschland – inspiriert durch die Entwicklung des neuen Mediums in den USA – bereits in den 1920er Jahren: In Pittsburgh war am 2. November 1920 ein regelmäßiger Rundfunksendebetrieb mit unterhaltenden und informativen Inhalten begonnen worden. Danach war der amerikanische Markt geradezu explodiert. Bis Jahresende gab es bereits 30 Lizenznehmer, die Rundfunksendungen veranstalteten (Lerg 1965, 119).

Die Aussicht auf die ungeheuren Gewinnmöglichkeiten dieses neuen Marktes veranlassten die deutsche Wirtschaft zum Handeln (Ricker/Schiwy 1997, A Rn. 3). Bereits am 16. Mai 1922 beantragten die Telefunken AG und die Lorenz AG bei der Deutschen Reichspost eine Konzession für den Betrieb von Sendeanlagen. Die Unternehmen erklärten sich zur Übernahme der Kosten für den Aufbau und Betrieb der Sender bereit, falls ihnen im Gegenzug ein Monopol hinsichtlich der Herstellung und der Verbreitung der Empfangsgeräte gewährt werden würde. Der Empfang der Rundfunksendungen sollte, entsprechend dem US-amerikanischen Vorbild, kostenlos sein und der Gewinn zunächst mit dem Verkauf der Empfangsgeräte erwirtschaftet werden.

Das Entstehen eines Privatrundfunks wie in den USA schien damals in Deutschland durchaus möglich.

Bekanntlich kam es anders. Grund waren die unsicheren politischen Bedingungen zu Beginn der 1920er Jahre im Deutschen Reich. Um die Nutzung des Rundfunks als „Massenbeeinflussungsinstrument" durch revolutionäre Kräfte auszuschließen, erschien der Reichsregierung eine staatliche Kontrolle des neuen Mediums erforderlich. Dem widersprach das von Telefunken und Lorenz beantragte Projekt, private Rundfunkprogramme mit dem Ziel eines „Hausempfang[s] für jedermann" zu veranstalten. Im Ergebnis verweigerte die „Reichsrundfunkkommission" die beantragte Sendekonzession (Ricker/Schiwy 1997, A Rn. 4). Frustriert konzentrierten sich die privaten Unternehmer auf die Herstellung der Geräte. In der Folge kam der Rundfunk mehr und mehr, und ab 1933 schließlich vollständig, unter staatliche Kontrolle.

Betrachtet man die Entwicklung, welche die Rundfunkordnung in den Jahren 1922 bis 1932 genommen hat, im Detail, so erscheint der Übergang von einem zu Beginn durchaus hoffnungsvoll freien Medium zum Machtinstrument eines totalitären Staates fließend. Die Entwicklung ist so konsequent, dass sich sagen lässt, dass der Rundfunk 1933 ebenso „reif" für den staatlichen Einheitsfunk war, wie die Weimarer Republik für die nationalsozialistische Diktatur (Fessmann 1973, 86). Die Ironie dieser Geschichte liegt darin, dass die Furcht vor dem Missbrauch des Rundfunks durch „private" revolutionäre Kräfte zu jenen Maßnahmen der Verstaatlichung führte, die es letztlich denselben – nun aber legal an die Macht gekommenen – Gruppen erlaubten, den Rundfunk zur Beseitigung der Republik zu nutzen.

2. Neuanfang

Das Grundgesetz bildete 1949 den Neuanfang, und im Hinblick auf „staatlichen Rundfunk" war es glasklar: Niemals mehr sollte es Staatsrundfunk geben! Dabei waren zwei Prinzipien bestimmend: Der Entzug der Rundfunkregulierung aus der Zentralgewalt (des Reiches bzw. nun des Bundes) und die Staatsunabhängigkeit der Rundfunkanstalten

(Hartstein/Ring 2023, Bl, Rn. 1). Nebulös blieb es allerdings bei der Frage nach privatem Rundfunk. Denn die „Rundfunkfreiheit“ wurde – anders als die Meinungs- oder Pressefreiheit – im Grundrechtsteil nicht als „echtes“ liberales Freiheitsrecht verankert (daraus wurde später das Konzept der Rundfunkfreiheit als „dienender Freiheit“ entwickelt). Das war nicht zwingend, denn die Väter und Mütter des Grundgesetzes dachten und diskutierten auch sehr offen in die Richtung eines privaten Rundfunks. Die entsprechenden Protokolle des Parlamentarischen Rats lesen sich heute noch höchst spannend. So äußerte sich etwa der Abgeordnete Adolf Süsterhenn (CDU) in der Sitzung des Ausschusses für Grundsatzfragen am 11. Januar 1949 zur Frage der Rundfunkorganisation wie folgt:

> „Ich halte es für falsch, die zukünftige Form des Rundfunks ein für allemal in der Verfassung festzulegen. Ich könnte mir vorstellen, dass wir eine Form des Rundfunks für das Richtige halten, wie sie in Holland besteht, oder einen Rundfunk, wie ihn die Amerikaner haben, die private Rundfunkgesellschaften nach einem bestimmten Verfahren geschaffen haben. In Holland hat zum Beispiel die katholische und die evangelische Kirche einen Rundfunksender. Ich will nicht sagen, dass das notwendig ist, aber wollen wir uns das nicht verbauen und nicht von vornherein in der Verfassung etwas vorsehen, dessen Güte wir noch nicht erproben konnten ... Alle diese Fragen sind so ungeklärt, dass man sie nicht verfassungsrechtlich festlegen soll“ (Parlamentarischer Rat 1949, 910).

Aus heutiger Perspektive, d. h. angesichts des Internets mit seinen unbegrenzten Möglichkeiten des Live-Streamens, erstaunt auch die Weitsichtigkeit des Abgeordneten Theodor Heuss (FDP), unseres späteren Bundespräsidenten:

> „Es ist noch eine Frage der Wellenlänge, aber die Möglichkeit, dass meinethalben der Staat sich einen Rundfunk macht und auf der anderen Seite Gruppen privater oder kirchlicher Organisationen das gleiche tun, sollte gegeben sein ... Dann kann der Hörer sich aussuchen, was er hören will“ (Parlamentarischer Rat 1949, 932).

Und der Abgeordnete Fritz Eberhard (SPD) erahnte 1949 die Möglichkeiten, die heute mit dem Internet Realität geworden sind:

> „Ich meine wir sollten darauf verzichten im Grundgesetz die Gesetze der nächsten zehn Jahre im Voraus zu bestimmen. Die technische Entwicklung kann vielleicht bald ermöglichen, dass beinahe jeder seine eigne Wellenlänge hat" (Parlamentarischer Rat 1949, 932).

Angesichts dieser offenen Diskussion im Parlamentarischen Rat ist nur schwer nachvollziehbar, dass es dann noch fast 40 Jahre brauchte, um privaten Rundfunk in der Bundesrepublik gegen immensen politischen und gesellschaftlichen Widerstand durchzusetzen.

3. Etablierung

Wie groß die Furcht vor dem privaten Rundfunk in der medienpolitischen Diskussion in den 70er Jahren war, zeigt eine Aussage von Bundeskanzler Helmut Schmidt (SPD) während einer Kabinettssitzung: „Wir dürfen nicht in Gefahren hineintaumeln, die akuter und gefährlicher sind als die Kernenergie." Würden die Bürger mit privaten Kabel- oder Satellitenprogrammen überflutet, dann könnte dies, so Schmidt, „die Strukturen der demokratischen Gesellschaft verändern" (SPIEGEL 1979).

Derlei Sorgen waren nicht auf die SPD begrenzt; auch in einigen wertkonservativen Kreisen war die Abwehrhaltung groß. Aber die Entwicklung war unaufhaltsam, getrieben vor allem durch die großen Fortschritte im Bereich der Kabeltechnik. Insbesondere im Wirtschaftsflügel der CDU/CSU bildete sich schließlich der politische Wille heraus, privaten Rundfunk in Deutschland einzuführen.[1] Privater Rundfunk wurde hier auch als notwendiges Korrektiv zum öffentlich-rechtlichen Rundfunk gesehen, dem eine ideologisch einseitige Ausrichtung („Rotfunk") vorgeworfen wurde (Herrmann 1994, § 4

1 Die Medienkommission der CDU hatte sich bereits 1974 in einem Thesenpapier für die Einführung privaten Rundfunks ausgesprochen (Medienpapier der CDU/Medienkommission 1974).

Rn. 95). Private Programme sollten deshalb für eine Bereicherung des Meinungsspektrums sorgen (Holznagel 1996, 16; Hesse 1997, 25; Ricker/Schiwy 1997, 191). Die sozialliberale Bundesregierung verfügte zwar noch 1979 einen Verkabelungsstopp, der aber sofort nach dem Regierungswechsel 1982 von der konservativ-liberalen Koalition aufgehoben wurde. Das Weitere übernahmen die für den Rundfunk zuständigen Länder, allen voran Rheinland-Pfalz. Der 1. Januar 1984 markiert dann den medienpolitischen Urknall: Als erster bundesweiter privater Fernsehsender nahm Sat.1 seinen Sendebetrieb auf.

Am Ende war es den progressiven Kräften jeder Couleur zu verdanken, dass sich privater Rundfunk in Deutschland durchsetzen konnte und eine unvergleichliche Erfolgsgeschichte begann. Dass dabei Standortinteressen mitunter Parteilinien überlagerten, zeigt etwa die Zusammenarbeit zwischen Edmund Stoiber (CSU) und Wolfgang Clement (SPD). Die für die Medienpolitik zuständigen Ministerpräsidenten Bayerns und Nordrhein-Westfalens schufen durch eine vertrauensvolle Zusammenarbeit in ihren Ländern die Basis für die Etablierung der großen privaten Sendergruppen, so wie sie heute noch Bestand haben (SPIEGEL 1995).

Wirtschaftlich, technisch, politisch und kulturell hat der private Rundfunk in den letzten vier Jahrzehnten nicht nur die Gesellschaft der Bundesrepublik bereichert, sondern auch den öffentlich-rechtlichen Rundfunk auf vielen Ebenen befruchtet. Erinnert sei hier nur daran, dass das Format der politischen Talkshow eine Erfindung von Sat.1 war: *Talk im Turm* wurde erstmals 1990 ausgestrahlt – acht Jahre vor der ersten *Sabine-Christiansen*-Talkshow.

4. Verpflichtung

Der private Rundfunk ist nicht – und war nie! – nur Spielwiese kommerzieller und kultureller Interessen. Dafür sorgte schon das Bundesverfassungsgericht, das ihn – anders als die Presse – ganz offiziell auf das Gemeinwohl verpflichtete. In einem Grundsatzurteil heißt es:

> „Auch wenn alle maßgeblichen gesellschaftlichen Gruppen und Richtungen schon im Rahmen öffentlich-rechtlicher Programme zu Wort kommen, bleibt der private Rundfunk der Vielfalt verpflichtet: Eine ,einseitige Berücksichtigung nur einzelner Meinungsrichtungen im privaten Rundfunk würde das für die Gesamtheit der (...) Programme wesentliche Gleichgewicht des ,Zu-Wort-Kommens' der gesellschaftlichen Gruppen stören, wenn nicht aufheben.'"[2]

Konkret bedeutet das: Ein offensichtliches „Tendenzprogramm" ist – anders als bei der privaten Presse – nicht erlaubt. So müssen etwa in Vollprogrammen die „bedeutsamen politischen, weltanschaulichen und gesellschaftlichen Kräfte und Gruppen angemessen zu Wort kommen", und „Auffassungen von Minderheiten sind zu berücksichtigen"[3]. Der private Rundfunk ist also auf die Schaffung eines „Vielfaltsraums" verpflichtet. Die Verfassungsrichter haben das vor allem mit der besonderen „Wirkmächtigkeit" des Fernsehens begründet: Aufgrund seiner „Breitenwirkung, Aktualität und Suggestivkraft" bestehe die Möglichkeit der Beeinflussung großer Bevölkerungsteile.[4] Im Vor-Internet-Zeitalter war dies noch ein exklusiver Befund für den Rundfunk und begründete, neben dem Vielfaltsgebot, die Vielzahl von Werbebeschränkungen und Programmvorgaben, die für die Regulierung des privaten Rundfunks bis heute prägend sind.

5. Sturm

In den letzten zehn Jahren haben sich die Rahmenbedingungen für den Rundfunk radikal verändert. Die unbeschränkten technischen Möglichkeiten des Internets gehen einher mit einem disruptiven (Meinungs-)Wettbewerb mit den internationalen Big-Tech-Unternehmen wie Google und Amazon: Zuschauer mutieren zu Nutzern, mitunter zu Influencern, Seite an Seite mit Bots, also mit Meinungsmaschinen,

---

2 BVerfGE 57, 295 (324).
3 § 59 Abs. 2 Medienstaatsvertrag.
4 BVerfGE 90, 60 (87).

die mehr und mehr Gift in den gesellschaftlichen Diskurs injizieren. Das findet statt in „social media", einer Melange von Freiheit und Individualität einerseits, Algorithmen, Fake News und künstlicher Intelligenz andererseits. Zwar existiert damit nun eine (virtuelle) Welt, die jedermann zugänglich ist, aber man begegnet sich nur begrenzt.

Für die *reale* Welt hat Hartmut Rosa, Professor für Soziologie an der Universität Jena, nicht weniger dramatisch diagnostiziert, dass auch hier Lebenswelten auseinanderdriften: „Wohnviertel, Schulen, Betriebe, überall trennen sich die Sphären der Menschen aus verschiedenen Schichten. Selbst in den Restaurants und beim Einkaufen begegnet man den anderen nicht mehr. Es kommt zu einer massiven Erosion von gemeinsamen Lebenswelten" (Janisch 2014).

Kein einzelnes Medium kann heute die gesamte Breite des gesellschaftlichen Meinungsspektrums abdecken, auch nicht der öffentlich-rechtliche Rundfunk. Aber im Zusammenspiel kann das duale System, mit seiner verfassungsrechtlich angelegten Architektur von Objektivität und Maßhalten, einer auseinanderdriftenden Gesellschaft Orientierung geben. Umso mehr muss es die Medienpolitik alarmieren, wenn dieser integrale Bestandteil unserer ausbalancierten Medienwelt durch die angedeuteten Entwicklungen ins Wanken gerät. Für den privaten Rundfunk gilt das zuallererst für seine Finanzierung. Es ist an dieser Stelle daran zu erinnern, dass unsere Medienvielfalt ihre Grundlage nicht nur in einem hohen Standard des Journalismus hat. Unerlässlich für Vielfalt ist es, dass Inhalte nachhaltig finanziert werden können. Der aktuelle wirtschaftliche Abschwung und der ungleiche Wettbewerb mit den internationalen Digitalunternehmen um Werbebudgets treffen die unabhängigen privaten deutschen Medien besonders hart.

In der Bundespolitik existiert – möglicherweise mangels formeller Zuständigkeit – nur wenig Sensibilität für den privaten Rundfunk. Vielmehr wird – in Verkennung der gesamtgesellschaftlichen Herausforderung – die eigene Klientel mit Werbeverboten und Investitionsverpflichtungen für den privaten Rundfunk bedient. So entsteht alles in allem für den privaten Rundfunk ein *perfect storm*, der unsere Vielfalt tangiert.

6. Ausblick

Unser Grundgesetz verlangt vom privaten Rundfunk Vielfalt. Diesen Wertbeitrag muss die Politik erkennen und honorieren. Es ist ihre Aufgabe, das bewährte System zu erhalten und beide Säulen des dualen Systems gleichermaßen zu stabilisieren.

Neben der Reform des öffentlich-rechtlichen Rundfunks ist es daher zwingend notwendig, dass die Anliegen des privaten Rundfunks angemessen zur Geltung kommen. Das sind die Herstellung eines level playing fields mit Big Tech, die Vermeidung von neuen Beschränkungen, die Anerkennung des Wertbeitrages, den der private Rundfunk für das Gemeinwesen leistet, und last but not least die Förderung der Kooperation innerhalb des dualen Systems.

Denn private und öffentlich-rechtliche Anbieter können gemeinsam als verlässlicher Gegenpol eine Alternative zu multinationalen Digital-Unternehmen sein. Beide agieren nach den Maßgaben des Grundgesetzes, nämlich gemäß Art. 5 Abs. 1 Satz 2. Sie sollen, wollen und werden den gesellschaftlichen Herausforderungen begegnen, denen sich unser Gemeinwohl gegenübergestellt sieht. Vielleicht war Helmut Schmidt 1979 seiner Zeit auch einfach voraus, denn bei dem derzeitigen Medien- und Gesellschaftsumbruch könnte unsere Gesellschaft in der Tat „in Gefahren hineintaumeln, die akuter und gefährlicher sind als die der Kernenergie“ (SPIEGEL 1979). Die Rundfunkpolitik ist aufgefordert, zu agieren.

Literatur

Fessmann, Ingo (1973): *Rundfunk und Rundfunkrecht in der Weimarer Republik.* Frankfurt: Knecht.

Hartstein, Reinhard/Ring, Wolf-Dieter (2023): *Medienstaatsvertrag, Jugendmedienschutz-Staatsvertrag,* München: CF Müller.

Herrmann, Günter (1994): *Rundfunkrecht: Fernsehen und Hörfunk mit neuen Medien?* München: C.H. Beck.

Hesse, Albrecht (1997): *Rundfunkrecht.* München: Vahlen.

Holznagel, Bernd (1996): *Rundfunkrecht in Europa. Auf dem Weg zu einem Gemeinrecht europäischer Rundfunkordnungen.* Tübingen: Mohr.

Janisch, Wolfgang (2024): An allen Fronten. *Süddeutsche Zeitung*, 14.01.2024. https://www.sueddeutsche.de/medien/oeffentlich-rechtlicher-rundfunk-medien-reform-bundesverfassungsgericht-1.6332664 (Zugriff am 1.2.2024).

Lerg, Winfried B. (1965): *Die Entstehung des Rundfunks in Deutschland: Herkunft und Entwicklung eines publizistischen Mittels.* Frankfurt: Knecht.

Parlamentarischer Rat (1949): 5/II (AfG), Dok. Nr. 42, stenografisches Wortprotokoll.

Ricker, Reinhart/Schiwy, Peter (1997): *Rundfunkverfassungsrecht.* München: Beck.

SPIEGEL (1979): Privat-TV: „Gefährlicher als Kernenergie". *DER SPIEGEL* 40/1979. https://www.spiegel.de/politik/privat-tv-gefaehrlicher-als-kernenergie-a-d335ee71-0002-0001-0000-000039868784 (Zugriff am 1.2.2024).

SPIEGEL (1995): „Der Apfel war reif". *DER SPIEGEL* 43/1995. https://www.spiegel.de/wirtschaft/der-apfel-war-reif-a-0a492a3c-0002-0001-0000-000009223410 (Zugriff am 1.2.2024).

Wilke, Jürgen (2009): Die zweite Säule des „dualen Systems": Privater Rundfunk. *APuZ* 9–10/2009, 13.02.2009. https://www.bpb.de/shop/zeitschriften/apuz/32160/die-zweite-saeule-des-dualen-systems-privater-rundfunk/ (Zugriff am 1.2.2024).

Dr. Michael Müller, LL.M. (Duke) verantwortet bei der ProSiebenSat.1 Media SE die Bereiche Distribution Legal und Regulatory sowie Governmental Affairs. Er ist Vorsitzender des Fachbereichs Fernsehen & Multimedia, stellvertretender Vorstandsvorsitzender des VAUNET und zudem Aufsichtsratsvorsitzender der Corint Media. Michael Müller hat langjährige Erfahrungen als Medienmanager. Vor seiner Tätigkeit für ProSiebenSat.1 war er für KirchMedia und Euvia Media tätig. Er studierte Rechtswissenschaften, absolvierte in den USA das LL.M.-Programm der Duke Law School und promovierte an der Humboldt Universität zu Berlin zum Thema Medienkonzentrationsrecht. Michael Müller ist Autor im Beck-Kommentar zum Rundfunkrecht („Binder/Vesting").

Das Grundrecht der Meinungsfreiheit im Wandel der Zeit

von Thomas Sacher

Am 19. Dezember 2023 wurde in Berlin zum wiederholten Mal der vom Institut für Demoskopie Allensbach und vom Schweizer Unternehmen Media Tenor International erhobene „Freiheitsindex Deutschland 2023“ (Rech 2023) vorgestellt. Die NZZ sprach in diesem Zusammenhang von einem „wachsende(n) subjektive(n) Empfinden von Unfreiheit und eine(r) Furcht vor sozialer Ächtung in der deutschen Bevölkerung, die man inzwischen dramatisch nennen muss“ (Gaschke 2023). Tatsächlich sind die Feststellungen bemerkenswert. Im Jahre 1990 hatten bei einer vergleichbaren Untersuchung noch 78 Prozent der Befragten erklärt, frei reden zu können. Diese Werte seien, so die Autoren der Studie, „zunächst mit der Regierung Schröder, dann unter Merkel stetig gefallen, um nun zur Halbzeit der Ampel ihren historischen Tiefpunkt zu dokumentieren“ (Rech 2023). Im Jahr 2023 sprachen sich nach den Ergebnissen der neuen Umfrage nur noch 40 Prozent dafür aus, ihre Meinung frei äußern zu können (ein Rückgang um 51 Prozent). Demgegenüber erklärten erstmals 44 Prozent der Befragten, mit freien Meinungsäußerungen vorsichtig sein zu müssen (1990 noch 15 Prozent, eine Zunahme um fast 30 Prozent).

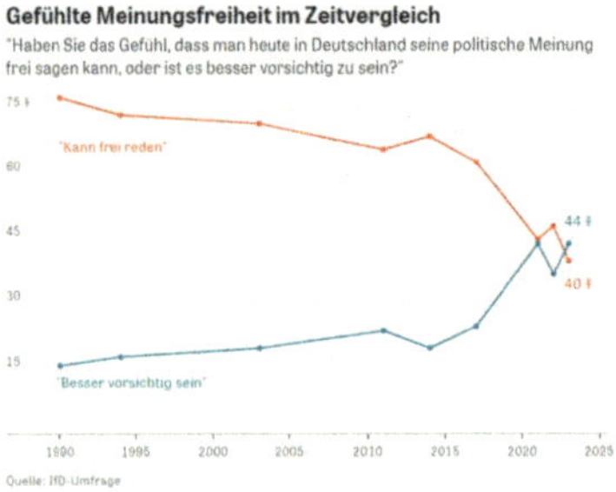

Zwischen den Altersgruppen gab es deutliche Unterschiede. Die 16- bis 29-Jährigen gaben zu 50 Prozent an, frei reden zu können („besser vorsichtig“: 32 Prozent). Bei den älteren Altersgruppen waren es lediglich 36 bis 38 Prozent. Am vorsichtigsten waren die Altersgruppen zwischen 30 und 44 sowie zwischen 45 und 59 Jahren. Hier erklärten 51 Prozent der Befragten, bei Meinungsäußerungen besser vorsichtig sein zu wollen.

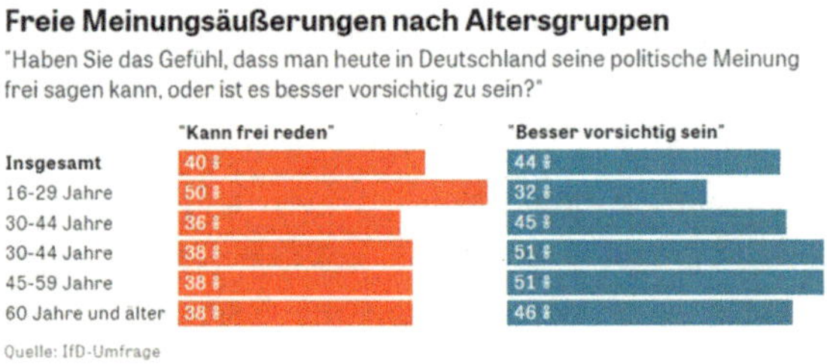

Fragestellung

Gegenstand des vorliegenden Beitrags ist die Frage, ob – und wenn ja, inwieweit – die Verschlechterung der „gefühlten“ Meinungsfreiheit auf eine Einschränkung der rechtlichen Meinungsfreiheit zurückzuführen ist. Dazu soll im Folgenden untersucht werden, inwieweit sich Inhalt und Reichweite des Grundrechts auf Meinungsfreiheit in den letzten Jahrzehnten in Deutschland verändert haben.

Entwicklung, Umfang und Grenzen der Meinungsfreiheit in Deutschland

Das Recht der freien Meinungsäußerung ist in Art. 5 Abs. 1 des Grundgesetzes (GG) vom 23. Mai 1949[1] geregelt. Darin heißt es: „Jeder hat das Recht, seine Meinung in Wort, Schrift und Bild frei zu äußern und zu verbreiten und sich aus allgemein zugänglichen Quellen ungehindert zu unterrichten."

Die Meinungsfreiheit ist das in einer Demokratie gewährleistete subjektive Recht auf freie Rede (Schemmer 2023, Art. 5 Rn. 1). Das Bundesverfassungsgericht (BVerfG) sieht im Recht zur freien Meinungsäußerung „eines der vornehmsten Menschenrechte überhaupt". Es sei „in gewissem Sinn die Grundlage jeder Freiheit"[2]. In der Literatur wird vom „Lebenselixier" (Klausmann 2019, 85) der Demokratie oder von der „konstituierende(n) Basis für die demokratische Staatsordnung" gesprochen (Wenzel et al. 2018, 62).

Art. 5 Abs. 1 GG schützt subjektivrechtlich wie objektivrechtlich die Freiheit der Äußerung und Verbreitung von Meinungen auf der einen und die Informationsfreiheit auf der anderen Seite. Dabei handelt es sich um einander ergänzende Elemente eines Kommunikationsprozesses. Vom Schutzbereich umfasst ist die Meinungsfreiheit sowohl im Interesse der Persönlichkeitsentfaltung des Einzelnen als auch im Interesse des demokratischen Prozesses, für den sie konstitutive Bedeutung hat.[3] Subjektivrechtlich wird die Freiheit eines jeden, am Prozess der Kommunikation teilzunehmen, objektivrechtlich der Prozess der Kom-

1 BGBl. I S.1 vom 23. Mai 1949.
2 BVerfGE 7, 198 (208) = NJW 1958, 257 – Lüth.
3 Ebd.; BVerfGK 4, 305 = NJW 2005, 1342; Schemmer 2023, Art. 5 Rn. 1.

munikation selbst geschützt.[4] Diese beiden Komponenten – die Rolle von Meinungsfreiheit für das Individuum und für die demokratische Staatsordnung – verdeutlichen die Relevanz dieses Menschenrechts (Klausmann 2019).

Seine Grenzen findet das Grundrecht der Meinungsfreiheit nach Art. 5 Abs. 2 GG in den Vorschriften der allgemeinen Gesetze, den gesetzlichen Bestimmungen zum Schutze der Jugend und im Recht der persönlichen Ehre. Vor dem Hintergrund der eingangs geschilderten zunehmenden Skepsis in der Bevölkerung stellt sich die Frage, wo diese Grenzen in der Praxis gezogen werden. Rechtsprechung und Literatur haben Grundsätze erarbeitet, wie eine erfolgte Meinungsäußerung auf ihren rechtlichen Gehalt hin zu prüfen ist. Ausgangspunkt ist dabei die Erfassung des Inhalts einer Äußerung. Zu klären ist insbesondere, in welcher Hinsicht die Äußerung ihrem objektiven Sinn nach das Persönlichkeitsrecht des Betroffenen beeinträchtigt. Maßgeblich ist dabei weder die subjektive Absicht der sich äußernden Person noch das subjektive Verständnis des von der Äußerung Betroffenen, sondern der Sinn, den eine Äußerung nach dem Verständnis eines unvoreingenommenen und verständigen Durchschnittspublikums hat.[5]

Bei der Ermittlung des Inhalts einer Äußerung ist zwischen Tatsachenbehauptungen und Meinungsäußerungen zu unterscheiden. Tatsachen können, anders als Meinungen, wahr oder unwahr sein. Der Unterschied liegt in der Beziehung zwischen der Äußerung und der Realität.[6] Bei einer Tatsachenbehauptung steht der Wahrheitsgehalt der Äußerung im Vordergrund. Entscheidend ist, ob eine Behauptung grundsätzlich dem Beweis zugänglich ist.[7] Nach dem Wortlaut von Art. 5 Abs. 1 GG wären vom Grundrechtsschutz an sich nur Meinungsäußerungen, nicht aber Tatsachenbehauptungen erfasst. Diesen Weg

4 BVerfGE 57, 295 (319 f.) = NJW 1981, 1774 – FRAG; 74, 297 (323) = NJW 1987, 2987 – Landesmediengesetz Baden-Württemberg; 83, 238 (295 f.) = NJW 1991, 899 – WDR; Schemmer 2023, Art. 5 Rn. 1.

5 BVerfG, NJW 2022, 680 Rd. 27 m.w.N.

6 BVerfGE 90, 241 (247) = NJW 1994, 1779 – Auschwitzlüge; Schemmer 2023, Rn. 5.

7 BVerfGE 85, 1 (15) = NJW 1992, 1439 – kritische Bayer-Aktionäre; Schemmer 2023, Rn. 5.

geht das BVerfG nicht. Da Tatsachen regelmäßig Voraussetzung für eine Bildung von Meinungen sind,[8] besteht die Meinungsfreiheit nach Auffassung des BVerfG für solche Tatsachen, die meinungsbezogen sind und damit zur Meinungsbildung beitragen.[9] Anders ist es nur, wenn, wie z. B. bei statistischen Erhebungen, jeglicher Meinungsbezug fehlt.[10]

Nach der ständigen Rechtsprechung des BVerfG genießen unwahre Tatsachenbehauptungen keinen Schutz. Kennt der Äußernde die Unwahrheit, sagt er bewusst die Unwahrheit, oder ist die Unwahrheit der Tatsache im Zeitpunkt der Äußerung erwiesen, entfällt der grundrechtliche Schutz. Eine solche Äußerung ist nicht einmal vom Schutzbereich des Art. 5 Abs. 1 GG erfasst.[11] Dies soll auch für „Fake News" gelten, die in den Medien und im Internet geäußert werden (Schemmer 2023, Rn. 4 m.w.N.).

Von Tatsachenbehauptungen sind Meinungsäußerungen zu unterscheiden. Meinungen sind durch das Element der Stellungnahme, des Dafürhaltens, der Beurteilung geprägt.[12] Dabei ist es unerheblich, ob eine Äußerung wertvoll oder wertlos, richtig oder falsch, emotional oder rational begründet ist.[13]

Meinungsäußerungen sind grundsätzlich durch Art. 5 Abs 1 GG geschützt. Ihre Grenzen finden Meinungsäußerungen wie bereits dargelegt nach Art. 5 Abs. 2 GG in den Vorschriften der allgemeinen Gesetze, den gesetzlichen Bestimmungen zum Schutze der Jugend und in dem Recht der persönlichen Ehre.

Über die Jahrzehnte hinweg hat das BVerfG eine ständige Rechtsprechung zu Umfang und Grenzen der Meinungsfreiheit entwickelt. Im Zusammenhang mit Meinungsäußerungen in sozialen Medien hat sich das BVerfG in den letzten Jahren in vier Beschlüssen intensiv mit

8 BVerfGE 61, 1 (8) = NJW 1983, 1415 – Wahlkampf; weitergehend Dreier/Schulze-Fielitz Art. 5 Abs. 1 und 2 Rn. 65.
9 Ebd.
10 BVerfGE 65, 1 (41) = NJW 1984, 419 – Volkszählung.
11 BVerfGE 99, 185 (197) = NJW 1999, 1322 – Scientology.
12 BVerfGE 61, 1 (8) = NJW 1983, 1415 – Wahlkampf.
13 BVerfGE 61, 1 (7) = NJW 1983, 1415 – Wahlkampf.

diesen Fragen befasst. In diesem Zusammenhang hat das BVerfG die verfassungsrechtlichen Maßstäbe des Verhältnisses zwischen grundgesetzlicher Meinungsfreiheit einerseits und Ehrenschutz beziehungsweise dem allgemeinen Persönlichkeitsrecht andererseits „klarstellend" zusammengefasst.[14] Im Mittelpunkt stand dabei der Rechtsstreit, den die Politikerin Renate Künast zunächst vor dem Landgericht (LG) Berlin und anschließend vor dem Kammergericht (KG) Berlin ausgetragen hat.[15] Frau Künast hat vor dem LG verloren und auf ihre Beschwerde vor dem KG nur teilweise Recht bekommen. Dagegen erhob Frau Künast Verfassungsbeschwerde zum BVerfG. Dieses nahm die Verfassungsbeschwerde an und stellte in der Sache fest, dass die Beschlüsse des KG und die Beschlüsse des LG Frau Künast in ihrem grundrechtlich geschützten allgemeinen Persönlichkeitsrecht (Art. 2 Abs. 1 i. V. m. Art. 1 Abs. 1 GG) verletzt hätten.[16] Die wesentlichen Aussagen des BVerfG lassen sich wie folgt zusammenfassen:

- Vorab findet das Recht der Meinungsfreiheit nach Art. 5 Abs. 2 GG unter anderem seine Schranke im Recht der persönlichen Ehre. Die persönliche Ehre ist u. a. im Falle einer Beleidigung nach § 185 StGB verletzt.
- Nach Auffassung des BVerfG erfordert die Annahme einer Beleidigung nach § 185 StGB grundsätzlich eine abwägende Gewichtung der Beeinträchtigungen, die den betroffenen Rechtsgütern und Interessen, hier also der Meinungsfreiheit einerseits und der persönlichen Ehre andererseits, drohen.[17] In seinem Beschluss vom 19.12.2021 listet das BVerfG vier Kriterien auf, die bei dieser Ab-

14 BVerfG ZUM-RD 2020, 565; ZUM-RD 2020, 634; ZUM 2021, 45; ZUM-RD 2021, 61.

15 LG Berlin, MMR 2019, 754; ZUM-RD 2020, 471; KG Berlin, MMR 2020, 867; BeckRS 2020, 53598.

16 BVerfG, NJW 2022, 680; Zum Sachverhalt und Rechtsstreit näher Simon Gerdemann, ZUM 2022, 364; vgl. auch für viele z. B. Spiegel Online vom 2.2.2022, »Renate Künast erringt klaren Sieg gegen Facebook-Hetzer«, https://www.spiegel.de/netzwelt/netzpolitik/BVerfG-facebook-muss-daten-von-hetzern-an-renate-kuenast-geben-a-8f9c3fc4-470d-4a90-b7f3-c6c69fbd0e56 (Zugriff am 20.2.2024).

17 BVerfG, NJW 2022, Rn. 29.

wägung einzubeziehen sind.[18] Diese sind (i) der konkrete Inhalt und ehrschmälernde Gehalt einer Äußerung, (ii) ob die Äußerung darauf abzielt, einen Beitrag zur öffentlichen Meinungsbildung zu leisten, (iii) die Form und die Begleitumstände der Äußerung und schließlich (iv) deren konkrete Verbreitung und Wirkung.[19] Bei Meinungsäußerungen in sozialen Medien werden insbesondere die beiden letzten Kriterien von Bedeutung sein. Für die Form und Begleitumstände der Äußerung soll es nach dem BVerfG unter anderem darauf ankommen, ob eine Äußerung ad hoc in einer hitzigen Situation oder im Gegenteil mit längerem Vorbedacht gefallen ist.[20] Auch sei die konkrete Verbreitung und Wirkung einer Äußerung in Rechnung zu stellen. Erhalte nur ein kleiner Kreis von Personen Kenntnis von einer eher beeinträchtigenden Äußerung oder handele es sich nicht um eine schriftliche oder anderweitig perpetuierte Äußerung, sei die damit verbundene Beeinträchtigung der persönlichen Ehre geringfügiger und flüchtiger als im gegenteiligen Fall.
Im Falle der Politikerin Künast beanstandete das BVerfG, dass das KG eine derartige abwägende Gewichtung weitestgehend unterlassen hatte. Aus diesem Grund hob das BVerfG die Beschlüsse des KG auf, soweit sie zum Nachteil der Politikerin ergangen waren, und verwies die Sache insoweit zur erneuten Entscheidung an das KG zurück.[21]

- Nach Auffassung des BVerfG bedarf es einer abwägenden Gewichtung der Beeinträchtigungen der betroffenen Rechtsgüter und Interessen, hier also der Meinungsfreiheit einerseits und der persönlichen Ehre andererseits, ausnahmsweise in den folgenden drei Fallgruppen nicht: eine Äußerung erfüllt den Tatbestand (i) einer Schmähung oder Schmähkritik, (ii) einer Formalbeleidigung oder (iii) eines Angriffs auf die Menschenwürde.[22] Eine Schmähung im

18 BVerfG, NJW 2022, Rn. 36.
19 Schemmer 2023; Gerdemann, ZUM 2022, 364, 367.
20 BVerfG, NJW 2022, Rn. 37.
21 BVerfG, NJW 2022, Rn. 39ff.
22 BVerfG, NJW 2022, Rn. 29.

verfassungsrechtlichen Sinn ist nach Auffassung des BVerfG gegeben,

> „wenn eine Äußerung keinen irgendwie nachvollziehbaren Bezug mehr zu einer sachlichen Auseinandersetzung hat und es bei ihr im Grunde nur um das grundlose Verächtlichmachen der betroffenen Person als solcher geht. Es sind dies die Fälle, in denen eine vorherige Auseinandersetzung erkennbar nur äußerlich zum Anlass genommen wird, um über andere Personen herzuziehen oder sie niederzumachen, etwa in Fällen der Privatfehde. Erfolgen solche allein auf die persönliche Kränkung zielenden Äußerungen unter den Kommunikationsbedingungen des Internets, sind sie aber nicht selten auch von Privatfehden losgelöst. Sie können persönlich nicht bekannte Personen, auch des öffentlichen Lebens, betreffen, die im Schutz der Anonymität des Internets ohne jeglichen nachvollziehbaren Bezug zu einer Sachkritik grundlos aus verwerflichen Motiven wie Hass- oder Wutgefühlen heraus verunglimpft und verächtlich gemacht werden."[23]

Diese Feststellungen des BVerfG haben weitere Klarheit für Fälle gebracht, in denen Personen von anderen in sozialen Medien verunglimpft werden. Sie sind deswegen zu begrüßen.

Schlussbemerkungen

Das Grundrecht der Meinungsfreiheit in Art. 5 Abs. 1 GG ist seit Inkrafttreten des Grundgesetzes am 23. Mai 1948[24] textlich nicht geändert worden. Seine Reichweite findet zwar nach Art. 5 Abs. 2 GG seine Schranken in den Vorschriften der allgemeinen Gesetze, den gesetzlichen Bestimmungen zum Schutze der Jugend und in dem Recht der persönlichen Ehre. Diese sogenannte Schrankentrias hat sich über die

23 BVerfG, NJW 2022, 680, Rn. 29 m.w.N.
24 BGBl. I S.1 vom 23. Mai 1949.

Jahrzehnte hinweg fortentwickelt (Schemmer 2023, Rn. 98). Die allgemeinen Gesetze haben sich geändert, neue Rechtsnormen wie zuletzt das Netzwerkdurchsetzungsgesetz sind hinzugekommen. Auch sind die Bestimmungen zum Schutze der Jugend und das Recht der persönlichen Ehre weiterentwickelt worden. Dazu haben gesellschaftliche, aber auch wirtschaftliche und technische Entwicklungen wie das Internet und insbesondere das Aufkommen der sozialen Medien beigetragen. Der Schutzbereich der Meinungsfreiheit jedoch ist im Kern weitgehend unverändert geblieben. Daran ändern die „klarstellenden" Feststellungen des BVerfG, insbesondere in seinem Beschluss vom 19.12.2002,[25] nichts.

Wie eingangs dargestellt, hat es eine derartige Konstante bei der Entwicklung der gefühlten Meinungsfreiheit nicht gegeben. Im Gegenteil, zeigt doch der jüngst veröffentlichte Freiheitsindex 2023 eindrucksvoll, dass die gefühlte Meinungsfreiheit in Deutschland über die Jahrzehnte massiv zurückgegangen ist. Das in anderen Bereichen des gesellschaftlichen Lebens anzutreffende Auseinanderklaffen zwischen der gefühlten Realität einerseits und der tatsächlichen (hier der rechtlichen) Realität andererseits[26] ist auch hier anzutreffen. Eine solche Entwicklung ist bedenklich. Es droht die Gefahr, dass der Glaube an unsere Rechtsordnung als einem der Grundpfeiler eines friedlichen und geregelten Zusammenlebens der Menschen sukzessive weiter ausgehöhlt wird. Damit werden Tür und Tor für Verschwörungstheoretiker geöffnet, die Rechtsordnung mit einfachen und plakativen Thesen zu schwächen und auszuhebeln. Dem gilt es entgegenzutreten.

Literatur

Dreier, Horst/Schulze-Fielitz, Helmuth (2013): *Grundgesetz-Kommentar*, GG Art. 5 Abs. 1-2 Rn. 62-75, 3. Aufl., Tübingen: Mohr Siebeck.

Gaschke, Susanne (2023): „Freiheitsindex 2023": Nur die Grünen-Anhänger fühlen sich so richtig frei. *Neue Zürcher Zeitung*, 20.12.2023. https://www.nzz.ch/interna

25 BVerfG, NJW 2022, 680.

26 Ein weiteres Beispiel ist die gefühlte und die tatsächliche Sicherheit der Bürger vor Straftaten.

tional/freiheitsindex-deutsche-haben-das-gefuehl-weniger-ihre-meinung-aeussern-zu-duerfen-ld.1771071 (Zugriff am 1.2.2024).

Klausmann, Vincent (2019): *Meinungsfreiheit und Rechtsextremismus. Das antinationalsozialistische Grundprinzip des Grundgesetzes*, Baden-Baden: Nomos.

Rech, David (2023): Nur 40 Prozent der Deutschen glauben, Meinung frei äußern zu können. *Zeit online*, 19.12.2023. https://www.zeit.de/politik/deutschland/2023-12/meinungsfreiheit-zensur-studie-freiheitsindex-deutschland-2023 (Zugriff am 1.2.2024).

Schemmer, Franz (2023): *BeckOK Grundgesetz*, 56. Edition, München: C.H. Beck.

Wenzel, Karl Egbert et al. (2018): *Das Recht der Wort- und Bildberichterstattung. Handbuch des Äußerungsrechts*, 6. Auflage, Verlag Dr. Otto Schmidt.

Dr. Thomas Sacher ist stellvertretender Vorsitzender des Vorstands der Brost-Stiftung mit Sitz in Essen. Zudem ist er Partner der internationalen Rechtsanwaltskanzlei Ashurst LLP und in deren Münchener Büro tätig.

Kontext der wissenschaftlichen Kommunikation zum Klimawandel

von Hans von Storch

1. Caveat

Der Titel dieses Projekts, „Mission Wahrheit – Wer vermittelt uns ein realistisches Bild unserer Welt?", stellt eine schöne Herausforderung dar – aber mehrere Begriffe müssen vorab geklärt werden.

1) „Uns" – wer soll hier als „wir" auftreten? Menschen aus grünen Haushalten in Bonn? Oder ich als 74-jähriger Sozialdemokrat und Klimaforscher aus Hamburg? Mein Co-Autor aus Kanada? Eine Familie aus dem zertrümmerten Gaza-Streifen? Doktorandinnen aus Qingdao, Travel Guides in Tansania? Das ist nur ein kleiner Teil des möglichen Spektrums, aber sie alle haben verschiedene kulturelle Hintergründe und damit verschiedene Deutungen einer komplexen Umwelt.
2) Damit kommen wir zum zweiten zu klärenden Begriff: „Welt" – das Erdsystem, mit der Dynamik von Klima, Stoffströmen und Ökosystemen? Die Welt, in der soziale Akteure um Deutung, Ressourcen und Macht ringen? Die Welt, in der Individuen ein Leben nach ihren persönlichen Vorstellungen zu leben versuchen?
3) „Realistisches Bild" – da kommt es darauf an, welche Welt gemeint ist und welche die als wesentlich wahrgenommenen Faktoren sind.

Etwa jene, die in den Nachhaltigkeitszielen der UNO verankert sind?

4) Und schließlich „Wahrheit" – also nicht falsifizierbare Aussagen, die unverrückbar zutreffend sind und durch keine neuen Beobachtungen oder Einordnungen als unzutreffend befunden werden können?

Ich spreche für mich, als Klimaforscher seit 50 Jahren, aus Hamburg, mit vielen Kontakten in andere Länder. Professionell ist meine Welt das globale Klimasystem mit seinen regionalen Ausprägungen. Als angelernter Sozialwissenschaftler, als Bürger und Sozialdemokrat aber sehe ich auch eine Welt um mich herum, in der soziale Akteure um Deutung, Ressourcen und Macht ringen. Das Interessante ist nun, dass diese beiden Welten, die kalte wissenschaftliche und die interessengetriebene politische Welt, mehr und mehr miteinander verschmelzen, sodass beide weniger „gut" funktionieren.

Im Folgenden gebe ich keine Literaturquellen an und verweise stattdessen summarisch auf mein jüngstes Buch, *Mensch-Klima-Komplex*, das im Jahr 2023 beim Dietz Verlag erschien.[1]

2. Experten

Die Frage „Wer vermittelt uns ein realistisches Bild unserer Welt?" beantworte ich zunächst mit: niemand. Es gibt professionelle Menschen und Institutionen, die Teilaspekte dieser Welt ziemlich realistisch beschreiben können, und manche tun es auch. Aber für jede „Welt" gibt es andere kompetente Kenner, die „ihre" Teilaspekte gut darstellen können, aber gleichzeitig an der Aufgabe scheitern, alle anderen Aspekte mit ausreichender Tiefe zu berücksichtigen.

Wenn wir uns der von Roger Pielke Jr. in seinem Buch *The Honest Broker* vorgeschlagenen Typologie bedienen, dann sind da die „ehrlichen Makler" zu nennen, die das wissenschaftlich konstruierte

1 Weitere einschlägige, meist englischsprachige Publikationen findet man auf http://www.hvonstorch.de/klima/pub.htm.

Wissen – und dazu gehört immer auch die Unsicherheit – darzustellen versuchen, ohne dabei nach der Nützlichkeit für irgendwelche Agenden, seien sie wirtschaftlicher, politischer oder gar ideologischer Art, zu schielen. Das heißt, sie tätigen Aussagen von der Art: „Wenn Gesellschaft und Politik dies beschließen, dann wird dies für den von mir übersehenen Bereich jene Folgen haben." Dem gegenüber stehen die „stealth advocates", die behaupten, im Besitz wissenschaftlicher Wahrheiten und angeblich alternativloser Lösungen zu sein, die tatsächlich wissenschaftlich umstritten sind, aber im Einklang mit vorgegebenen wirtschaftlichen, politischen oder ideologischen Agenden stehen. Sie sagen: „Um dieses Problem zu lösen, müssen Gesellschaft und Politik jenes tun." Erstere Position heißt im Jargon des *Intergovernmental Panel on Climate Change* (IPCC) „policy relevant", letztere „policy prescriptive".

Um zur Ausgangsfrage zurückzukehren: Der UNO-Klimarat, genauer das IPCC, versucht oder beansprucht, bei seiner Gesamtschau und Bewertung des gegenwärtigen Wissens über das Klimasystem (Arbeitsgruppe I – WG I), seine Wirkungen (WG II) und die Möglichkeiten des Umgangs damit (WG III) nicht „policy prescriptive", sondern „policy relevant" zu sein. WG I wird diesem Anspruch weitgehend gerecht, aber bei WG II und III gibt es bisweilen Zweifel. Deutsche Vertreter, die in der Vergangenheit in der WG I wesentlich zu der Qualität der Sachstandsberichte des IPCC beigetragen haben, um ein realistisches Bild der Klimadynamik zu beschreiben, sind Jochem Marotzke, Ulrich Cubasch und Martin Heimann. Medial präsent sind aber durchaus andere, wobei sich bei genauerem Hinsehen ergibt, dass es sich oft nicht um physikalisch ausgebildete Klimaforscher, sondern um Ökonomen oder Biologen handelt.

Generell kann man dem vom späteren Physiknobelpreisträger Klaus Hasselmann 1975 gegründeten Max-Planck-Institut für Meteorologie in Hamburg eine besondere Kompetenz in der Erarbeitung und Darstellung der Dynamik, des Zustandes und der Perspektiven des geophysikalischen Klimasystems zuweisen. Das Institut ist zwar seltener medial präsent, aber wenn, dann überzeugt es mit wesentlichen und belastbaren Aussagen – was es positiv von anderen Einrichtungen unterscheidet, die mit hoher zeitlicher Schlagzahl meist alarmistische Meldungen auf den medialen Markt werfen.

3. GES und PES

In einer weitverbreiteten Vorstellung läuft der politische Beratungsprozess „Vorstellung von Wissenschaft“ nach dem von Klaus Hasselmann grob konzipierten „Globale Umwelt & Gesellschaft“-Modell (GES) ab, wie es in der Abbildung skizziert wird.

„Globale Umwelt & Gesellschaft" - Modell

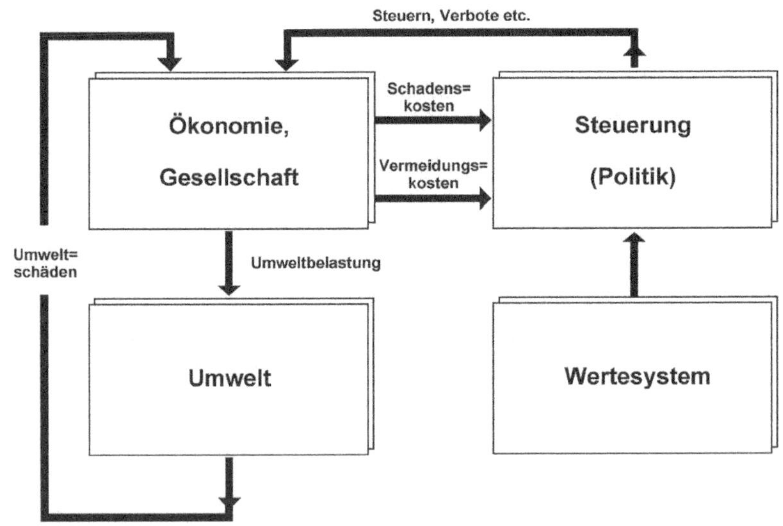

Demnach gibt es ein sozioökonomisches System, das Wohlstand und Sicherheit für die Menschen erzeugt und das wechselwirkt mit dem Umweltsystem. Bei dieser Wohlstandsmaschine gibt es Nebenwirkungen, nämlich Umweltbelastungen, die wiederum das sozioökonomische

System beeinträchtigen. Zu diesen Nebenwirkungen gehört insbesondere die Freisetzung von Treibhausgasen.

Dazu muss zunächst geklärt werden, ob diese Nebenwirkungen tatsächlich auftreten oder bloß eine Deutung von Klimaforschern sind. So behauptet die AfD in ihrem Grundsatzprogramm von 2016 fälschlicherweise, dass „die Klimaschutzpolitik auf hypothetischen Klima-Modellen basierend auf computergestützten Simulationen des IPCC [beruht]". Die zweistufige Analyse „Detektion und Attribution" des Nobelpreisträgers Klaus Hasselmann liefert den Nachweis, indem sie zunächst bei beobachteten Trends untersucht, ob sie im Rahmen der natürlichen Schwankungen liegen. Falls nicht, dann gibt es menschliche Ursachen, und mithilfe solcher Modelle wird dann abgeschätzt, welche menschengemachten Faktoren zur Erklärung der Erwärmung in den letzten Jahrzehnten unvermeidlich sind, nämlich Treibhausgase.

Die Nebenwirkungen können durch die Einschränkung der die Nebenwirkungen auslösenden Aktivitäten (also vor allem der Verbrennung fossiler Brennstoffe) und die Minderung der Verletzlichkeit von Gesellschaft und Wirtschaft gesteuert werden. Beides geht mit Kosten einher, und ein rationaler, gesellschaftlich akzeptabler Umgang mit dem Problem wird solche Maßnahmen wählen, die die Summe dieser Kosten minimieren.

Dabei ist zu klären, worin denn die Kosten bestehen, wie sie gemessen werden. Klassisch ökonomisch monetär, aber in der politischen Praxis oft auch mit moralischen Maßstäben. Hier entscheidet der politische Willensbildungsprozess auf der Basis des gesellschaftlichen Wertesystems, alles andere bleibt im GES-Konzept den wissenschaftlichen Experten überlassen.

Aber gesellschaftliche Akteure lassen sich so nicht entmündigen, denn je nach dem eigenen kulturellen Wissen ist schon vor jeder Analyse die Lösung des Problems klar. Dies wird im alternativen Modell „Perzipierte Umwelt & Gesellschaft" (PES) beschrieben, in dem es um die wahrgenommene Wechselwirkung von Umwelt und Gesellschaft geht.

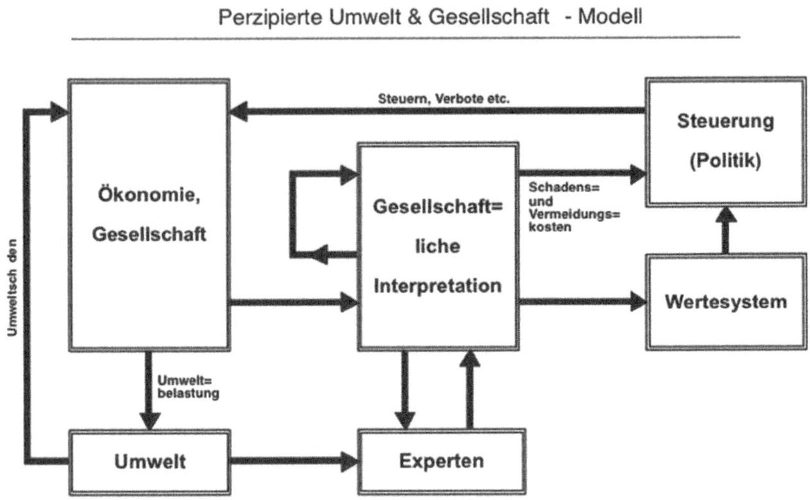

Hier sind es „Experten", die den Menschen Veränderungen erklären – sie werden von der jeweiligen Klientel akzeptiert, wenn ihre Aussagen konsistent mit dem kulturell vorhandenen Wissen sind. Neben weniger kundigen Experten auf der Seite der Skeptiker gibt es medial vor allem Akteure, nach deren Einschätzung die Anpassungskosten, die durch den Klimawandel entstehen, exorbitant hoch sind, sodass schlussendlich bei der Optimierung nur eine einhundertprozentige Vermeidung in Frage kommt. Dies gelingt durch den inflationären Gebrauch voreiliger Attributionen, wonach praktisch jedes Extremereignis als Beweis für den Klimawandel ausgewiesen wird, oder die Darstellung von „Kipppunkten" als unmittelbarer, angeblich wissenschaftlich bewiesener Gefahr.

Einige **Extremereignisse** werden durch den Klimawandel verschärft, aber durchaus nicht alle; schon gar nicht werden sie durch ihn „bewirkt". Sie können durch eine striktere Klimaschutzpolitik zukünftig nicht verhindert, wohl aber kann ihre weitere Verschärfung gemindert werden. Die Wahrscheinlichkeit, signifikante **Kipppunkte** in nächster zeitlicher Nähe erleben zu müssen, ist eine interessante wissenschaftliche Hypothese, die aber in den gängigen Klimamodellsimulationen nicht vorkommt und für die es auch keine belastbare aktuelle Evidenz gibt. Die Aussagen aus dem Max-Planck-Institut für Meteorologie sind hier eindeutig.

4. Nachhaltigkeit der Kommunikation?

Wesentlich für eine sinnvolle und wirksame Politikberatung ist die Nachhaltigkeit der Kommunikation auf Seiten der Wissenschaft, einschließlich eines Widersprechens von sowohl Skeptizismus als auch Alarmismus. Dies ist in der Vergangenheit unzureichend beachtet worden, wenn z. B. angekündigt wurde, dass Kinder in naher Zukunft keinen Schnee mehr bei uns erleben würden, oder als behauptet wurde, dass in 2007 nur noch 13 Jahre zur Vermeidung der Klimakatastrophe verblieben.

Ein Narrativ neueren Datums, wonach ein Überschreiten der 1,5-Grad-Grenze die Wahrscheinlichkeit für das Eintreten derartiger katastrophaler Kipppunkte massiv erhöhen wird, verliert offenbar auch medial an Glaubwürdigkeit, da dieses Überschreiten offenbar unmittelbar bevorsteht. Dementsprechend sieht man Absetzbewegungen und Relativierungen im medialen Narrativ. Hinzu kommt die Tendenz zur Anerkennung, dass es mit der Klimaschutzpolitik allein nicht getan sein kann, sondern dass parallel dazu auch Anpassungsmaßnahmen gedacht und implementiert werden müssen.

Prof. Dr. Hans von Storch ist Klimaforscher und Mathematiker. Sein wissenschaftliches Interesse gilt dem menschgemachten Klimawandel, seiner Feststellung und regionalen Manifestation, sowie der Kommunikation mit der Öffentlichkeit. Seinen fachlichen Hintergrund – statistische Methoden, Küstenklima, Klimamodellierung und Konstruktion von Wissen – hat er in seine Funktionen als Direktor des Instituts für Küstenforschung am Helmholtz-Zentrum Geesthacht, als Professor der Universität Hamburg und der Ozean-Universität von China eingebracht. Seine Bücher „Der Mensch-Klima-Komplex" und „Die Klimafalle" erschienen 2023 bzw. 2013 beim Dietz-Verlag bzw. bei Hanser.

Fact-Checking als Instrument zur Förderung einer „Kultur der Wahrheit“: Lehren aus dem Fallbeispiel Ungarn

von Szilárd Teczár

Als die Regierung von Viktor Orbán im Jahr 2010 an die Macht kam, lag Ungarn auf Platz 23 des Weltindex für Pressefreiheit von Reporter ohne Grenzen. Im Jahr 2023 wies dieselbe Institution Ungarn den 72. Platz zu (Reporters without Borders 2010, 2023).

Viel ist seitdem über die institutionellen und finanziellen Aspekte dieses Rückschritts gesprochen und geschrieben worden. In ihrem Bericht zur Rechtsstaatlichkeit 2023 empfahl die Europäische Kommission Ungarn, die Unabhängigkeit der Medienaufsichtsbehörde und der öffentlich-rechtlichen Medien zu stärken und „eine faire und transparente Verteilung der Staatsausgaben sowie staatlicher Unternehmen zu gewährleisten“ (European Commission 2023). Die Orbán-Regierung hat in der Tat ihre politische Kontrolle über die Medienbehörde und die öffentlich-rechtlichen Medien sowie die umfangreiche Staatstätigkeit genutzt, um den Medienmarkt zu entpluralisieren und Druck auf unabhängige Medienunternehmen auszuüben. Mehrere von ihnen wurden ihrerseits von regierungsnahen Geschäftsleuten aufgekauft, sodass sie zu Sprachrohren oder zumindest zu Publikationen umfunktioniert wurden, die keine politisch sensiblen Themen behandeln.

Wir Journalisten der verbleibenden unabhängigen Organisationen leiden unter diesen Entwicklungen, da wir ständig im Hinterkopf haben, dass wir in einem immer kleiner werdenden Raum freier Medien arbeiten müssen. Aber in unserer täglichen Arbeit spüren wir noch stärker die Auswirkungen dessen, was ich als die „weiche" Seite der Angriffe auf die Pressefreiheit bezeichnen würde, nämlich die Instrumente auf der rhetorischen Ebene, die die Regierung gegen unabhängige Journalisten einsetzt. Ich werde nun einige Aspekte der Regierungsrhetorik erläutern (I.) und anschließend anhand meiner Erfahrung als Fact-Checker die Herausforderungen, die sich daraus für die Überprüfung von Fakten ergeben, und die möglichen Strategien zu deren Überwindung analysieren (II.). Abschließend möchte ich einige Bemerkungen zu den Auswirkungen der Faktenüberprüfung in Ungarn machen (III.).

I. „Sanfte" Angriffe gegen unabhängige Medien

In der Weltanschauung von Orbáns Fidesz-Partei nehmen unabhängige Medien den gleichen Platz ein wie die kritische Zivilgesellschaft: Beide werden routinemäßig als politische Gegner oder, schlimmer noch, als Feinde bezeichnet. Nach seinem vierten Wahlsieg in Folge im April 2022 zog Orbán in seiner Siegesrede Bilanz, was seine Gegner angeht. Er erwähnte die Medien, in diesem Fall „die internationalen Mainstream-Medien", aber es besteht kein Zweifel daran, dass er mit dieser Gruppe auch die unabhängigen ungarischen Journalisten meinte.

Die Fidesz führt derzeit eine Kampagne „zum Schutz der nationalen Souveränität", und zum Zeitpunkt der Erstellung dieses Artikels (November 2023) hat sie gerade einen Gesetzesentwurf mit diesem Titel vorgelegt. Die Affäre geht auf den Wahlkampf 2022 zurück, in dem Organisationen, die den Oppositionsparteien nahestehen (einschließlich einer Medienorganisation), Spenden aus den USA erhielten. Diese Praxis kann als Umgehung der Regeln für die Wahlkampffinanzierung angesehen werden (gegen die auch die Fidesz mit öffentlichen Mitteln in Ungarn verstößt), aber statt eines gezielten Ansatzes hat die Regierungspartei den Begriff „Dollar-Medien" geprägt und verwendet ihn zur Verunglimpfung unabhängiger Medien, die weder Empfänger der besagten Spenden noch an der Kampagne der Opposition beteiligt waren.

Gerade die von der Regierung kontrollierten und finanzierten Medienkonglomerate (einschließlich der öffentlich-rechtlichen Medien) versuchen nicht einmal, ihre Zugehörigkeit zu verbergen, sodass sich ihre Anzeigen in den sozialen Medien manchmal kaum von denen der Fidesz-Partei unterscheiden. Sie verwenden häufig den Begriff „unabhängig-objektiv“ (in Anführungszeichen), um sich spöttisch auf unabhängige Medien und ihre Journalisten zu beziehen. Was sie damit andeuten, ist, dass es so etwas wie unabhängige Medien nicht gibt. Sie geben offen zu und erklären, dass sie nicht unabhängig und nicht objektiv sind, und behaupten, dass niemand diese Eigenschaften besitzen kann. Jeder muss – so die darin zum Ausdruck kommende Logik – eine Figur im politischen Schachspiel sein.

Diese Logik des „Wir gegen sie“ fällt in der ungarischen Öffentlichkeit auf fruchtbaren Boden. Bei alltäglichen Gesprächen habe ich die Erfahrung gemacht, dass die erste Frage, die mir gestellt wird, nachdem ich meinen Beruf verraten habe, fast immer lautet: „Okay, aber welcher Seite gehören Sie an?“ Umfragen zeigen auch ein geringes Vertrauen in die Medien. Das Vertrauen der Ungarn in Journalisten in Bezug auf den Krieg in der Ukraine liegt deutlich unter dem EU-Durchschnitt (Flash Eurobarometer 506 2022), während eine aktuelle Umfrage ergab, dass Ungarn das einzige Land in der EU ist, in dem die vertrauenswürdigsten Nachrichtenquellen soziale Medien („Personen, Gruppen oder Freunde, denen ich in sozialen Medien folge“) und nichttraditionelle Medien („andere Online-Nachrichtenplattformen einschließlich Blogs und Podcasts“) sind (Flash Eurobarometer 2023).

II. Fact-Checking: Herausforderungen und Strategien

Dieses Umfeld stellt besondere Herausforderungen an das Fact-Checking. Fact-Checking-Organisationen wollen unabhängige und objektive Schiedsrichter sein, die prufen, ob und inwieweit politische Aussagen, die sich auf sachliche Elemente beziehen, den Tatsachen entsprechen. Mit anderen Worten: Fact-Checker sind Journalisten, deren Aufgabe es ist, nach den Fakten hinter öffentlichen Behauptungen zu suchen. Das geringe Vertrauen in die Medien in Ungarn hat jedoch dazu geführt, dass die Existenz von Fakten in großen Teilen der Gesellschaft in Frage gestellt wird. Eine Studie von Political Capital hat kürzlich ergeben, dass 32 Prozent der ungarischen Befragten der Behauptung „Es gibt keine objektive Realität, nur unterschiedliche Meinungen" voll und ganz zustimmen und weitere 27 Prozent eher zustimmen (Political Capital 2023).

Angesichts dieser Ausgangslage kann man sagen, dass die Aufgabe der Faktenkontrolleure ein harter Kampf ist. Dennoch gibt es Strategien, die wir anwenden können, um Glaubwürdigkeit aufzubauen und das Vertrauen der Leser zu gewinnen. Ich werde hier fünf davon auflisten, die ich durch meine Arbeit bei *Lakmusz*, einer ungarischen Website zur Überprüfung von Fakten, kennengelernt habe, und jede mit einem Beispiel illustrieren.

1. Diskutieren Sie nicht mit Hilfe von Narrativen, sondern gehen Sie gegen die falschen Behauptungen vor.

Der Begriff „Desinformationsnarrativ" wird häufig verwendet, kann aber problematisch sein, da es sich bei Narrativen meist entweder um politische Meinungen oder um Behauptungen handelt, die nicht auf faktischer Basis widerlegt werden können. Deshalb muss ein Artikel, der Fakten überprüft, deutlich machen, dass er nicht das Narrativ als falsch bezeichnet, sondern die Informationen, mit denen es illustriert oder bewiesen wird. Ich würde zum Beispiel keinen Faktencheck über die Behauptung schreiben, dass Joe Biden aufgrund seines hohen Alters für das Amt ungeeignet ist. In den ungarischen Medien wurden jedoch mehrere manipulierte Videos zur Veranschaulichung dieser Behauptung verwendet, zum Beispiel das Video, in dem Biden angeblich ein Buch über Demenz kauft oder während eines Live-Interviews scheinbar einschläft. Es ist mir gelungen, diese Videos zu entlarven, indem ich den wahren Kontext der Originalvideos gezeigt habe.

2. Suchen Sie nach harten Daten.

In einem Artikel wurde versucht, den angeblichen Zusammenhang zwischen Migration und Kriminalität in Ungarn zu beweisen, indem hervorgehoben wurde, dass die große Mehrheit der Mordverdächtigen, gegen die ein Haftbefehl erlassen wurde, Ausländer seien. Dies lässt sich jedoch dadurch erklären, dass Ausländer schlicht eher vor den Strafverfolgungsbehörden fliehen und sich in ihren Herkunftsländern verstecken. Es ist mir gelungen, bisher unveröffentlichte Daten von der Polizei zu erhalten, aus denen eindeutig hervorgeht, dass 95 Prozent aller Mordverdächtigen ungarische Staatsangehörige sind.

3. Aber schauen Sie auch hinter die Daten.

Letzten Sommer behauptete Orbán, dass „im Jahr 2022 insgesamt 330.000 illegale Migranten an den europäischen Grenzen aufgehalten wurden, davon 270.000 an der ungarisch-serbischen Grenze". Auf den ersten Blick scheinen beide Teile der Aussage richtig zu sein. Die EU-Grenzschutzagentur Frontex hat im Jahr 2022 tatsächlich 330.000 illegale Grenzübertritte festgestellt, während die ungarische Polizei berichtete, dass in diesem Jahr 270.000 Migranten aufgehalten wurden. Ein genauerer Blick zeigt jedoch, dass der Vergleich dieser Zahlen irreführend ist, da Frontex nur 145.000 Grenzübertritte entlang der westlichen Balkanroute, zu der auch die ungarisch-serbische Grenze gehört, festgestellt hat. Die Erklärung für diese Diskrepanz liegt wahrscheinlich in unterschiedlichen Methoden und in der Tatsache, dass die ungarische Polizei auch „verhinderte Grenzübertritte" meldet.

4. Finden Sie stets die Originalquelle.

Im Herbst 2022 behaupteten regierungsfreundliche Medien, dass laut einer von den Vereinten Nationen initiierten Kommission, die Kriegsverbrechen im Zusammenhang mit dem russisch-ukrainischen Krieg untersuchte, „die von den Ukrainern begangenen Verbrechen durch reale Beweise, wie z. B. Videos, belegt sind, während die angeblichen Verstöße der russischen Streitkräfte zumeist auf Augenzeugenberichten beruhen". Der ursprüngliche Bericht der Kommission enthielt jedoch keine solche Unterscheidung und stellte eindeutig fest, dass die überwiegende Mehrheit der nachgewiesenen Kriegsverbrechen von den russischen Streitkräften begangen worden war. Ich kontaktierte einen Sprecher, der bestätigte, dass für jedes in dem Bericht aufgeführte Kriegsverbrechen gleichermaßen stichhaltige Beweise vorliegen.

5. Der Kontext ist der Schlüssel.

Manchmal lohnt sogar eine genauere Untersuchung einer faktisch wahren Aussage. Der Verfasser der Behauptung könnte absichtlich wichtige Informationen ausgelassen haben, die der Artikel zur Faktenüberprüfung dem Publikum liefern kann. Ein Beispiel: Ein ungarischer Minister erklärte, dass die Europäische Kommission in ihrer Bewertung den ungarischen Konjunktur- und Resilienzplan als einen der besten einstuft. Ich habe die Bewertungen nachgeschlagen, und es stellte sich heraus, dass die Kommission für 24 der 27 nationalen Pläne genau dieselben Bewertungen abgab. Die Aussage des Ministers war technisch gesehen richtig, aber es wäre ebenso richtig gewesen, zu sagen, dass nur drei Pläne schlechter bewertet wurden als der ungarische.

III. Schlussfolgerung

Die zweite Bemerkung, die ich höre, wenn ich mich als Faktenprüfer vorstelle, lautet in der Regel: „Es ist unmöglich, die Meinung von Leuten zu ändern, die von vornherein an Desinformation geglaubt haben", oder: „Jeder weiß, dass Politiker lügen, ihre Medien auch, warum machen Sie sich die Mühe, auf das Offensichtliche hinzuweisen?" Können diese Strategien also zu sinnvollen Ergebnissen führen? Die unmittelbare Wirkung der Faktenüberprüfung kann gering erscheinen. Bei *Lakmusz* nehmen wir immer Kontakt mit der Person auf, deren Behauptung wir überprüfen, und während meiner einjährigen Tätigkeit habe ich nur zwei Fälle erlebt, in denen die Person zugegeben hat, dass sie falschlag. Eine „Desinformationsquelle" änderte ihre Behauptung teilweise ab (ein Posting auf Facebook), während die andere nur ein stillschweigendes Eingeständnis machte, indem sie es löschte.

Dennoch haben meine Kollegen und ich ermutigende Rückmeldungen von Lesern erhalten, die sagten, dass unsere Artikel ihnen gute Argumente liefern, die sie in politischen Debatten verwenden können. An dieser Stelle ist es auch sinnvoll, auf den Unterschied zwischen einem „Desinformationsnarrativ" und einer falschen Behauptung hinzuweisen. Jemand, der eine starke politische Meinung zu einem Narrativ hat, wird diese wahrscheinlich nicht über Nacht ändern, nachdem er einen Faktencheck gelesen hat, aber er wird das nächste Mal vielleicht zweimal nachdenken, bevor er eine Information unkritisch akzeptiert, die ein wenig „zu schön ist, um wahr zu sein". In jedem Fall ist es nie sinnlos, die Öffentlichkeit daran zu erinnern, dass es einen Standard gibt, an dem politische Aussagen gemessen werden können, und so eine „Kultur der Wahrheit" in der Gesellschaft zu fördern. Wenn wir zulassen, dass das Vertrauen und der Glaube an Fakten völlig verloren gehen, wird es sehr viel schwieriger sein, sie wiederherzustellen, als das institutionelle und finanzielle Umfeld, das freie Medien begünstigt. Die Überprüfung von Fakten ist in Ungarn in der Tat ein harter Kampf – aber einer, der geführt werden muss.

Literatur

European Commission (2023): *2023 Rule of Law Report. Country Chapter on the rule of law situation in Hungary.* 05.07.2023. https://commission.europa.eu/system/files/2023-07/40_1_52623_coun_chap_hungary_en.pdf (Zugriff am 28.11.2023).

Flash Eurobarometer 506 (2022): *EU's response to the war in Ukraine.* 05.05.2022. https://europa.eu/eurobarometer/surveys/detail/2772 (Zugriff am 28.11.2023).

Flash Eurobarometer (2023): *Media & News Survey 2023.* 17.11.2023. https://europa.eu/eurobarometer/surveys/detail/3153 (Zugriff am 28.11.2023).

Political Capital (2023): *Fogékonyság vs. Immunitás. Dezinformációk és összeesküvés elméletek Magyarországon. Kutatási jelentés.* 13.09.2023. https://politicalcapital.hu/pc-admin/source/documents/FNF_PC_KutatasiJelentes_230912.pdf (Zugriff am 28.11.2023).

Reporters Without Borders (2010): *World Press freedom Index 2010*. 03.03.2010. https://rsf.org/en/index?year=2010 (Zugriff am 28.11.2023).

Reporters Without Borders (2023): *World Press Freedom Index 2023*. 03.03.2023. https://rsf.org/en/index?year=2023 (Zugriff am 28.11.2023).

Szilárd Teczár ist Journalist bei der ungarischen Faktencheck-Seite lakmusz.hu und Fellow an der Academy of International Affairs NRW.

Wer relevant ist, bleibt unverzichtbar

von Andreas Tyrock

Corona-Pandemie, außenpolitische Krisen, Kriege in Europa und weltweit, Inflation, Angst vor wirtschaftlichem Abstieg und Wohlstandsverlust, Klimakrise, Migrationspolitik: Es gibt in diesen Jahren viele Gründe, sich Sorgen zu machen.

Oder sind wir als Gesellschaft viel zu ängstlich geworden? Die „German Angst" als Ursprung von übertriebener Furcht und Selbstmitleid? Zumal es Krisen schon immer gab. Man mag an den Zweiten Weltkrieg und dessen Folgen denken, an Wirtschaftskrisen, den Kalten Krieg, die atomare Bedrohung, an den Terror des 11. September, die Kriege im ehemaligen Jugoslawien, im Nahen Osten, in Afghanistan. Also heute alles „normal"?

Beileibe nicht. Ja, Krisen gab es immer. Doch die Wahrnehmungen haben sich verschoben, unter anderem hat sich die Medienlandschaft massiv verändert. Das trägt (auch) zu einer veränderten Wahrnehmung von „Wahrheit", von echten oder vermeintlichen Bedrohungslagen bei. In Sekundenbruchteilen können wir teilhaben am Leid in der Nachbarschaft oder weiter entfernt, irgendwo auf der Welt. Wir sehen furchtbare Fotos und Videos auf Smartphones, Tablets oder anderen Geräten: mobil, live, unzensiert, ungeschnitten, ungeordnet, unreflektiert, ungeprüft. Die digitalen Social-Media-Kanäle können von jedem Menschen, jeder Institution, jeder Regierung, jeder Kriegspartei, jeder

Terrorvereinigung genutzt werden – um zu informieren, aber auch um zu manipulieren, zu verunsichern, zu destabilisieren.

Die Selektion, die Gewichtung von Nachrichten und Ereignissen sowie deren Veröffentlichung war in der vordigitalen Vergangenheit nahezu die alleinige Aufgabe von Journalisten. Sie wurde in vielen Redaktionen nach bestem Wissen und Gewissen erfüllt. Gleichwohl war es nicht das, was wir aktuell unter Transparenz und Pluralität verstehen. Dennoch entstand über Jahrzehnte ein Vertrauen in die etablierten Medien, nicht zuletzt in die Tageszeitung, das grundsätzlich bis heute anhält. „Grundsätzlich" deshalb, weil es immer wieder gesellschaftliche und politische Versuche gibt, dieses Vertrauen zu erschüttern. Denn es ging und geht im Diskurs stets um die Deutungshoheit über Ereignisse.

Wobei wir heute über eine ganz andere Dimension der öffentlichen Auseinandersetzung sprechen. Denn die mediale Spirale aus Gewalt und Hass dreht sich immer schneller, da dies bestens in die Geschäftsmodelle der US-Internetgiganten passt. Sie basieren auf Algorithmen, die Hass und Hetze, Provokationen und Grenzüberschreitungen mit Reichweite belohnen, die wiederum über die digitale Vermarktung und andere Erlösquellen die Kasse klingeln lässt. Wo es kaum Grenzen gibt, kaum Ordnung, keine wirklich einschränkenden Regeln, keine professionelle Selektion, da herrschen die Gesetze des Lauten, des Manipulativen, des Destruktiven, auch des „Mir ist alles egal"-Users.

Die mit der Digitalisierung verbundenen technischen Möglichkeiten sowie die dahinterliegenden Geschäftsmodelle und politischen und/oder wirtschaftlichen Interessen öffnen also den Fake News, der Manipulation und der politischen Propaganda Tür und Tor. Andererseits sind die vielen zusätzlichen digitalen Kanäle, die jedem offenstehen, ein Beitrag zu mehr Transparenz, zu mehr Pluralismus, zu mehr Meinungsfreiheit. Spätestens die „alternativen Fakten" aus der Ära von US-Präsident Donald Trump waren allerdings ein letzter Beleg dafür, wie wichtig in diesem Spannungsverhältnis der aufrechte, mutige, professionelle Kampf um die Wahrheit für die Zukunft und den Zusammenhalt von Gesellschaften ist.

Diese Wahrheitssuche beginnt ausdrücklich nicht beim amerikanischen Präsidenten, nicht in der sogenannten großen Politik. Sie beginnt im direkten Lebensumfeld der Menschen. In den Dörfern, Städten, Gemeinden und Landkreisen. Dort, wo die Menschen leben, zur Arbeit gehen, ihre Freizeit verbringen. Dort, wo engagierter, kompetenter Lokal- und Regionaljournalismus den Entscheidern vor Ort auf die Finger guckt, politische oder unternehmerische Vorgänge hinterfragt, erklärt, einordnet.

Die Medien als Anwalt der Leserinnen und Leser – eine Formulierung, die es im Kern schon seit sehr vielen Jahren gibt. Die aber dennoch nichts von ihrer Sinnhaftigkeit und Gültigkeit verloren hat. Dabei ist es nicht relevant, über welche Kanäle veröffentlicht wird. Es kommt, egal ob in Print oder digital, selbstverständlich auf die Inhalte an. Dort, wo zum Beispiel Kommunal- oder Landespolitik Entscheidungen nicht mehr erklären oder gar rechtfertigen muss, wo es keine unabhängigen Instanzen gibt, wo Öffentlichkeit herausgehalten wird, wo zum Beispiel Auftragsvergaben nicht transparent genug sind, lassen sich Fehlentwicklungen schwerlich aufhalten oder gar verhindern.

Zahlreiche Studien, etwa aus den USA, zeigen, dass sich das gesellschaftliche Miteinander dort verschlechtert, wo es keine Regionalmedien oder andere journalistische Kontrollinstanzen mehr gibt. Öffentliche Projekte werden teurer, Hinterzimmerabsprachen bis hin zur Korruption nehmen zu, die Qualität des öffentlichen Lebens und in der Folge der gesellschaftliche Zusammenhalt sinken.

Solche Entwicklungen passieren nicht einfach so, sie sind ein Prozess – und sicherlich auch nicht allein auf das Fehlen von unabhängigem Journalismus zurückzuführen. Da spielen auch andere Tendenzen wie etwa die Individualisierung der Gesellschaft eine Rolle. Dennoch sind lokale, regionale sowie überregionale Medien ein wichtiger Stabilitätsfaktor, wenn sie denn gute Arbeit leisten.

Was bedeutet „gute Arbeit leisten" in Zeiten sinkender Printauflagen und stetig fortschreitender Digitalisierung? Kurz gefasst: Journalismus muss den aktuellen und künftigen Herausforderungen qualitativ, quantitativ und technisch gewachsen sein, um seinen Beitrag zur gesellschaftlichen Stabilität zu leisten.

Wer nicht relevant ist, wird nicht zur Kenntnis genommen. Wer nicht kompetent ist, wird nicht ernst genommen. Wer nicht unabhängig ist, kann keine Kontrollinstanz sein. Wer technisch nicht auf dem Stand ist, wird abgeschaltet. Wer kein tragfähiges digitales Geschäftsmodell erarbeitet hat, kann nicht kompetent und nicht unabhängig und damit nicht zukunftsfähig sein.

Zukunftsfähig heißt in dem Zusammenhang nicht nur, seiner gesellschaftlichen Verantwortung als Medium gerecht zu werden, sondern dies auch aus eigener Kraft finanzieren zu können. Hier ist der Trend der vergangenen Jahre hilfreich, dass immer mehr Kunden nachvollziehen, dass journalistische Qualität Geld kostet und deshalb bezahlt werden muss. Dies war in Print-Zeiten eine Normalität, galt für die frühe digitale Geiz-ist-geil-Mentalität aber zunächst nicht. Wobei die Verlage in Deutschland auch zu lange den Fehler machten, alle Inhalte, für die Print-Abonnenten selbstverständlich bezahlten, kostenlos im Netz zu veröffentlichen. Dieser Fehler wurde vor einigen Jahren korrigiert, Inhalte und Form der digitalen Veröffentlichung wurden professionalisiert.

Journalistische Qualität heißt erklären, einordnen, analysieren, hinterfragen, kommentieren, verifizieren oder als falsch entlarven. Dies galt auch für den früheren Journalismus, die Aufgaben haben sich nicht grundsätzlich geändert. Neu und zentral für den Erfolg journalistischer Arbeit ist eine Anforderung, die es in Print-Zeiten gar nicht oder zumindest nicht in diesem Maße gab: Angesichts der schier unbegrenzten Zahl von Anbietern im Internet führt seriöser Journalismus auch einen Kampf um Aufmerksamkeit.

Es gilt, den eigenen Markenkern zu bewahren, zum Beispiel den des seriösen regionalen Qualitätsmediums – und zugleich in der digitalen Welt als solches wahrgenommen zu werden. Journalistinnen und Journalisten müssen sich deshalb stets fragen, wie sie die Menschen erreichen. Das heißt: Welche Themen sind für welche Alters- bzw.

Zielgruppe relevant und über welche Kanäle muss ich die Menschen in welcher Aufbereitung eines Themas ansprechen?

Nehmen wir beispielhaft ein regionales Medium, dessen Ziel es unter anderem ist, mit relevanten, seriösen Informationen und Einordnungen oder mit Alltags-, Service- und Ratgeberthemen wichtiger und kompetenter Ansprechpartner für junge Familien und damit für zufriedene Kunden zu sein. Dann reicht es nicht, adäquate Themen zu identifizieren und in der Zeitung, im E-Paper oder auf dem eigenen Internetportal zu veröffentlichen. Die Arbeit kann für den jeweiligen Kanal noch so gelungen sein, all das nützt nichts, wenn die angesprochenen Leserinnen und Leser auf anderen digitalen Plattformen unterwegs sind. Etwas flapsig formuliert: Man macht gute Arbeit, aber kaum jemand aus der Zielgruppe merkt es.

Technische Tools wie Dashboards mit Angaben zur Zahl von Textaufrufen, Lesedauer, Abo-Gewinnung u. v. m. sowie das Erkennen von Interessen und Bedürfnissen der Kunden und potenziellen Kunden (User Needs, Persona Needs) sowie das Identifizieren zielgruppen-relevanter Social-Media Kanäle oder anderer digitaler Plattformen tragen maßgeblich dazu bei, Aufmerksamkeit und Relevanz zu erhalten bzw. neu zu gewinnen.

Dieses datenbasierte Arbeiten, gepaart mit entsprechenden Ableitungen für die konkrete journalistische Arbeit, ist wesentlicher Bestandteil des digitalen Qualitätsjournalismus. Nur so kann es gelingen, die Tugenden des klassischen seriösen Journalismus mit den aktuellen digitalen Anforderungen zu verbinden und weiterhin eine Säule der „Mission Wahrheit“ in einer freien und demokratischen Gesellschaft zu bleiben.

Andreas Tyrock ist im zehnten Jahr Chefredakteur der *Westdeutschen Allgemeinen Zeitung* (*WAZ*). Davor verantwortete er knapp sieben Jahre als Chefredakteur den Bonner *General-Anzeiger.*

Jedem seine Wirklichkeit? Zum Stand von Journalismus und Debattenkultur

„Alle reden durcheinander und keiner hört zu“. Die Suche nach Wahrheit im gesellschaftlichen Gespräch

von Carsten Brosda

Der Liedermacher Danny Dziuk hat die Verwüstungen der öffentlichen Kommunikation in Zeiten des Internets und der Social-Media-Plattformen jüngst auf den Punkt gebracht:

„Grabenkämpfe /
und du weißt nicht wie /
Doch plötzlich findest du dich sonderbar /
Verwundert auf 'ner Seite wieder, die /
Niemals deine eigene war /
Wo jeder schreit ‚Auf welcher Seite stehst du?‘ /
Und alle reden durcheinander /
Und keiner hört zu“, singt er.

Dass jeder eine Meinung hat und sie auch ungefiltert äußern kann, führt in der Tat leider kaum zu Aufklärung und Verständigung, sondern zu Konfusion und Frustration. Wir erleben es aktuell in fast jeder Debatte. Nicht das bessere Argument entscheidet, sondern die größere Lautstärke und der beharrliche Verzicht darauf, den anderen überhaupt zuzuhören. Das wird zunehmend zu einem Problem für unsere Demokratie.

Auf den ersten Blick ist das Phänomen nicht neu. Schon vor rund 100 Jahren hat Kurt Tucholsky anhand einer Familienfeier gezeigt, wie rasant es bergab gehen kann, wenn einfach alle durcheinanderreden: Der kleine Oskar stellt die titelgebende Frage, die das Geschehen ins Rollen bringt: „Wo kommen die Löcher im Käse her?" Der Vater versucht mit Geschichten aus den Schweizer Bergen von Unwissen und Unlust abzulenken, der Onkel schiebt's auf die Feuchtigkeit, ein Dritter auf das angebliche „Kaseïn" im Käse, der nächste auf Ausdehnung infolge von Wärme, ein weiterer Onkel auf das Zusammenziehen infolge von Kälte, und ein Direktor, der ebenfalls zu Gast ist, doziert, es handele sich um Zerfallsprodukte beim Gärungsprozess. Erst als all diese Mutmaßungen im Raum stehen, alle genervt sind und der kleine Oskar verwirrt ist, kommt man auf die Idee, ins Lexikon zu gucken. Dort wird die „Kohlensäurestoffentwicklung aus dem Zucker der eingeschossenen Molke" verantwortlich gemacht. Prompt behaupten alle, das doch gesagt zu haben. Und der Streit bricht richtig los. Am Ende bilanziert Tucholsky Klagen und eine zerrüttete Familie. Nur Oskar hat immer noch keine Antwort. „Auf dem Schauplatz bleiben zurück ein trauriger Emmentaler und ein kleiner Junge, der die dicken Arme zum Himmel hebt und, den Kosmos anklagend, weithin hallend ruft: ‚Mama! Wo kommen die Löcher im Käse her –?'"

Tucholsky beschreibt hier nicht bloß eine humoristische Familienszene, sondern den Zustand öffentlicher Debatten in den 1920er Jahren. Und die Ähnlichkeiten zu heute sind frappierend. Der Text erinnert an manchen Kommentar-Thread in den sozialen Medien: Haufenweise Theorien, gegenseitige Diffamierungen, absolute Wahrheitsansprüche und der feste Wille, sich bloß nicht an Fakten zu orientieren.

Und doch hat sich etwas verändert. Führt bei Tucholsky erst der missglückte Gesprächsverlauf zur sozialen Auflösung, geht es heutzutage immer öfter bereits vor dem Gespräch los. Wenn wir auf andere Meinungen stoßen, auf Dinge, die uns nicht gefallen, die uns aufregen und zum Widerspruch anstacheln, dann widersprechen wir immer seltener in der Sache und setzen uns mit unterschiedlichen Argumenten auseinander. Stattdessen fangen wir an, uns auf der Metaebene darüber zu empören, dass solche Meinungen geäußert werden dürfen und der jeweilig Sprechende überhaupt zu Wort kommt. Ganz so, als stünden Wahrheit und Richtigkeit einer Aussage bereits von Anfang an fest und müssten sich nicht erst im Gespräch erweisen. Immer weniger Menschen scheinen daran zu glauben, dass es einen Sinn haben könnte, in einer Sache *Argumente* vorzubringen.

Es gibt in unserer Gesellschaft immer mehr „Triggerpunkte“ (Steffen Mau, Thomas Lux und Linus Westheuser), an denen die Aufregung so groß wird, dass wir bereits aus dem Gespräch aussteigen, bevor es überhaupt beginnen kann. Das reicht von symbolischen Themen wie einem geschlechtergerechten Sprachgebrauch über Menschheitsherausforderungen wie den Kampf gegen den Klimawandel bis hin zu hoch kontroversen Auseinandersetzungen über Krieg und Frieden, Migration und Menschenrechte. Themen, die so komplex und vielfältig sind, dass man sich nicht mit einer einfachen Meinung durch die Diskussion hangeln kann. Da erscheint es verlockend, die Debatte durch das Signal einer richtigen Haltung oder den Sprung auf die Metaebene des „Wer“ und des „Wie“ zu ersetzen.

Die Unübersichtlichkeit gesellschaftlicher Debatten macht manche augenscheinlich so nervös, dass sie nach Eindeutigkeit suchen, wo sie nur Ambivalenz und Ambiguität finden. Einige – wie ein ehemaliger Berater von Donald Trump einmal sagte – fangen dann sogar an, den öffentlichen Raum gezielt mit „Scheiße“ zu fluten – schlicht, um sicherzustellen, dass niemand mehr Sinn von Unsinn unterscheiden kann.

Dabei ist genau die Annahme, dass der öffentliche Austausch von Argumenten zwischen den verschiedenen Meinungen und Ansichten wirksam sein kann, die Grundlage unserer Demokratie. Sie gerät ins Wanken, wenn dieses Fundament beschädigt wird, und immer mehr Debatten scheitern, bevor sie überhaupt begonnen haben. Erst recht, wenn die Gründe dafür nicht in fundamentalen, unüberwindbaren Differenzen liegen, sondern in unserem Unwillen, diese Differenzen überhaupt zum Thema eines Gesprächs zu machen.

In dieser Betrachtung findet sich die Grundlage einer Neuinterpretation der öffentlichen Rolle der journalistischen Vermittlerinnen und Vermittler. Längst stellen sie ja nicht mehr nur das Gespräch zwischen gesellschaftlichen, politischen und wirtschaftlichen Repräsentantinnen und Repräsentanten zusammen, sondern beobachten auch die Teilöffentlichkeiten in den digitalen Medien. Zum ersten Mal in der Geschichte überhaupt werden hier Unmengen alltagskommunikativer Aussagen zugänglich. Das gesellschaftliche Gespräch wird in seiner ganzen Vielfalt hörbar. Zumindest potentiell. Erkennbar fehlt uns gesellschaftlich noch an vielen Stellen die Reife, damit angemessen umzugehen. Deshalb brauchen wir gerade jetzt Journalistinnen und Journalisten, die das gesellschaftliche Gespräch vermitteln und im Sinne Wolfgang R. Langenbuchers als „Zusammenhangsexperten" in zunehmend unübersichtlichen Zeiten dienen.

Die Idee, dass wir einander mit Argumenten überzeugen wollen und auch können, ist der Gegenentwurf zu all den autoritären Vorstellungen, dass bloß jemand mal entscheiden und durchregieren müsse. Und diese Idee der Verständigung passt auch nicht zu denen, die glauben, dass es mit der Freiheit schon getan ist, wenn alle bloß möglichst laut herausbrüllen können, was sie denken. Und manchmal auch bloß brüllen, weil sie vorher gar nichts mehr gedacht haben.

Demokratische Potenziale entstehen, wenn wir einander zuhören, miteinander sprechen und gemeinsam vereinbaren, wie es weitergehen soll. An diese eigentümliche Kraft kann man kaum appellieren, sie ergibt sich aus der konkreten Gesprächssituation. Der Literaturwissenschaftler Jan Philipp Reemtsma hat das mit einem Beispiel aus Thomas Manns *Zauberberg* illustriert, in dem der Aufklärer Settembrini mit dem Zyniker Naphta auf endlosen Bergspaziergängen über die Möglichkeiten der Vernunft streitet.

Reemtsma schreibt zum Ende seiner großen Studie *Vertrauen und Gewalt*: „Dass Naphta mitdiskutierte, gab Settembrini recht." Dieser Satz hat es in sich. Denn der schiere Umstand, dass der Skeptiker der Vernunft versucht, den überzeugten Aufklärer im Gespräch zu überzeugen, dass er Unrecht habe, verwickelt ihn in einen fundamentalen Widerspruch, der sich heute vielfach wiederfindet. Wie kann man denn argumentieren, dass Argumente keinen Sinn hätten? Die Form widerspricht dem Inhalt so sehr, dass sie dem Argument der Gegenseite recht gibt. Denn wer spricht und diskutiert, geht davon aus, dass auch der Gesprächspartner daran interessiert ist, Gründe abzuwägen, Geltungsansprüche zu hinterfragen und das bessere Argument zu akzeptieren.

Die Diskutanten unterstellen einander – und sei es kontrafaktisch –, an Verständigung interessiert zu sein. Sich aufeinander beziehen, einander widersprechen, nachfragen, einen Gedanken weiterspinnen – all das ermöglicht es Menschen, zueinander zu kommen. Erst wenn wir miteinander sprechen, lernen wir einander kennen und bauen eine Beziehung auf.

Wir haben es in der Hand, aus dieser alten Erkenntnis etwas zu machen: Jede Teilnahme am öffentlichen Gespräch kann dessen Charakter verändern. Wenn dort anders gesprochen wird, dann hat das konkrete Auswirkungen. Sprechen und Handeln sind unmittelbar miteinander verwoben, weil wir beim Sprechen eben nicht nur Informationen von A nach B transportieren, sondern eine soziale Beziehung aufbauen, weil sich die Sprechenden zwangsläufig aufeinander beziehen. Je nachdem, wie wir in diesem kleinstmöglichen Forum handeln, gestalten wir auch den großen Zusammenhang.

Für mich gehört Reemtsmas Interpretation des *Zauberbergs* angesichts der aktuellen Entgleisungen zum Zuversichtlichsten, das ich je gelesen habe. Denn jenseits der sonst üblichen Moralappelle gelingt es ihm hier, zu verdeutlichen, dass ein vernünftiger Umgang miteinander möglich ist. Es braucht letztlich nur den Willen, nicht nur zu sprechen, sondern den anderen auch zuzuhören und auf ihre Argumente einzugehen. Diese Erkenntnis – dass es vernünftiger ist, miteinander zu sprechen statt bloß lauter zu sein als die anderen – ist die Grundlage moderner Vernunft.

Die Bedingungen dieser Vernunft zu analysieren und zu rekonstruieren bedeutet zugleich auch, die Voraussetzungen gesellschaftlicher Zuversicht zu beschreiben. Denn in den Zwischenräumen zwischen vernünftig Sprechenden entsteht die Kraft des Öffentlichen als demokratische Ressource. Das heißt: Der Maßstab unserer Vernunft liegt weiterhin zwischen uns und ist nur sprechend zu ermessen. Wir müssen wieder lernen, einander zuzuhören, damit sich niemand mehr unversehens auf der falschen Seite wiederfindet.

Dr. Carsten Brosda ist Senator für Kultur und Medien in Hamburg und Präsident des Deutschen Bühnenvereins. Er ist Vorsitzender des Kulturforums der Sozialdemokratie und Co-Vorsitzender der Medienkommission des SPD-Parteivorstandes.

Botschafter der Wahrheit

von Mathias Döpfner

Journalisten haben einen klaren Auftrag. Sie sollen die Öffentlichkeit über relevante Ereignisse und Themen informieren. Sie sollen Missstände aufdecken, Regierungen und Institutionen überwachen. Sie sollen durch ihre Recherchen und ihre Berichterstattung Transparenz fördern. Journalisten sollen unvoreingenommen sein und die Fakten genau wiedergeben. In einer Zeit, in der Desinformation Gesellschaften vor immer größere Herausforderungen stellt, ist die Integrität und Professionalität von Journalisten entscheidend, um das Vertrauen in die Medien und die Demokratie zu stärken.

Mitte der 20er Jahre des 21. Jahrhunderts muss man feststellen: Der Journalismus steckt in einer Vertrauenskrise. Weniger als ein Drittel (32 Prozent) der Amerikaner vertraut laut dem Digital News Report von *Reuters* den Medien. Und dem Edelman Trust Barometer zufolge sind Journalisten nach Politikern die Gruppe, der die Menschen am meisten misstrauen. Nachbarn, Wissenschaftler, Kollegen, Mitbürger und sogar der eigene Chef sind deutlich angesehener.

Fake News, Desinformation und manipulative Narrative sind heute allgegenwärtig. Die Konsequenzen dieser Informationsflut untergraben nicht nur das Vertrauen der Menschen in die Medien, sondern erschüttern auch die Grundlage für informierte Entscheidungen in der Gesellschaft. Diese Entwicklung wirft existenzielle Fragen auf – für Medien und Demokratie.

Dass das Vertrauen in den Journalismus so leidet, hat viele Gründe. Den Aufstieg der sozialen Medien zum Beispiel. Plattformen sind zu Räumen geworden, in denen Gerüchte und Halbwahrheiten genauso schnell verbreitet werden wie kritisch recherchierte Nachrichten. Es sind aber auch die Journalisten selbst, die, anstatt zu erklären, zu oft belehren. Immer weniger Journalisten schaffen es, die eigene Weltsicht von der Berichterstattung zu trennen.

Gefährlich wird es dann, wenn Journalisten zu Aktivisten werden. Der Satz des legendären Hanns Joachim Friedrichs: „Einen guten Journalisten erkennt man daran, dass er sich nicht gemein macht mit einer Sache, auch nicht mit einer guten Sache" wird zu oft missachtet. Die Berichterstattung über die Corona-Krise oder die Dauerthemen Krieg, Flüchtlingskrise und Klimawandel seien hier nur beispielhaft genannt.

Journalisten scheinen besonders anfällig für Bigotterie und vermeintliche moralische Überlegenheit. Wer den Lesern das Fliegen schlechtredet oder es gar verbieten will, gleichzeitig aber selbst in den Skiurlaub in die Alpen oder in den Sommerurlaub nach Spanien fliegt, erweist dem eigentlichen Anliegen einen Bärendienst. (Ganz abgesehen davon, dass der gesamte Flugverkehr nur für etwa zwei bis drei Prozent des globalen CO_2-Ausstoßes verantwortlich ist. Zum Vergleich: China allein verursacht etwa ein Drittel der globalen Treibhausgasmenge.)

Friedrichs Satz bedeutet im Prinzip auch ein Demonstrationsverbot für Journalisten. Fridays for Future, Black Lives Matter, pro Palästina, pro Israel – Journalisten sollen beobachten und berichten und eine gesunde Distanz zur Sache beibehalten. Wenn Journalisten aber selbst auf den Demos marschieren, über die sie anschließend berichten, gefährdet der Berufsstand sich im Kern. Dann braucht es uns nicht mehr. Aktivismus ist das Gegenteil von Journalismus, auch wenn es um eine gute Sache geht.

Das rasante Erstarken von Künstlicher Intelligenz ist nun ein entscheidender Moment für die Zukunft von unabhängigem Journalismus. Um es noch klarer zu sagen: Es geht darum, ob Journalismus im eigentlichen Sinne verschwindet oder auf ein neues Qualitätslevel gehoben wird.

Künstliche Intelligenz wandelt den Beruf von Journalisten fundamental und hat das Potential, viele Funktionen und Arbeitsabläufe vollständig zu ersetzen. An den Grundprinzipien jedoch verändert sich nichts. Journalisten bleiben Sucher nach der Wahrheit. Sie müssen weiterhin die Fakten überprüfen, die Quellen hinterfragen, die Kontexte liefern und die Perspektiven wechseln. Künstliche Intelligenz kann dabei helfen, aber die Recherche, die Beobachtung und Beschreibung der Wirklichkeit nicht ersetzen. Journalisten müssen sich bewusst sein, dass Künstliche Intelligenz auch missbraucht werden kann, um Fake News, Desinformation und manipulative Narrative zu erzeugen.

Die Verantwortung für die Qualität und die Ethik der journalistischen Arbeit liegt deshalb weiterhin beim Menschen, nicht bei der Maschine. Wenn ein Text von einer Künstlichen Intelligenz geschrieben wurde, ist das nicht per se schlecht. Voraussetzung für eine Veröffentlichung ist jedoch, dass jedes Wort wahr ist. Deshalb sollte jeder Text, der von einer Künstlichen Intelligenz generiert wurde, als solcher gekennzeichnet werden. Das schafft Transparenz und Vertrauen.

Außerdem sollte jeder Text, der von einer Künstlichen Intelligenz erschaffen wird, kritisch hinterfragt werden. Das fördert die Medienkompetenz und die Urteilsfähigkeit.

Dieser Text übrigens wurde von einem Menschen verfasst.

Dr. Mathias Döpfner ist Journalist, Buchautor und Vorstandsvorsitzender von Axel Springer (*BILD*, *Die Welt*, *Politico*, *Insider*). Er trat 1998 als Chefredakteur der Tageszeitung *Die Welt* in das Unternehmen ein und wurde 2002 CEO. Seitdem hat er die digitale Transformation des Unternehmens vorangetrieben. Heute stammen über 85 Prozent des Umsatzes und 95 Prozent des Gewinns aus dem digitalen Geschäft. Er ist jeweils Mitglied im Board of Directors der Warner Music Group und von Netflix.

Theorie der zwei Wirklichkeiten

von Jan Fleischhauer

Mir schreiben öfter Leute: „Gut, dass es Sie gibt. Einer, der noch sagt, wie es ist." Das freut mich natürlich. Mich erreicht ja nicht nur Lob.

Ich erwähne das nicht, weil ich vorsorglich etwaigen Vorbehalten begegnen will (obwohl auch das nicht schaden kann). Ich erwähne es, weil ich glaube, dass die Zuschriften auf etwas Grundsätzlicheres hinweisen. Viele Menschen haben offenbar das Gefühl, dass das, was sie so denken, und wie sie die Dinge sehen, in den Medien deutlich unterrepräsentiert ist.

Ich kann ihnen da nicht widersprechen. Mein Eindruck ist auch, dass die Welt, wie sie in den Medien abgebildet wird, und die Welt, die eine Mehrheit nach wie vor als ihr Zuhause begreift, immer weiter auseinanderfallen. Als Soziologe würde man von einer Repräsentationslücke sprechen.

Im Land da draußen leben jede Menge Menschen, die weder Winnetou für eine rassistische Figur halten noch Layla für einen Song, den man unter Aufführungsverbot stellen muss. Wäre es anders, müssten sich die Grünen keine Sorgen machen, ob sie jemals ins Kanzleramt einziehen. Aber in dieses normale Deutschland setzen die meisten Journalisten selten einen Fuß. Es kommt auf den Stehempfängen und Dinnerpartys, auf denen die meinungsbildenden Leute zusammenstehen, praktisch nicht vor.

Wer eine der führenden Zeitungen des Landes aufschlägt, muss den Eindruck gewinnen, dass die Mehrheit der Deutschen jeden Morgen mit dem Gedanken an den drohenden Klimatod aufwacht. Dass sich die Leute ständig fragen, wie sie sich so ausdrücken können, dass sich niemand zurückgesetzt oder beleidigt fühlt. Selbstverständlich lebt dieser umweltbewusste, sensible Mitbürger der Berichterstattung nach zu urteilen auch in Stadtvierteln, in denen man schon deshalb über den Autowahn der Deutschen den Kopf schüttelt, weil die Stellplätze schon vor langem Fahrradstreifen weichen mussten.

Die Wahrheit ist: In Großstädten, also Städten mit mehr als 500.000 Einwohnern, leben lediglich 23 Prozent der Deutschen – was möglicherweise erklärt, warum der Bundeskanzler Olaf Scholz heißt und nicht Annalena Baerbock.

Das normale Deutschland sind Orte wie Tuttlingen, Oggersheim oder Wetzlar, jene als Provinz verspottete Welt, in der man zum Muttertag noch Blumen schenkt, Gendern für eine exotische Sportart hält und nichts Verwerfliches an Gardinen und Häkeldeckchen findet. In dieser Welt sagt übrigens auch niemand: Patchwork, ja das habe ich mir für meine Beziehung immer gewünscht.

Die Überraschung ist jedes Mal wieder groß, wenn sich das normale Deutschland zu Wort meldet. Im März 2023 waren die Berliner zur Klimawahl aufgerufen. Wochenlang war die ganze Stadt voller Plakate: Berlin klimaneutral bis 2030. Großes Konzert am Wahlwochenende am Brandenburger Tor mit allen Musikbands des guten Herzens. Es gab nicht einmal eine Gegenkampagne. Und dann? Dann wurde selbst das Mindestquorum von 25 Prozent der Wahlberechtigten verfehlt.

Die Randbezirke seien schuld, hieß es zur Erklärung. „Randbezirke" ist der deutsche Bible Belt. Da, wo die Minderbemittelten leben, die ihr Herz noch an Autos, Grillfleisch und Schnittblumen hängen.

Friedrich Merz hat das Thema aufgenommen und gesagt, Kreuzberg sei nicht Deutschland. Riesenaufregung im besorgten Teil der Republik. Im *Spiegel* stand eine lange Philippika, warum sich Merz damit endgültig unmöglich gemacht habe. Merz betreibe das Geschäft der Ausgrenzung, so ein Mann dürfe nie Kanzler werden.

Gut, kann man sagen, der *Spiegel*, klar. Aber selbst die *Frankfurter Allgemeine Zeitung* schäumte. Merz fantasiere sich ein Deutschland herbei, das es so gar nicht gebe. Ein Deutschland ohne Kriminalität, kleine Paschas, Graffiti an den Fassaden, Shisha-Bars, dafür mit Fachwerkatmosphäre und ausschließlichem Verzehr von einheimischen Gerichten.

Merz hatte zwar kein Wort über Paschas, Graffiti und Shisha-Bars verloren. Wenn ich mir seinen Lebenszuschnitt anschaue, bezweifle ich, dass er ein Fan des Fachwerkhauses ist. Das alles fand ausschließlich im Kopf des *FAZ*-Autors statt. Der Text war auch nicht von einem der jungen Rücksichtsvollen verfasst, die inzwischen bis in die *Frankfurter Allgemeine* vorgedrungen sind, sondern von einem der Herausgeber, dem Feuilletonchef Jürgen Kaube.

Kreuzberg ist nicht Deutschland? Na gottlob nicht, würde ich sagen. Die Aussichten sind ohnehin düster. Alle in Europa legen beim Wachstum zu, nur wir werden ärmer. Wenn Deutschland wie Kreuzberg wäre, könnten wir komplett einpacken.

Ich habe mal eine Kolumne geschrieben, die hieß: „Berlin, das Venezuela Deutschlands". Das war als Gag gemeint. Dann musste ich feststellen, dass die Wirklichkeit den Gag überholt hatte. Sie müssen in Berlin keinen Hunger leiden, das ist die gute Nachricht. Aber sobald man auf den Staat angewiesen ist, und sei es nur, um ein Auto oder eine Wohnung anzumelden, ist es vorbei. Da ist es sogar in Südamerika besser. Da kann man wenigstens mit ein paar Scheinen nachhelfen, wenn gar nichts mehr vorangeht.

Dass mediale Wirklichkeit und die gelebte Wirklichkeit zwei unterschiedliche Entitäten sind, ist kein ganz neues Phänomen. Auch zur Zeit von Helmut Kohl waren veröffentlichte Meinung und öffentliche Meinung nicht immer deckungsgleich. Was die Beurteilung seiner Person angeht, fielen sie zum Beispiel erkennbar auseinander. Aber es gab immerhin noch den Versuch, die Wirklichkeit in den Blick zu nehmen, und sei es aus Eigennutz. Wer sich zu weit von seinen Lesern entfernt, bekommt irgendwann Probleme mit der Auflage.

Inzwischen gelten sinkende Auflagen als notwendiges Übel auf dem Weg der Erneuerung. Wenn dabei ein paar alte Abonnenten verloren gehen, dann sei's drum. Jung, weiblich und divers – so wünscht sich die moderne Chefredaktion ihre Leserschaft. Wer nicht einsehen will, dass die neue Zeit auch neue Formen des Umgangs verlangt, muss sich halt eine andere publizistische Heimat suchen.

Eine interessante Frage ist, warum so viele Journalisten links sind. Die einfache Antwort lautet aus meiner Sicht: Weil es die anderen auch sind. Die meisten Journalisten wollen, dass man sie mag, darin unterscheiden sie sich nicht von anderen. Wenn man politisch links eingestellt ist, stellt das kein größeres Problem dar, weil der Großteil der Menschen, denen man als Journalist begegnet, die Welt so sieht wie man selbst. In der Redaktionskantine findet sich immer ein Platz. Ist man allerdings dezidiert nicht links, kann es am Kantinentisch sehr schnell sehr einsam werden. Das muss man aushalten können. Mit anderen Worten: Viele Leute im Journalismus sind weniger vom Missionsgeist getrieben, als man vermuten sollte, und mehr vom Opportunismus, als sie selbst denken.

Eine zweite, nicht weniger interessante Frage ist, welchen Einfluss die journalistische Schlagseite auf die politische Willensbildung hat. Konservative klagen oft über die Voreingenommenheit der Medien. Was die Ungleichbehandlung der politischen Lager angeht, haben sie zweifellos recht. Als Grüner muss man schon eine ganze Menge anstellen, bevor man schlechte Presse bekommt. Selbst der größte Unsinn wird mit erstaunlicher Nachsicht quittiert. Wenn sich eine Spitzengrüne bei Markus Lanz um Kopf und Kragen redet, heißt es anschließend: „Okay, der Auftritt war nicht optimal. Aber sie ist eine so nette Person, da muss man doch nicht gleich draufhauen."

Die tröstliche Nachricht ist: Die Voreingenommenheit spielt für die Wahlentscheidung eine weit geringere Rolle, als man vermuten sollte. Wäre es anders, hätte Helmut Kohl nie Bundeskanzler werden können. Was wurde der Mann nicht verspottet, als Gimpel, als Tor, als Birne. Trotzdem wählten ihn die Deutschen mit so schöner Regelmäßigkeit, dass sich am Ende kaum noch jemand an eine Zeit ohne ihn erinnern konnte. Woran man erkennen kann, dass sich viele Menschen eine eigene Meinung erlauben, allen Kommentaren und Kolumnen zum Trotz.

Die politische Selbstabschließung des journalistischen Milieus schreitet unaufhaltsam voran. Ich war vor drei Jahren an meiner alten Ausbildungsstätte, der Henri-Nannen-Schule in Hamburg, zu Gast, um über den Mangel an politischer Diversität im Journalismus zu sprechen. Als ich mich nach zwei Stunden verabschiedete, sagte die Sekretärin, sie habe noch nie erlebt, dass dem Referenten entgegengehalten wurde, er würde Unsinn verbreiten. Besonderen Widerspruch rief meine Einschätzung hervor, dass sich die meisten Journalisten auf seltsame Weise einig seien. Point proven, war ich versucht zu antworten.

Es wird nicht besser werden, das lässt sich schon jetzt sagen. Als ich auf der Journalistenschule war, gab es wenigstens noch ein paar Leute, die nicht Germanistik oder irgendwas mit Geschlechterforschung studiert hatten, sondern eher Handfestes wie Biologie, Volkswirtschaft und Jura. Diese Leute sind weitgehend verschwunden, in die Kanzleien und in die Wirtschaftswelt. Das hängt auch mit den finanziellen Aussichten zusammen. Wer heute Journalist wird, muss entweder ökonomisch unabhängig sein – oder stark intrinsisch motiviert. Es ist im Prinzip schön, wenn Menschen von ihrer Sache sehr überzeugt sind. Es kann leider nur furchtbar nerven, wenn sie alle ständig daran teilhaben lassen.

Viele sehen Deutschland auf dem Weg nach unten, seitdem die Grünen wieder in der Regierung sind. Was den Linken der Klimatod, ist den Rechten die Angst vor der Öko-Kamarilla, die das Land schnurstracks in den Untergang führt. Meine Empfehlung lautet auch hier: nicht verzweifeln. Auch was die linken Fortschrittsprojekte angeht, gilt der Refrain aus Brechts Dreigroschenoper über die Vergeblichkeit menschlichen Strebens. „Ja, mach nur einen Plan, sei nur ein großes Licht. Und mach dann noch ’nen zweiten Plan, gehn tun sie beide nicht."

Ich habe im Sommer eine Geschichte über die beiden Erfinder des Partykrachers „Layla" gelesen. Der eine ist Lagerist, der andere Elektriker. Das Geheimnis eines guten Partyhits sei ganz einfach, erklärten die zwei: eine eingängige Melodie und ein Text, den man auch mit zwei Promille im Blut noch mitsingen könne. Dass es „Layla" zum Protestsong des Jahres gebracht hat, hat allerdings auch die zwei jungen Männer aus Stuttgart überrascht.

Das Lied ist auf jeder Kirmes der Renner. Beim Oktoberfest stand es ganz oben auf der Wunschliste. Ihren Riesenerfolg verdanken die Erfinder nicht ihrem umwerfenden Talent, sondern der Mithilfe der Grünen. Hätten sie sich in einer Reihe von Städten nicht in den Kopf gesetzt, die Aufführung des Songs zu untersagen, hätte „Layla" nie diese Popularität erreicht.

Das ist ja die Krux der guten Absicht: Die meisten Menschen reagieren nicht mit Demut und Dankbarkeit, wenn man ihnen die Rückständigkeit ihrer Lebenswelt vor Augen führt – sie antworten mit Trotz und Auflehnung. Als die Linken noch etwas von Dialektik verstanden, gab es auch links der Mitte dafür noch ein Bewusstsein.

Jan Fleischhauer ist Journalist und Autor. Er studierte Philosophie und Literaturwissenschaft in Hamburg. Nach 30 Jahren beim *Spiegel*, für den er unter anderem als Büroleiter in Berlin und als Wirtschaftskorrespondent in New York tätig war, wechselte er im Sommer 2019 zum Burda-Verlag. Er ist Autor mehrerer Bestseller („Unter Linken", „How Dare You! Vom Vorteil, eine eigene Meinung zu haben, wenn alle dasselbe denken"). Seine Kolumnen gehören zu den meistgelesenen und -diskutierten Meinungstexten in Deutschland.

Kritischer Journalismus statt Konformismus

von Eric Gujer

Die Flüchtlingskrise 2015 und Covid haben inhaltlich nichts miteinander zu tun – und doch sind sie beide schlagende Beispiele dafür, was im Journalismus schiefläuft. Herdentrieb ersetzt die Bereitschaft, eine Situation eigenständig zu analysieren. Ferner prägt ideologische Voreingenommenheit die Berichterstattung: Die Staatsgläubigkeit ist ausgeprägt, ungewöhnliche Ansichten werden schnell als inakzeptabel gebrandmarkt. In beiden Krisen wurden die Fehlentwicklungen überdeutlich.

Dass Impfskeptiker in der Pandemie mit wenig Verständnis rechnen konnten, ist nachvollziehbar. Zu groß sind bei allen potenziellen Folgeschäden die Vorteile der Impfung. Aber es wurde selten der Versuch unternommen, den Standpunkt der Gegner wenigstens halbwegs objektiv zu schildern. So behauptete *Der Spiegel*, dass „nachweislich viele Tote auf das Konto von Pflegekräften gehen, die sich aus Bockigkeit nicht impfen lassen" (Lobo 2021). Für die steile These gab es nie den Hauch eines Belegs, aber Hauptsache, man hatte Ungeimpfte als Corona-Totschläger denunziert.

Wer nicht auf der Linie des Magazins lag, wurde unbarmherzig niedergemacht: „Einen größeren Schaden als Corona-Leugner haben im vergangenen Jahr wohl Experten angerichtet, die immer wieder gegen wissenschaftlich begründete Maßnahmen argumentiert haben, zum

Beispiel Jonas Schmidt-Chanasit und Hendrik Streeck" (Bredow/Hackenbroch 2021).

Der Virologe Streeck hatte den Fehler begangen, den Physikern, Informatikern und allen anderen Nicht-Medizinern zu widersprechen, die mit mathematischen Modellen gigantische Fallzahlen prognostizierten. In ihrem Alarmismus gingen Modellierer sogar so weit, eine Zero-Covid-Strategie zu fordern – die totalitäre Phantasie einer totalen Stilllegung der Gesellschaft. Auch der deutsche Corona-Papst Christian Drosten äußerte Sympathie für die monströse Idee: „Es wäre absolut erstrebenswert, jetzt auf die Null zumindest zu zielen" (ebd.).

Ausgerechnet *Der Spiegel*, das Organ einer repressiven Seuchenpolitik, schlägt inzwischen andere Töne an. Unter dem Titel „Wir Coronaversager" rechnete Alexander Neubacher mit dem Überbietungswettbewerb in der Pandemie ab, immer strengere Maßnahmen zu fordern. Er kritisierte sogar Drosten, den *Der Spiegel* wie einen Heiligen verehrte. Neubachers Fazit: „Und wir Medien, auch wir beim Spiegel, die wir uns gern als vierte Gewalt betrachten? Ich fürchte, der Diktator in uns war ziemlich stark" (Neubacher 2023).

Man muss dem Magazin hoch anrechnen, dass es den Mut dazu fand. Solche Selbstkritik belegt, dass der deutschsprachige Journalismus trotz allem viel Qualität hervorbringt. Zugleich unterschied sich *Der Spiegel* mit seiner Selbstreflexion wohltuend von vielen Medien, die den Pandemie-Diktator in sich nie exorziert haben. Sie bettelten förmlich um strenge Maßnahmen und kanzelten alle ab, die Zweifel am harten Kurs äußerten. Das bekam vor allem der damalige nordrhein-westfälische Ministerpräsident Armin Laschet zu spüren, der sich dem Panikmodus von Politik, Medien und den meisten Experten widersetzte.

So sagte Laschet einen harmlosen Satz und erntete einen Sturm der Empörung: „Wenn Virologen alle paar Tage ihre Meinung ändern, müssen wir in der Politik dagegenhalten", erklärte er in einer Talkshow. Mit seinen Aussagen habe sich der Ministerpräsident als Kanzlerkandidat unmöglich gemacht, befanden daraufhin die ARD-*Tagesschau* und der Berliner *Tagesspiegel*, die jede Form der Kritik an der Strategie der Bundesregierung und ihrer wissenschaftlichen Einflüsterer für eine milde Form des Hochverrats hielten.

Abweichende Meinungen hatten während der Pandemie in den Medien Seltenheitswert. Die Einheitsfront reichte von den öffentlich-rechtlichen Sendern bis zu den privaten Verlagshäusern. Wirklich neu war die Einheitsfront für Medienkonsumenten allerdings nicht. Bereits in der Flüchtlingskrise 2015 herrschte dasselbe Bild. Die Unterstützung der von Angela Merkel dekretierten „Willkommenskultur" war erste Journalistenpflicht. Wer angesichts der endlosen Flüchtlingstrecks Zweifel äußerte, galt als „rechts" oder gleich als „rechtsradikal".

Nichts nagt mehr an der Glaubwürdigkeit der Medien als solcher Einheitsbrei. Das Leben ist kompliziert. Wenn die Bürger die Komplexität nicht abgebildet sehen, fühlen sie sich belogen – auch wenn sie nicht „Lügenpresse" skandieren. Eine Branche, die den Eindruck erweckt, als sei sie im Besitz der Wahrheit, zerstört das Vertrauen, auf das sie angewiesen ist. Hinzu gesellt sich Pharisäertum. Die Medien prangern inzwischen den Alarmismus von Gesundheitsminister Karl Lauterbach an, obwohl sie sich keinen Deut anders verhalten haben.

Eine einfache Erklärung für den Konformismus der deutschen Medienlandschaft existiert nicht, sieht man von Verschwörungstheorien ab. In den Fünfziger- bis Neunzigerjahren verstanden sich Journalisten als Opposition und Kontrollinstanz eines konservativen Establishments. Eine Mehrheit der Journalisten war schon damals links, doch gab es genug liberale und konservative Stimmen, selbst in den staatlich alimentierten Sendeanstalten.

Heute haben abweichende Positionen Seltenheitswert. Zugleich verstehen sich gerade jüngere Journalisten nicht als Kontrollinstanz, sondern als Betriebskampfgruppe für eine bessere Welt, bevorzugt rund um die Themen Identitätspolitik und Klima. Am konsequentesten ist dabei der *Stern*. Im Jahr 2020 gestaltete er eine Ausgabe in enger Zusammenarbeit mit *Fridays for Future*. Man ist nicht mehr Kritiker, sondern Megaphon.

Auch die Eliten haben sich verändert. Sie sind nicht mehr konservativ. Selbst CDU und CSU, in der Adenauer-Ära noch der Hauptgegner, geben sich divers und progressiv. In der Migrationspolitik schuf Merkel Fakten, wie sich das die Grünen nie getraut hätten.

Wer will da noch das Establishment kritisieren? Seit sich die Journalisten selbst als Teil der Elite sehen, gilt schon der Begriff „Elite“ als populistisch. Man kann das als den langen und erfolgreichen Marsch der Achtundsechziger durch die Institutionen bezeichnen oder neutral als gesellschaftlichen Wertewandel.

Der Wertewandel lässt sich in allen Industriegesellschaften beobachten, und doch ist der journalistische Herdentrieb in Deutschland besonders evident. Hier kommt wieder einmal die deutsche Geschichte und damit der nationalsozialistische Zivilisationsbruch ins Spiel.

Überall in Westeuropa stellen rechtspopulistische oder rechtsextreme Parteien eine unbequeme, bisweilen abstoßende Normalität dar. Nur in Deutschland sind sie historisch bedingt ein Tabu. Der Aufstieg der AfD fällt mit der Flüchtlingskrise und der Pandemie zusammen, und die Partei nutzte beides für ihre Mobilisierung.

Zeitweise scherte die AfD als einzige Partei aus dem lagerübergreifenden Konsens aus. Wer die Flüchtlingspolitik oder die repressive Seuchenpolitik ablehnte, war in den Augen der Medien „rechts“ oder mindestens „umstritten“. Das setzte einen Abwehrreflex in Gang.

Wer publizistisch aus der Herde ausschert, wird als „AfD-nah“ oder als Wegbereiter eines neuen Nationalismus diffamiert. Auf die Idee, dass man eine eigene Meinung haben kann und trotzdem kein Populist ist, kommen die Hohepriester der liberalen Demokratie nicht.

Das verengt den Raum für den Diskurs bis heute. So kam es, dass Impfgegner zu Volksschädlingen erklärt wurden. Nur vor dem historisch kontaminierten Begriff schreckte man noch zurück. In der Sache herrschte jedoch ein atavistischer Instinkt der Ausgrenzung.

Die schreibende und sendende Zunft will das Volk erziehen. Das ist die Schwundform des volkspädagogischen Überschwangs in der Aufklärung. In jedem Journalisten steckt ein Diderot, und in Krisen manifestiert sich das besonders. Man belehrte die Bürger dahingehend, wie sie denken und handeln sollen. Eine unkontrollierte Einwanderung und drakonische Freiheitsbeschränkungen wurden als alternativlos hingestellt.

Die Flüchtlingskrise sah die Mehrheit der Deutschen bald kritischer. Viele Journalisten beschimpften das Volk daraufhin als rechtsradikal und populistisch. Davon hat sich die Wahrnehmung der Medien nicht erholt. Der Graben zwischen Medien und vielen Bürgern ist tief. Das bemerken auch die Journalisten, doch sie suchen die Schuld dafür beim Volk.

Wer im September 2015 die Bilder von den unkontrolliert nach Deutschland strömenden Flüchtlingen sah, hätte wissen müssen, dass dies nicht gutgehen kann. Die explosive Mischung reichte von der Zwangsunterbringung gegen den Willen der betroffenen Kommunen bis zu Gewalttaten islamistischer Neuankömmlinge. Dass diese Mischung Überfremdungsängste fördern und Rechtspopulisten Wähler zutreiben würde, war von Tag eins an evident – und doch sahen das nur wenige Journalisten kommen.

Das Narrativ der Willkommenskultur erwies sich als übermächtig, weil es genau dem in den deutschsprachigen Medien vorherrschenden Moralismus entsprach. Erst acht Jahre später beginnt sich dies zu ändern. Inzwischen rufen auch linksliberale Medien nach einer härteren Asylpolitik. Das Volk, der große Lümmel, bewies mehr Lernfähigkeit und eine raschere Auffassungsgabe als Experten und Journalisten.

In der Pandemie lehnten nur wenige Deutsche den als alternativlos dargestellten Kurs ab. Der Mechanismus der Ausgrenzung blieb jedoch derselbe: „Schwurbler" und „Leugner" waren noch die freundlicheren medialen Prädikate. Als sich in Ostdeutschland die Corona-Demonstrationen häuften, nahm die Berichterstattung bisweilen hysterische Züge an.

Wird der Ausnahmezustand der Migrationskrise und der Pandemie stilbildend für den Normalzustand? In ihrer Jagd auf Hubert Aiwanger verstieß die *Süddeutsche Zeitung* gleich gegen mehrere Regeln verantwortungsvoller Verdachtsberichterstattung. Zu übermächtig war der Wunsch, einen nach Ansicht der Redaktion gefährlichen Populisten aus der Gemeinschaft der Demokraten auszustoßen.

In beiden Krisen haben sich die Redaktionen zu Komplizen der Regierungen gemacht. Von einer vierten Gewalt konnte keine Rede mehr sein. Schlimmer noch ist, dass sich die Journalisten selbst an die Kette legten mit Begriffen wie „Grenzen des Sagbaren". Diese wurden zusehends enger gezogen. Dabei sollte für einen Journalisten im Rahmen der Gesetze nichts „unsagbar" sein. Sonst schafft sich der Journalismus ab.

Literatur

Bredow, Rafaela von/Hackenbroch, Veronika (2021): „Ich habe schlimme Befürchtungen, was sonst im Frühjahr und Sommer passieren könnte", *DER SPIEGEL* 04/2021, https://www.spiegel.de/wissenschaft/medizin/christian-drosten-wir-muessen-durchhalten-und-vor-allem-auf-die-bremse-treten-a-9268683b-0415-4f09-b9f5-773bf2215cc1 (Zugriff am 24.11.2023).

Lobo, Sascha (2021): Willkommen im weinerlichen Wellness-Widerstand, *SPIEGEL* online, 11.10.2021, https://www.spiegel.de/netzwelt/netzpolitik/corona-willkommen-im-weinerlichen-wellness-widerstand-kolumne-von-sascha-lobo-a-12e8d541-5ff2-4e6a-994f-872a1776ac4c (Zugriff am 24.11.2023).

Neubacher, Alexander (2023): Wir Corona-Versager, *DER SPIEGEL* 11/2023, https://www.spiegel.de/politik/deutschland/verbote-in-der-corona-pandemie-wir-corona-versager-kolumne-a-7bdd915e-d9db-4daf-8b09-21fbe49c533a (Zugriff am 24.11.2023).

Eric Gujer ist seit März 2015 Chefredaktor der *Neuen Zürcher Zeitung.* Nach Matur und Volontariat bei einer deutschen Tageszeitung studierte er an den Universitäten Freiburg im Breisgau und Köln Geschichte, Politikwissenschaft und Slawistik. Eric Gujer ist seit fast drei Jahrzehnten für die *Neue Zürcher Zeitung* tätig. Er begann 1986 als Praktikant und freier Mitarbeiter, bevor er Korrespondent für die DDR mit Sitz in Berlin wurde. Es folgten Stationen als Korrespondent in Jerusalem, Moskau und erneut Berlin, wo er 10 Jahre als politischer Beobachter die *NZZ* vertrat. Von 2013 bis 2015 leitete er das Ressort International.

Wünschenswerte Wirklichkeiten: Über die Bestimmung der Massenmedien

von Klaus Kocks

Ein Experiment beweist seine Versuchsbedingungen, nichts sonst. Dieser Fundamentalsatz der Physik gilt auch in den Sozialwissenschaften, deren Erkenntnisse daraus erwachsen, dass die richtigen Fragen gestellt werden. Keine noch so kluge Antwort vermag eine falsch gestellte Frage zu heilen. Falsche Fragestellungen verhindern stets eine tiefere Einsicht. Deshalb neigen akademische Diskussionen zur Haarspalterei; man ist hier genau, selbst um den Preis, als nicht höflich zu gelten. Daher wage ich es, meinen Beitrag zu diesem Buch kühn zu beginnen: Das im Buchtitel „Mission Wahrheit – Wer vermittelt uns ein realistisches Bild unserer Welt?" unterstellte Missionsgebot mit dem Ziel einer Wahrheitsfindung ist ein Trugbild. Es geht Journalismus nicht um Wahrheit, schon gar nicht um Wahrhaftiges. Nie haben Massenmedien des Typus Journalismus es als eine höhere Aufgabe, gar als religionsgleiche Mission, empfunden, die Wahrheit zu finden. Das war sogar ihr wesentlicher Unterschied zu Organen der Propaganda, die ihrerseits vorgaben, der „prawda" zu dienen. Journalismus strebt seinem Wesen nach nicht nach Wahrheit; er berichtet Wirklichkeiten. Sein Gegenstand sind die „neuesten Nachrichten"; darin bestand historisch sein Wertgesetz: in der Aktualität wichtiger Ereignisse. Denn dieser Komparativ ist möglich: dass etwas neuer ist als etwas Veraltetes. Der Komparativ des Wahreren dagegen ergibt keinen Sinn; deshalb ist Propaganda immer rigoros;

man verkündet als Propaganda die absolute Wahrheit gegen die impertinenten Lügen seiner Feinde. Propaganda fragt nach Wahrheit, Presse nach Wirklichkeit. Das ist der Inhalt des englischen „true“: dass etwas wirklich geschehen ist. Insofern sind Nachrichten immer Berichte über wirkliche Geschehnisse.

Das „true crime“ ist kein fiktionales Ereignis aus dichterischer Fantasie, sondern ein faktisches Verbrechen. Blood on the floor. Die „fake news“ sind ja nicht deshalb verurteilenswert, weil es ihnen an missionarischem Willen zur Wahrheit fehlte; sie täuschen vorsätzlich eine Wirklichkeit vor, die es unzweifelhaft gar nicht gab, das ist ihr Delikt. Die US-amerikanische „Brutkastenlüge“ ist hier von paradigmatischer Bedeutung, eine Täuschung über die Wirklichkeit, ein erfundenes Ereignis. Das ist Allgemeingut, wir zitieren Wikipedia:

> „Als Brutkastenlüge wird die über längere Zeit als Tatsache verbreitete Lüge bezeichnet, dass irakische Soldaten bei der Invasion Kuwaits im August 1990, dem Beginn des Zweiten Golfkriegs, kuwaitische Frühgeborene getötet hätten, indem sie diese aus ihren Brutkästen gerissen und auf dem Boden hätten sterben lassen. Diese Behauptung wurde 1990 von Nayirah as-Sabah (auch Naijirah) im Kongress der Vereinigten Staaten kolportiert. Sie hatte Einfluss auf die öffentliche Debatte über die Notwendigkeit eines militärischen Eingreifens zugunsten Kuwaits und wurde unter anderem vom damaligen US-Präsidenten George H. W. Bush und von Menschenrechtsorganisationen vielfach zitiert. Erst nach der US-geführten militärischen Intervention zur Befreiung Kuwaits stellte sich die Geschichte als Erfindung der amerikanischen PR-Agentur Hill & Knowlton heraus. Diese war von der im Exil befindlichen kuwaitischen Regierung bezahlt worden, um eine Rückeroberung Kuwaits mittels Öffentlichkeitsarbeit zu unterstützen […]. Die kuwaitische Regierung hatte aus dem Exil heraus die amerikanische PR-Agentur Hill & Knowlton für 12 Millionen US-Dollar beauftragt, in der amerikanischen Öffentlichkeit für ein militärisches Eingreifen der USA zugunsten Kuwaits zu werben. Beauftragt wurde H+K dazu von der Scheinorganisation ‚Citizens for a Free Kuwait‘, die wiederum

von der kuwaitischen Regierung gegründet und finanziert worden war. Die Agentur startete eine Reihe von PR-Aktivitäten, wozu unter anderem die erfundene Brutkastengeschichte gehörte."

Unsere Hegemonialmacht hat später einen Interventionskrieg im Irak geführt, weil dessen Regime angeblich über Massenvernichtungsmittel verfügen sollte, was sich als Täuschung erwies; der „Casus Belli" war, wie so oft, in beiden Fällen erfunden, eine vorgetäuschte Wirklichkeit.

Der Journalismus hat, als er noch nicht dereguliert war, sauber zwischen Nachricht einerseits und Meinung oder Kommentar andererseits unterschieden. Nachrichten waren zu prüfen, Meinungen frei, solange sie sich als solche zu erkennen gaben. Im Zeitalter der Features, dieser unseligen Mischform, sind die Unterschiede von Bericht und Bewertung verwischt. Zudem hat die Propaganda gelernt, täuschend wie Presse zu erscheinen, und die Presse des Haltungsjournalismus scheut keine Propaganda mehr, die sich gleichwohl als Presse tarnt. Beide konstruieren wünschenswerte Wirklichkeiten. Aus der Perspektive der Kant'schen Aufklärung sind deshalb beide Welten strittig: die der Wirklichkeit, Empirie genannt, wie die der Wahrheit, Ideologie genannt.

Aus diesem Dilemma zwischen Empirie und Ideologie befreit kein Abonnement der „richtigen" Tageszeitung oder eine Zwangsgebühr für öffentlich-rechtlichen Rundfunk. Die Geschichtswissenschaft lehrt uns: Jede Quelle ist suspekt. Die Unterscheidung zwischen dem Faktischen und dem Fiktiven ist eine Frage nach Wirklichkeit, nach Tatsachen, die dem Mittel des Beweises zugänglich sind, wie es in unserem Presserecht so klug heißt. Eine Metaebene dazu eröffnet sich, wenn man auf Fiktionales stößt. Wie ist das mit der ehelichen Treue der Penelope, die trotz zahlreicher Freier zwanzig Jahre auf den umherirrenden Odysseus wartet? Hat sie wirklich nachts das tagsüber gewebte Leichentuch für Laertes wieder aufgeribbelt? Offensichtlich begibt man sich bei Homer in eine andere Welt als die des lapidar Faktischen.

Man kann nicht über eine realistische Weltsicht reden wollen, ohne die Rolle der Mythen und damit der Mythologie anzusprechen. Dieser angebliche Realismus ist keine anthropologische Disposition des

Menschen. Die Schattenseiten unseres Seins sind von Archetypen beherrscht. C. G. Jung und Sigmund Freud haben das entdeckt; sie irren darin nicht. Wir erfreuen uns an Massenmedien, die unsere tiefe und unterbewusste Sicht der Dinge durch neueste Nachrichten zu belegen wissen. Nicht nur der Kopf treibt uns, auch das Herz, der Bauch und, wenn man Freud glauben darf, die Organe darunter. Wir sind durch Ressentiments gesteuerte Wesen, die Glück empfinden, wenn sich die Fakten an unsere Vorurteile halten. Wir erwarten von Massenmedien die Konstruktion wünschenswerter Wirklichkeiten. Das ist ihre Bestimmung.

Der Nachrichtenwert einer journalistischen Sensation besteht im Moment der Überraschung. Von Seite eins schreit eine Sensation uns an. Der Leser staunt ob des unerhörten Ereignisses. Dabei bleibt Journalismus als Prozess aber nicht stehen. Nach der Skandalisierung folgen die Recherche und schließlich die Verurteilung. In der sogenannten Aufklärung der Story finden wir uns am Ende dort, wo wir Zufälle zu Geschichte werden lassen, Histörchen zu Historie. Die kognitive Figur ist die des „Kaum-zu-glauben-aber-wahr". Die anfängliche Verwunderung kehrt sich in Weltsicht. Ich habe dieses Grundgesetz massenmedialer Kommunikation als „paradoxe Endoxie" bezeichnet. Der Kommunikationsprozess der Massenmedien wird damit als zentripetal beschrieben; er dreht sich in immer neuen Kreisen um einen Kern von Kollektivsymbolen, die unsere Kultur ausmachen. In den Zeitungen steht immer wieder Neues, das immer wieder das Alte erzählt. Damit sind wir wissenschaftlich im Konstruktivismus angekommen, der sich schon beim Begriff der „wünschenswerten Wirklichkeiten" andeutete; ich nenne wissenschaftshistorisch Niklas Luhmann (Bielefeld) und Siegfried. J. Schmidt (Münster) wie Klaus Merten (Münster) und aktuell Peter Szyszka (Hannover) und Lars Rademacher (Darmstadt). Die Frage der Faktizität ist in der Problemstellung der Fiktionalität im Hegel'schen Sinne aufgehoben. Die Wahrheitsfrage stellt sich nicht mehr; jedenfalls nicht vorkritisch.

Wie nah Journalismus und Literatur beieinanderliegen, zeigt uns der Titel eines Romans des 18. Jahrhunderts. Er enthält alle Marker der

Faktizität, eine Quelle mit Klarnamen und Beruf, geografisch detaillierte Ortsangaben und den entscheidenden Hinweis auf die Unerhörtheit des Ereignisses, übermittelt durch den damals bekannten Journalisten Daniel Defoe. Ich zitiere den Titel:

> „The Life and Strange Surprizing Adventures of Robinson Crusoe of York, Mariner: Who lived Eight and Twenty Years, all alone in an un-inhabited Island on the Coast of America, near the Mouth of the Great River of Oroonoque; Having been cast on Shore by Shipwreck, where in all the Men perished but himself. With An Account how he was at last as strangely deliver'd by Pirates. Written by Himself".

Von ökonomischem Interesse für die Versicherungen der Fernkaufleute in London im Kaffeehaus des Herrn Lloyd waren solche Angaben allemal. Mit dem Schlagen der berühmten Glocke galt ein Schiff als verloren, konnte also nicht mehr versichert werden; daher die Glocke von Lloyd's. Aus einer eigens dafür konstruierten Kanzel wurde in dem Kaffeehaus über die Weltwirtschaft berichtet. Hier entstand 1734 *Lloyd's List*, eine bis heute arbeitstäglich erscheinende Zeitung. Das Interesse an einer realistischen Weltsicht der Kaufleute und ihrer Versicherer ist ja offensichtlich. Aber was erzählt Robinson Crusoe? Die Geschichte von der Selbstkonstitution des Bürgers durch Arbeit, auch in völliger Wildnis. Diese Narration füllt die Wirtschaftsteile der Presse in den letzten dreihundert Jahren, jeden Morgen neu. Eine wünschenswerte Wirklichkeit.

Prof. Dr. phil. Klaus Kocks ist Berater von Beruf (Cato der Ältere) und freier Autor aus Neigung (klaus-kocks-logbuch.de). Er hat nach einer beruflichen Karriere in der Energiewirtschaft und Automobilindustrie eine Kommunikationsberatung gegründet, die mittlerweile von seinen Kindern geführt wird. Das Fach „Kommunikationsmanagement" hat er 25 Jahre lang an der Hochschule Osnabrück ehrenamtlich vertreten.

Über die Grenzen des Sagbaren

von Dieter Nuhr

Die Gedanken sind frei. So sagt man. Und das stimmt. Sie zu äußern, erfordert allerdings in vielen Fällen Mut. Und die Konsequenzen sind beträchtlich.

Natürlich darf man bei uns alles sagen. Allerdings muss man damit rechnen, in der Konsequenz sozial abgewertet, diffamiert und etikettiert zu werden. Je nachdem von welcher Seite die Cancel-Culture kommt, wird man als „rechts" oder „linksgrün versifft" abgewertet. Das Ziel ist klar: Unliebsame Meinungen sollen als außerhalb des Konsenses stehend diskreditiert werden, um weitere Diskussionen abzuwürgen. Nicht jeder hat die Kraft, da gegenzuhalten.

Dennoch wird selbst über brisante Themen offen gesprochen. In Kommentarspalten, Foren und sozialen Netzwerken wird kontrovers diskutiert. Allerdings endet das Ganze meistens in gegenseitiger Beleidigung. Zustimmung kommt ausschließlich aus der eigenen „Bubble". In der Folge werden abweichend Denkende zu Feinden. Die Streitkultur ist auf dem Tiefpunkt.

Jeder glaubt, er hätte die Wahrheit gepachtet – und teilt es dem anderen mit. Wer zieht heute noch in Betracht, dass Wahrheit vielschichtig ist, unterschiedlich bewertet werden kann, unterschiedlichen Interessen folgt und einem sich stetig ändernden Stand der Wissenschaft unterliegt? Wer hält es heute noch für möglich, dass er sich irrt?

Der Andersdenkende wird heute in der Regel nicht mehr respektiert. Im Gegenteil! Rechte wie Linke, Nazis und Autonome, Genderbewegte und Rechtspopulisten, Migranten und Altdeutsche, Religiöse und Ungläubige, verschiedenste gesellschaftliche Gruppen üben sich nicht mehr in Toleranz, sondern versuchen offensiv, Abweichler am Äußern ihrer Meinung zu hindern. Während die Rechten vor allem im Osten des Landes die Meinungshoheit an den Stammtischen erobert haben, herrschen Linke über weite Teile der Hochschulen und der Kultur. Auch in den Medien haben sie deutliche Vorteile.

Selbst ernannte „achtsame" („woke") Mitbürger wollen Safe Spaces schaffen, in denen man mit ablehnenden Haltungen gar nicht mehr konfrontiert wird. Sie versuchen, Universitäten von Abweichlern zu säubern, arbeiten gezielt daran, die öffentliche Meinung zu manipulieren und versuchen offen, all jenen die Öffentlichkeit zu entziehen, die abweichende Weltbilder haben.

Ziel der Ideologen ist es, Talkshows, Hochschulen und Medienhäuser von Differenz zu „befreien". Vor allem junge Journalisten sehen sich oft als Wächter des öffentlich Sagbaren.

Was das linke mit dem rechten Lager teilt, ist der Glaube an die Unfehlbarkeit der eigenen Weltsicht. Wer glaubt, die Wahrheit zu kennen, hält jede Andersartigkeit für Lüge. Und der Lüge ist kein Platz einzuräumen, das ist das Argument der neuen Totalitären.

Während Rechtsextremismus von der Mehrheitsgesellschaft entschieden abgelehnt und ausgegrenzt wird, können die linken Autoritären mit mehr Toleranz rechnen. Sie haben weite Teile der Kunst-, Medien- und Bildungslandschaft übernommen. Hier ist die Brandmauer längst gefallen. Fragwürdige Thesen werden als nicht mehr zu hinterfragende Wahrheiten postuliert, Andersdenkende zu Feinden der Wahrheit erklärt.

Beispielhaft, weil immer vorne mit dabei, lässt sich an dieser Stelle der Medienwissenschaftler Bernhard Pörksen zitieren. Wer nicht in die apokalyptischen Visionen von Klimaklebern und Umweltapokalyptikern mit einstimmt, also versucht, in den Medien ein möglichst vielschichtiges Bild der Klimaproblematik zu zeigen, der hat für ihn ein

„dümmliches Neutralitätsideal, das noch nie besonders sinnvoll war, aber das in Zeiten einer solchen Krise ganz und gar falsch wäre".

Zitiert wird Pörksen gerne von Harald Staun, der sein Sendungsbewusstsein im Feuilleton der *Frankfurter Allgemeinen Zeitung* auslebt. Staun wirft Journalisten, die sich ein weniger holzschnittartiges Medienverständnis bewahrt haben, ein „simples Verständnis von Objektivität" vor, ein „naives Nachplappern fauler ethischer Merksätze", ihnen fehle der „Sinn für die Dringlichkeit der Transformation".

Hier versteht sich Journalismus offenbar als Aktivismus für die einzig richtige und deshalb nicht mehr zu hinterfragende Sache. Der Redakteur sieht seine Aufgabe nicht mehr darin, die Wirklichkeit zu recherchieren und dann in ihrer ganzen Vielschichtigkeit abzubilden! Er sieht sich als pädagogische Leitfigur, vergleichbar der eines Meisters, der seine Erkenntnis den vermeintlich unwissenden Lesern offenbart.

Dieser Typus des ideologiegeleiteten Journalisten ist heute keine kleine Minderheit mehr. Öffentlich-rechtliche Magazine, wie die Sendung *Kontraste*, berichten manipulativ verkürzend über Konservative, zitieren diese sinnentstellend und rücken sie regelmäßig in die Nähe von Rechtsextremisten.

Das öffentlich-rechtliche Internetangebot *Funk* setzte Friedrich Merz auf eine Stufe mit Björn Höcke, einem gerichtlich anerkannten Faschisten. Ziel eines solchen Journalismus ist nicht Information, sondern Infiltration.

Viele Medienschaffende sehen es als ihre zentrale Aufgabe, eine „Haltung" zu vertreten. Dahinter steckt ein Selbstverständnis, das teleologisch ausgerichtet und ideologisch geprägt ist. Begründet wird dies mit der Krisenhaftigkeit der Zeit. Wenn der Weltuntergang in Form einer Klimakrise vor der Tür steht, ist jedes Mittel nicht nur erlaubt, sondern geboten. Mäßigende Stimmen werden weitgehend totgeschwiegen. Dass selbst der Präsident des IPCC, des Weltklimarates, indessen vor Untergangsvisionen warnt, bleibt eine Fußnote.

Aber nicht nur existentielle, sondern auch gesamtgesellschaftlich völlig nebensächliche Themen wie die Selbstidentifikation winzigster Minderheiten werden heute derart fundamentalistisch bearbeitet, dass abweichende Meinungen vielerorts nicht mehr zugelassen werden. Cancel-Culture nimmt spätestens dann groteske Züge an, wenn an den biologischen Fakultäten unserer Hochschulen unter dem Hinweis auf die Empfindungen nonbinärer Personen verhindert wird, über die Tatsache der Zweigeschlechtlichkeit biologischer Fortpflanzung zu reden. Ideologie ist heute in der Lage, die Realität zu ersetzen.

Das Thema Gender hat in den letzten Jahren in der medialen Öffentlichkeit eine völlig unangemessene Bedeutung erlangt. In Deutschland haben sich so wenig Menschen als diversgeschlechtlich eintragen lassen, dass die Erhebung der Statistik eingestellt wurde. Es ist offensichtlich, dass nicht Heteronormativität dazu führt, dass die meisten Menschen keinen Kontakt zu nonbinären Personen haben. Es gibt einfach kaum welche.

Das inflationäre Platzieren von Regenbögen in Medien und Werbung, in Unternehmensbroschüren oder selbst während Sportübertragungen, lässt die Frage aufkommen, wieso das Thema in der Öffentlichkeit mit derartig übertriebener Penetranz behandelt wird. Es wird angetrieben von der Angst vor Shitstorm, Boykott und öffentlicher Diskussion. Niemand will als Feind des Guten identifiziert werden. In den Fokus der Tugendwächter zu geraten, kann existenzbedrohend ein. Darum zeigt man lieber vorauseilenden Gehorsam. Der öffentliche Druck ist groß, die Denunzianten warten schon …

Um dem Risiko der Diffamierung zu entgehen, reicht es nicht, Haltung zu haben. Sie muss auch immer und immer wieder sichtbar gemacht werden. Bundespräsident Steinmeier äußerte ernsthaft: „Es reicht nicht aus, kein Rassist zu sein. Wir müssen Antirassisten sein." So entsteht ein zwanghaftes Klima, in dem jeder immer und überall aktiv zeigen muss, dass er auf der richtigen Seite steht.

Dabei weichen die Normen derer, die glauben, über die Werte im öffentlichen Raum bestimmen zu dürfen, fundamental von den Präferenzen der Allgemeinheit ab. Der Unterschied zwischen öffentlicher und veröffentlichender Meinung war noch nie so groß wie heute. So ist jedenfalls meine subjektive Empfindung, die mir täglich in Gesprächen bestätigt wird.

Die Unterscheidung zwischen Mann und Frau beispielsweise wird im alltäglichen Leben kaum als problematisch empfunden. Aufgewachsen mit Idolen wie David Bowie, Grace Jones oder Boy George gibt es eine ältere Generation, der Gender-Toleranz mehrheitlich selbstverständlich ist. Die geradezu zwanghafte Implantierung der Genderproblematik in alle Alltagsbereiche wird nicht nur als übertrieben, sondern selbst von tolerantesten Menschen als ärgerlich wahrgenommen, weil sie eine Aufmerksamkeit für sich beansprucht, die der Mehrheitsgesellschaft das Gefühl gibt, aus dem Blickfeld zu geraten.

Diejenigen Milieus aber, in denen nicht heterosexuelle Orientierung oder dunkle Hautfarbe immer noch als Stigma gelten, werden über die woken Medien nicht erreicht. Das herrschende Klima allgegenwärtiger Haltungsdemonstration führt deshalb nicht zu größerer Akzeptanz. Im Gegenteil.

Die AfD nutzte für den letzten Bundestagswahlkampf den Slogan „Deutschland, aber normal". Dies zeigt, dass der Rechtspopulismus genau hier ansetzt, um seine Erfolge zu erzielen. Er versucht, die gesellschaftliche Mitte zu erreichen, indem er die Menschen anspricht, die die Empfindung haben, die öffentliche Diskussion drehe sich im Wesentlichen nicht mehr um die Belange der Mehrheitsbevölkerung, sondern um die Bedürfnisse winziger Minderheiten, die es durch Lautstärke und moralische Druckausübung schaffen, das gesellschaftliche Klima zu bestimmen.

Der Rechtspopulismus nährt sich zum ersten aus der als übermäßig schrill empfundenen Lautstärke von Minderheitenforderungen, zum zweiten aus der Abwertung von Mehrheitsmeinungen. Wer heute darauf hinweist, dass die millionenfache Migration von Menschen, deren Einstellungen zu Frauen und Schwulen, Männlichkeit und Familie fundamental von den Werten der Altbevölkerung abweichen, Probleme mit sich bringt, muss sich allzu häufig den Vorwurf gefallen lassen, „rechts" zu sein, gleichbedeutend mit „rechtsextrem", ein Nazi eben ...

Wenig dürfte den wirklichen Rechtextremen mehr genutzt haben, als die Inflationierung der Begriffe „Nazi" und „rechts" im alltäglichen Gebrauch, angewendet auf alle, die nicht den Optimismus der Migrationsbefürworter teilen – und auch das dürfte im Alltag die Mehrheitsbevölkerung sein, die sich im öffentlichen Raum nicht mehr angemessen gespiegelt fühlt.

Es ist der Mehrheitsgesellschaft schwer zu vermitteln, dass wir in Deutschland fast zweihundert Lehrstühle für Genderwissenschaften haben, aber nur noch acht für Nukleartechnik. Es ist offensichtlich, dass hier nicht gesamtgesellschaftliche Zukunftsorientierung, sondern politische Ideologie die wissenschaftliche Landschaft prägt. Ziel der Wissenschaft sollten aber ergebnisoffene Wahrheitsfindung und Erkenntnisfortschritt sein, nicht die Alimentierung politischer Gesinnungsgenoss*Innen mit Pöstchen und Titeln ...

Es ist eine Binsenweisheit, dass es so viele Wahrheiten gibt wie Menschen. Weite Teile der bürgerlichen Mitte wenden sich gerade von Wissenschaft, Kultur und Medien ab. Sie informieren sich nicht mehr in der Tagesschau, bestellen ihre Tageszeitung ab (oder behalten sie nur noch wegen des Ortsteiles) und entziehen den alten Medien das Vertrauen. Sie lehnen die öffentlich-rechtliche Politpädagogik der politischen Magazine und Talkshows ab. Sie hören den mehrheitlich linken Clowns der öffentlich-rechtlichen Satire nicht mehr zu. Mediensatiriker verstehen sich allzu oft nicht mehr als Kritiker der Herrschenden, sondern als deren Verstärker. Und am Gegenwind wie auch an der fulminanten alltäglichen Unterstützung, die mich in den letzten Jahren begleitet hat, spüre ich, wie außenseiterartig satirische Kritik empfunden wird, die sich nicht nur gegen den rechten Geist, sondern auch gegen den linken Mainstream richtet.

Der pädagogische Journalismus, die interessengetriebene verkürzte Wiedergabe wissenschaftlicher Ergebnisse, die kulturelle Einseitigkeit der angeblichen „Postkolonialisten", die uns weißmachen wollen, dass Hautfarbe bei der Beurteilung von Kunst und Kultur wieder eine Rolle spielen sollte, all dies erreicht in seiner plumpen Didaktik das Gegenteil des Gewünschten: Die Menschen wenden sich ab, die Fortschrittsgegner profitieren.

Es ist nur eine Frage der Zeit, wann öffentlich die Frage diskutiert wird, warum Theater oder Museen, Bildungsinstitutionen oder

Medien, die sich gegen die Mehrheitsgesellschaft stellen, von dieser bezahlt werden sollen. Dafür gute Argumente zu finden, dürfte schwierig werden. Die Gebührendiskussion um die öffentlich-rechtlichen Sender wird da nur der Anfang gewesen sein.

Die Wahrheit ist vielschichtig. Jeder, der sie überraschend interpretiert, sollte uns willkommen sein. Eine Lösung für alle Probleme dieser Welt wird es nie geben. Ergebnisoffene Diskussion ist Grundbedingung dafür, dass politische Weichenstellungen auch dann akzeptiert werden, wenn sie der eigenen Haltung nicht entsprechen. Wir müssen wieder Toleranz lernen!

Grundbedingung für eine offene Gesellschaft ist eine Meinungsfreiheit, die nicht nur auf dem Papier besteht, sondern auch Mitmenschen respektiert, deren Gesinnung fremdartig erscheint. Autoritär vorgetragene Besserwisserei führt ebenso wenig zum Ziel wie die allgegenwärtige moralische Einengung der Grenzen des Sagbaren.

Bei uns darf man alles sagen. Es wäre für die gesellschaftliche Akzeptanz der freiheitlichen Demokratie von Vorteil, wenn das Gesagte auch dann respektvoll reflektiert würde, wenn es nicht der eigenen Haltung entspricht.

Dieter Nuhr ist Künstler, Satiriker und Autor. Seine Kunst wird in internationalen Museen gezeigt, seine Bücher erreichten mehrfach den ersten Platz der Bestsellerliste, auf seiner Tournee bespielt Nuhr die großen Arenen des Landes. Mit dem satirischen Format „Nuhr im Ersten“ erreicht Nuhr ein Millionenpublikum, sein kabarettistischer Jahresrückblick ist der meistgesehene im deutschen Fernsehen. In seiner satirischen Arbeit setzt sich Nuhr mit Politik und Gesellschaft auseinander und bewegt mit seiner Meinungsstärke die Menschen.

Meinungsfreiheit: Haltung und Gesinnung im Journalismus

von Claus Richter

„Wenn Sie predigen wollen, gehen Sie in die Kirche" und „Streichen Sie den Schaum" – das waren nur zwei der verbindlichen Empfehlungen an junge Journalisten. In den 1970er Jahren war das, als ich beim kritischen Magazin MONITOR im Westdeutschen Rundfunk den Beruf des Fernsehjournalisten erlernte. Journalismus galt noch als Lernberuf, als ein Handwerk, das klare Regeln kannte. MONITOR-Chef war Claus Hinrich Casdorff, ein bekennender Liberaler, der wie viele der prägenden Journalisten jener Jahre bei der BBC in die Schule gegangen war. So auch Hanns Joachim Friedrichs, dessen bekanntes Motto ebenfalls auf einen Journalisten der BBC zurückging. In seinen Erinnerungen *Journalistenleben* widmet er ein ganzes Kapitel seinem „väterlichen Freund" Charles Wheeler, damals Leiter der Nachrichtenabteilung. Friedrichs: „Zu seinen Maximen gehörte die Erkenntnis, dass ein seriöser Journalist ‚Distanz zum Gegenstand seiner Betrachtung' hält; dass er sich ‚nicht gemein' macht mit einer Sache, ‚auch nicht mit einer guten Sache'; dass er nicht in lauten Jubel einstimmt oder in öffentlicher Betroffenheit versinkt, dass er auch im Umgang mit Katastrophen ‚cool' bleibt, ohne ‚kalt' zu wirken." Wheeler war indes nicht der Urheber jener Maxime, sondern er zitiert – bewusst oder unbewusst – den wohl einflussreichsten amerikanischen Publizisten der ersten Hälfte des 20. Jahrhunderts, Walter Lippmann. Der schrieb

1920 in seinem Aufsatz *Liberty and the News* über die Aufgabe eines Reporters: „Emphatically he ought not to be serving a cause, no matter how good." Dies formulierte Lippmann nicht als idealistischen Imperativ, sondern als Ergebnis einer bitteren Erfahrung mit seinem Blatt, der *New York Times*. 1920 veranlassten Lippmann und ein Kollege eine inhaltskritische Untersuchung journalistischer Berichterstattung, in der sie über 3000 Artikel über die Russische Revolution prüften. Das Fazit: Falsche Analysen, falsche Einschätzungen, falsche Prognosen. Der Grund: Reporter und Redakteure waren voreingenommen, sahen nur, was sie sehen wollten, nicht, was tatsächlich passierte. Hoffnungen und Wertungen bestimmten die Berichterstattung und führten in die Irre. „Ihr Wunsch, den Krieg zu gewinnen, die Revolution zu besiegen, ließen sie systematisch die Fakten verkennen." Mit dieser Erkenntnis wurde Lippmann zum Pionier der Objektivität.

Merkwürdige Koinzidenz: Ein Jahr vor Lippmanns Untersuchung veröffentlichte der deutsche Soziologe Max Weber seinen Aufsatz *Der Beruf zur Wissenschaft*. Darin fordert er vom Hochschullehrer „intellektuelle Rechtschaffenheit" und damit die strikte Trennung von Werturteilen und wissenschaftlicher Analyse. Lippmann und Weber warnen vor einem Phänomen, das heute als „Aktivismus" bezeichnet wird, mit verheerenden Folgen für Wissenschaft und Journalismus.

Im Sinne von Lippmann und Wheeler wollten die Amerikaner und vor allem die Briten in den Jahren nach dem Zweiten Weltkrieg den Deutschen einen Journalismus beibringen, der einer Demokratie würdig war, unabhängig, fair, frei von staatlicher Gängelung. Die öffentlich-rechtlichen Anstalten, viele Zeitschriften und Zeitungen, vom *Spiegel* bis zur *Süddeutschen Zeitung*, wurden in diesem Geist gegründet. Oberster Grundsatz war die Unvoreingenommenheit, mit der ein verpflichtender Kodex einherging. Dazu gehörten unter anderem die strikte Trennung von Bericht und Kommentar, genaue Faktenprüfung, die Pflicht, die Gegenseite ausführlich zu Wort kommen zu lassen, das Zwei-Quellen-Prinzip, Meinungspluralismus.

Natürlich war jenen Müttern und Vätern dieser Art von Journalismus klar, dass jeder Journalist seine Biografie mit sich trägt, damit bestimmte Überzeugungen, auch Vorurteile. Nun ist jeder Journalist der Gefahr ausgesetzt, vor allem das zur Kenntnis zu nehmen, was passt, das „erkenntnisleitende Interesse" vor die ergebnisoffene Recherche zu setzen. Auch die Wissenschaft kennt diese Gefahr. Nicht erst seit Karl Poppers *Logik der Forschung* gilt daher das Prinzip der Falsifikation, also des Miteinbeziehens von Fakten, die einer vorgegebenen Theorie, Hypothese oder Meinung nicht entsprechen. Einseitige Bestätigungsrecherche ist das genaue, unredliche, aber nicht seltene Gegenteil: Man hat eine These, sucht dann nach Argumenten und Experten, die sie stützen. Fertig. Von Sir Karl Popper stammt auch die Warnung, höchst wachsam zu sein, wenn viele, fast alle einer Meinung sind. Das gilt für die Wissenschaft, erst recht für den Journalismus. Seine Tugenden lauten Skepsis und Misstrauen.

Der Medienwissenschaftler Bernhard Pörksen hat jüngst in seinem Buch *Die große Gereiztheit* das journalistische Prinzip der „Wahrheitsorientierung" an ein „Set von Arbeitstechniken und Vorgehensweisen" geknüpft. Da absolute Gewissheit unerreichbar bleiben muss, soll der Journalist gleichsam zum „Manager der eigenen Vorurteile" werden. Das heißt, so Pörksen, stets die Haltung prinzipieller Skepsis einzunehmen, scheinbar Selbstverständliches infrage zu stellen. Dazu gehört auch, dass man klar benennt, was man noch nicht weiß, vielleicht nie wissen kann. Wie Lippmann und Weber sieht Pörksen die Gefahr, dass jeder Journalist vor allem das zur Kenntnis nimmt, was zu eigenen Auswahlentscheidungen und Werturteilen passt.

Jener aus den Anfängen des deutschen Qualitätsjournalismus stammende Verhaltenskodex definiert, was ich unter Haltung verstehe. Dieser Begriff erfährt derzeit eine Art Transformation. Der neue Journalismus hat ihn gekapert, führt Haltung ins Feld, wenn Gesinnung gemeint ist. Haltung unterliegt ständiger Prüfung, auch der Selbstkritik, Gesinnung nicht. Daher war mir der Begriff „Meinungsjournalismus" von jeher verdächtig. Jener neue Journalismus verschreibt sich klaren politischen Zielen: Für gendergerechte Sprache und Minderheitenrechte, gegen rechts, Diskriminierung, Rassismus. Gut und schön. Nur: Wer als Journalist ein Ziel verfolgt, neigt dazu, Tatsachen in seinem

Sinne zu gewichten. Was die eigene Argumentation stützt, scheint plausibler als das, was ihr zuwiderläuft, und je länger man für eine Sache streitet, desto verbissener. Irgendwann zerfällt dann die Welt in Freunde und Gegner. Damit wächst die Gefahr, dass man im Eifer des Gefechts auf Differenzierung verzichtet, Fakten und Gegenargumente lieber unterschlägt, da sie womöglich dem Gegner in die Hände spielen könnten.

Die konkreten Folgen dieser Polarisierung waren in Amerika zu besichtigen. „Facts are sacred, comments are free“, lautete einer jener BBC-Grundsätze, die auch den amerikanischen Journalismus lange prägten, z. B. die *New York Times*. Die hat seit Jahrzehnten die Op-ed-Seite (kurz für: opposite the editorial page), eine Seite für Gastbeiträge, die der Linie des Blattes widersprechen – Ausdruck der Meinungsvielfalt.

Auf dieser Seite druckte die *New York Times* einen Kommentar von Tom Cotton, dem republikanischen Senator von Arkansas und Trump-Anhänger. Darin befürwortete er den Einsatz des Militärs gegen randalierende und plündernde Demonstranten. Die Folge: Der für die Seite verantwortliche Redakteur, der den Kommentar nicht gelesen hatte, musste auf Druck vieler Kollegen zurücktreten. Von denen meinte einer, jener Kommentar fühle sich „gewalttätig“ an, und Verleger Sulzberger sprach von „harter Sprache“. Die Rede war weiter von „toxischen“ Inhalten. Ben Smith, der Medienredakteur der *New York Times*, untersuchte Entstehung und Folgen des Konflikts in seinem Blatt. Er stellt, auch in anderen Redaktionen, eine wachsende Tendenz fest, hin zu einem Journalismus, der persönlicher geprägt ist, der es Reportern durchaus erlaubt, deutlich zu machen, was sie für die Wahrheit halten. Es gehe um „moralische Klarheit“ – ein Schlüsselbegriff des neuen Journalismus. Der Fall Cotton markiert einen Wendepunkt in der Geschichte des liberalen Journalismus in Amerika. Das war 2020.

Zuvor schon musste die *New York Times*, wieder einmal, feststellen, dass sie bei ihren Analysen falschlag – in diesem Fall bei Donald Trump. Wie andere den Demokraten und ihrer Kandidatin Hillary Clinton zugeneigte Medien hielt die *Times* einen Wahlsieg Trumps für ausgeschlossen. Die akademisch gebildeten urbanen Eliten der Ost- und Westküste mit den Journalisten an der Spitze hatten die „flyover states", das weite Herzland der USA, übersehen oder eben nur überflogen. Deren Bewohner nannte Hillary Clinton „deplorables" – bedauernswerte, leider abgehängte Menschen. Die meldeten sich dann am Wahltag auf ihre Weise zu Wort – für Trump. Die *New York Times* war überrascht und entsetzt.

Also sollte eine offenbar einseitig ausgerichtete Redaktion ergänzt werden durch Journalisten, die als eher traditionell-liberal galten. Zu denen gehörte Bari Weiss. Die damals 36-jährige Journalistin kam vom eher konservativen *Wall Street Journal* und schrieb für die *Times* kritische Kommentare über den wachsenden Einfluss der identitären Linken. Das ging nicht lange gut. Nach wenigen Jahren kündigte sie und beklagte einen „internen Bürgerkrieg" in der Redaktion zwischen jungen Aktivisten und meist älteren liberalen Kollegen. Liberale, so Weiss, würden als Abweichler gemobbt, wenn sie nicht mit der neuen Ideologie konform gehen. Weiss erkennt eine neue „Orthodoxie", auf die „wenige Erleuchtete" den großen Rest einschwören wollen.

Die Anhänger der sogenannten Identitären beherrschen inzwischen weite Teile der amerikanischen Universitäten und des Kulturbetriebs. René Pfister, Korrespondent des *Spiegel* in Washington, hat in seinem Buch „EIN FALSCHES WORT – Wie eine neue linke Ideologie aus Amerika unsere Meinungsfreiheit bedroht" die Entwicklung überzeugend nachgezeichnet.

Nach den Identitären gewinnen Menschen Identität, indem sie ein bestimmtes Merkmal mit anderen teilen. Das können Religion, Geschlecht, sexuelle Orientierung, ethnische Herkunft oder der kulturelle Hintergrund sein. Menschen werden über Gruppen- und Opferstatus identifiziert, nicht als Individuen. Nicht, **was** einer sagt, ist entscheidend, sondern **wer**.

Vor die Berichterstattung wird gleichsam ein moralischer Filter eingezogen, gut oder böse. So entsteht ein Bekenntnisjournalismus, der Teile der Wirklichkeit ausblendet, widerstrebende Fakten nicht mehr wahrhaben will, vor lauter Betroffenheit Fragen nicht mehr stellt.

Das gilt zum Beispiel für die „Mainstream-Berichterstattung“ über die Flüchtlingskrise, zumindest so lange, bis die Realität nicht mehr zu verdrängen war. Selbst wohlwollende Beobachter stellen seinerzeit eine auffallende Einförmigkeit der deutschen Medien fest. Nonkonformismus? Das war einmal.

Die Behandlung der „Willkommenskultur“ in den Medien kann fast als eine Art „Sündenfall“ des Journalismus gelten. Wir erinnern uns: Aus einem durchaus verständlichen humanitären Impuls heraus verfielen weite Teile der Medien in Betroffenheit und Mitgefühl. Zwei Jahre später analysierte der Hamburger Professor Michael Haller die Berichterstattung in *FAZ*, *SZ*, *Welt* und *Bild* sowie der Onlinemedien. Sein Ergebnis: „Der journalistische Qualitätsgrundsatz, aus neutraler Sicht sachlich zu berichten, wird in rund der Hälfte der Berichterstattungen nicht durchgehalten.“ Viele Journalisten übernahmen unkritisch die Lösungen der politischen Eliten, statt sie kritisch zu begleiten. Dies, so Haller, führte im Ergebnis auch dazu, dass sich Teile der Bevölkerung vom Journalismus entfremdet haben. Manche Kollegen übten im Nachhinein Selbstkritik, für meine Begriffe zu wenige. Im Gefolge der Flüchtlingskrise begann auch der Aufstieg der AfD, und gleichzeitig wuchs das Misstrauen in die sogenannten „Mainstream-Medien“.

Es gab Zeiten und Systeme, in denen die Frage, was druck- oder sendbar ist, stets klar beantwortet wurde. Ich hatte den Vorzug, über zwei sozialistische Diktaturen als Korrespondent berichten zu dürfen, über Polen zu Beginn der 1980er Jahre und über die DDR von 1987 bis zum Zusammenbruch 1989. Wer die angeblich humanistische Botschaft des Kommunismus nicht teilte oder gar kritisierte, der war eben „moralisch indifferent“, unzuverlässig, nicht auf Linie, musste zum Schweigen gebracht werden.

Journalismus war in der DDR per definitionem aktivistisch, stets getragen von einem festen Klassenstandpunkt. Die Partei als Avantgarde der Arbeiterklasse legte Sprachregelungen und Verbote fest, denunzierte jede Abweichung oder Kritik als Hilfe für den Klassenfeind. So kann es nicht verwundern, dass Denkmuster der Identitären ehemaligen DDR-Bürgern bekannt vorkommen. Die Journalistin und Schriftstellerin Kerstin Decker schrieb im *Tagesspiegel*: „Was heute wokeness heißt, hieß gestern revolutionäre Wachsamkeit. Du bist umgeben von einer Welt von Feinden. Erkenne Sie!“ Kann es sein, dass es vielen ehemaligen DDR-Bürgern so geht und dass damit manche vom Westen abweichende Verhaltensmuster zu erklären sind? Und dass sie sich an die erzwungenen Rituale der Selbstbezichtigung, der öffentlichen Selbstkritik, erinnert fühlten, wie sie in kommunistischen Regimen üblich waren?

Wohlgemerkt: Es war stets Aufgabe von Journalisten, die Werte des Grundgesetzes zu verteidigen, Fälle von Diskriminierung oder Rassismus aufzudecken, für die Rechte von Minderheiten einzutreten, jenen eine Stimme zu verleihen, die ansonsten nicht gehört werden. Nur beobachte ich mit Sorge, dass sich auch hierzulande das Meinungsspektrum verengt hat, und das nicht nur an den Universitäten. Der Moralisierung der öffentlichen Debatte, der Sprachreinigung, dem Verfall des Arguments zugunsten des Gefühls haben nach meinem Eindruck die etablierten Medien zu lange mehr oder weniger wohlwollend zugesehen, statt deren unsinnige Auswüchse als das zu kennzeichnen, was sie sind: eine Bedrohung der Meinungsfreiheit. Viele, insbesondere jüngere Kollegen, verschreiben sich dem vermeintlichen Zeitgeist, verfangen sich in politischer Korrektheit, wollen oder können nicht wahrhaben, dass eine offene Gesellschaft auf „open spaces“ angewiesen ist, nicht auf „safe spaces“.

Wir, die Journalisten, sollten uns als Wächter der Meinungsfreiheit verstehen, der offenen und kritischen Debatte, und jeder Form der Ideologisierung widerstehen. Das forderte auch Dean Baquet, langjähriger und erster afroamerikanischer Chefredakteur der *New York Times* bei seinem Ausscheiden 2022. Er riet seinen Reportern, mit leerem Notizbuch loszuziehen, bei der Recherche aufzuschreiben, was sie sehen, hören und erfahren, dann die Fakten zu sammeln, zu analysieren und dem Leser die Urteilsfindung zu überlassen. Nur so komme man dem Ziel eines seriösen Journalismus nahe, die jeweils beste Version der Wahrheit zu präsentieren, stets unter Vorbehalt, aber unabhängig von jedweder Ideologie oder Meinung. Sehr ähnlich hat mir vor fast

50 Jahren der eingangs genannte Claus Hinrich Casdorff den Beruf erklärt.

Journalisten machen keine Politik, sondern ihre Arbeit – die einzige Chance, verlorenes Vertrauen zurückzugewinnen.

Das alte Motto der schon mehrfach erwähnten *New York Times* lautete: „All the news that's fit to print." Heute, sagen Spötter, sollte es lieber heißen: „All the news that fits, we print." Was das für das höchste Gut unseres Berufs, die Glaubwürdigkeit, bedeutet, mag jeder selbst entscheiden.[1]

Prof. Dr. Claus Richter war viele Jahre Auslandskorrespondent für ARD und ZDF, Leiter des Magazins Frontal21 und Professor für Fernsehjournalismus an der HFF in München. Für seine Arbeit wurde er mehrfach ausgezeichnet, unter anderem mit dem Deutschen Fernsehpreis und dem Hanns Joachim Friedrichspreis.

1 Dieser Text basiert in Teilen auf folgendem Gastbeitrag von Prof. Dr. Claus Richter: Claus Richter (2020): Journalismus und Gesinnung. Wer predigen will, sollte in die Kirche gehen. *Cicero Online*, 28.6.2020, https://www.cicero.de/kultur/journalismus-haltung-gesinnung-glaubwuerdigkeit (Zugriff am 1.2.2024).

Die Wahrheit kommt am Schluss

von David Schraven

Wenn Reporter:innen über Wahrheit sprechen, kommen die meisten Leser:innen schon über den ersten Satz kaum hinaus.

Warum? Wegen der verdammten Doppelpunkte.

Diese Sonderzeichen reichen nämlich aus, Kommunikation abzubrechen. Die Punkte können als Übergriff wahrgenommen werden, als Bevormundung. Als Zwang, einem ideologischen Gedankengebäude beizutreten. Damit wird eine Diskussion beendet, bevor Argumente zu dem Thema Wahrheit überhaupt ausgetauscht werden können. Weil dem eigentlich beabsichtigten Diskurs eine höhere Wahrheit vorangestellt wird.

Der Schreiber teilt dem Leser mit, dass letzterer erst die geschlechtergerechte Geisteshaltung einnehmen müsse, mit wenigstens drei Geschlechtern, die in jeder Diskussion immer genannt werden müssen, bevor über die eigentlichen Gedanken gesprochen werden darf. Dazu kommen viele weitere Subtexte, die mit den beiden Punkten mittlerweile ideologisch verknüpft sind – und die einen freien Austausch der Gedanken behindern.

Die einen verbinden den Doppelpunkt mit dem Kampf um Gleichberechtigung und Zugang zur Gesellschaft von allen Menschen. Sie wollen alle Minderheiten jederzeit mit ihrer jeweiligen Geisteshaltung integrieren. Unabhängig von Herkunft und Weltanschauung. Abhängig aber von ihrem Geschlecht.

Für diese Menschen ist das Sonderzeichen ein nach außen getragenes Symbol der Emanzipation, das es zu verteidigen lohnt. Sie sehen in der Ablehnung des Lesers einen Widerstand, den es notwendigermaßen zu überwinden gilt, weil auch dieser die Werte der so verstandenen Emanzipation annehmen soll. Das wollen sie mit den Doppelpunkten zeigen. Sie haben Sprache als manipulatives Werkzeug erkannt und sind bereit, dieses Werkzeug einzusetzen gegen Andersdenkende.

Die anderen verbinden mit dem Doppelpunkt einen Eingriff in ihr Leben, der sie dazu zwingen soll, Fremdes anzunehmen. Auch hier gibt es jede Menge Subtexte. Wie in einem Kulturkampf zwischen Trotzkisten und Rockern. Es geht um Eigenständigkeit, Eigenheiten und Vertrautes. Diese Menschen haben verstanden, dass die Sprache als manipulatives Werkzeug gegen sie eingesetzt wird. Sie wehren sich gegen die Bevormundung.

Für diese Menschen ist das Sonderzeichen das Signal, abzuschalten. Innerlich und äußerlich. Anders gesagt: Die Rocker haben keinen Bock, den Trotzkisten zuzuhören.

Und deswegen findet kein Austausch statt über das, was eigentlich im Kern gesagt werden sollte.

Was ist aber mit der Diskussion um Wahrheit selbst, um die es eigentlich geht?

Was ist mit Fakten und Argumenten?

In jeder Diskussion müssen Fakten klar verständlich sein. Sie müssen belegbar sein. Sie müssen eindeutig sein.

Das ist der Fall bei schwarz oder weiß. Bei einer Null oder einer Eins. Bei einem Naturgesetz oder Staatsschulden. Diese Fakten gibt es, auch wenn wir sie nicht wahrhaben wollen. Diese Fakten sind stärker als jedes Fabulieren um eine angeblich postfaktische Zeit oder Klima- und Transformationsfonds.

Die Erde bleibt rund, auch wenn der Zeitgeist sagt, sie sei eine Scheibe. Dieser Fakt ist der Debatte grundsätzlich nicht zugänglich. Er ist einfach. Er ist richtig, alles andere Quatsch.

Dann gibt es aber Argumente, und hier werden aus Fakten Gewichtungen. Dinge, die man so sehen kann oder ganz anders. Bringen mir persönlich Naturgesetze etwas oder möchte ich sie lieber ignorieren, um an mein Ziel zu kommen? Darüber kann ich diskutieren. Das ist kein Fakt.

Ein Argument kann schwer wiegen oder einfach dumm sein. Staatsschulden können richtig sein oder falsch. Der Fakt ist aber, dass es sie gibt. Anders gesagt: Das Argument ist die Meinung zum Fakt.

Und hier wird es schwierig, weil für viele Menschen Argumente an die Stelle der Fakten treten. Weil sie die einen Argumente gerne hören, weil sie ihnen besser gefallen, weil sie diese richtig finden, ignorieren sie die anderen. Die Fakten werden durch die Lupe der persönlichen und ideologischen Voreingenommenheiten betrachtet. Sei es die Politik oder die Weltanschauung. Der Glaube, eine Mode oder der Wunsch, zu einer bestimmten Gruppe zu gehören, wirtschaftliche Interessen oder Nöte. Im Argument gibt es kein Schwarz und Weiß, nur sehr viel Grau.

Ein Austausch kann stattfinden, aber jeder muss wissen, warum die Argumente bei dem anderen welches Gewicht haben. Nur dann kann ich mich der Wahrheit über Entscheidungen nähern. Wir befinden uns also in einer Welt, in der Wahrheit verhandelt wird. Wer geschickt ist, erreicht mehr.

Denn in dieser Welt sind es die Menschen seit Jahrhunderten gewohnt, zu tricksen, zu täuschen, zu betrügen, aufzubauschen oder zu verniedlichen.

Sie benutzen die Fakten für das Gestalten ihrer Argumente wie Spielsteine im Go. Der eine hat es drauf und gewinnt. Der andere verzockt sich mit schönen Worten.

Mit Wahrheiten hat dieses Aushandeln der Gewissheiten nur in Gesellschaften etwas zu tun, die sich entwickeln wollen.

Denn für den Fortschritt in der Gesellschaft ist es nötig, die Fakten hinter dem Wettstreit der Worte klar zu haben.

Und hier haben sich in den Jahrhunderten der Aufklärung Methoden entwickelt, die heute ins digitale Zeitalter überführt werden müssen. Fakten können erkannt werden und stehen damit jenseits der Diskussion.

Das einfachste Beispiel ist die Wissenschaft. Die aerodynamischen Gesetze sind ein Fakt. Jeder, der das leugnet, ist ein Depp.

Was bringt uns dazu, diese Einschätzung zu teilen und an den Fortschritt zu glauben? Nun, Flugzeuge fliegen. Wir haben für den Fakt einen handfesten Beweis. Die Aerodynamik. Wer uns nicht glaubt, kann sich mit dem Auto die Klippen runterstürzen, wenn er meint, es liege nur am silbernen Blech und nicht an der Form der Flügel, dass ein Jet abhebt.

In Diskussionen müssen wir also Beweise für Fakten vorlegen. Wir brauchen Fußnoten für unsere Behauptungen. Die besten Belege kann man anfassen, wie den Urmeter. Die schwierigsten Belege sind Vermutungen, wie wir sie aus der Mathematik kennen. Es sieht zwar so aus, als sei die Riemann'sche Vermutung tatsächlich richtig. Bewiesen ist sie nicht.

Das Wichtigste ist: Wir müssen immer wissen, was ist tatsächlich so wie vermutet, wofür gibt es einen sicheren Beleg? Das müssen wir trennen von dem, wovon wir nur annehmen, es sei so wie gedacht. Und wir müssen außerdem jederzeit bereit sein, uns zu korrigieren. Darauf müssen sich alle verlassen können. Wenn meine Vermutung falsch war, der Fakt anders ist als gedacht, dann muss das nachvollziehbar zum Beleg unseres neuen Faktes werden – dass es eben nicht so ist wie ursprünglich vermutet.

Wenn wir so die bewiesenen Fakten wie Backsteine sammeln, dann können wir auf Felsen der Gewissheit unser gesellschaftliches Haus bauen.

Wir müssen nur eben immer klar haben, dass wir eventuell unser Fundament ausbessern müssen, wenn wir feststellen, dass wir irgendwo einen Fehler im Beleg haben.

Das Ganze ist das Prinzip der Wissenschaft. Es funktioniert. So haben die Menschen in knapp 10.000 Jahren nach der Gründung der ersten Stadt die KI erfunden.

Aber was bedeutet das für den gesellschaftlichen Diskurs?

Ganz einfach. Der Diskurs muss auf Fakten vertrauen und sie hinterfragen. Der Journalismus als Methode des Argumentes muss Belege für seine Schlussfolgerungen mitliefern. Er muss also wissenschaftlicher werden. Und die Wissenschaft muss sich einmischen, erklären, muss les- und nachvollziehbarer werden. Sie muss mit anderen Worten journalistischer werden.

Beide Seiten des Diskurses müssen Fakten für ihre Argumentationsketten nutzen. Müssen versuchen, zu überzeugen, Meinungen zu transportieren und dann auch noch Spaß zu machen. Denn wenig ist der Durchsetzung der Wahrheit abträglicher als Langeweile.

Wir müssen als Gesellschaft bereit sein, Fakten zu lernen, Belege zu suchen und Gewissheiten zu hinterfragen. Das beschreibt kein postfaktisches Zeitalter. Im Gegenteil. Das begründet die Herrschaft des Faktums.

Dazu braucht es keine Zensoren und kein Wahrheitsministerium im Journalismus. Im Gegenteil. Es braucht nur Experten der Faktenlehre. Also Faktenchecker, die falsche Behauptungen offenlegen und demaskieren.

Dabei müssen sich diese Faktenchecker immer wieder selbst der Überprüfung stellen. Sie sind nur so gut wie ihre Belege. Sie müssen Meinungen von geschönten Tatsachen unterscheiden und dem Wunsch nach Bekehrung widerstehen. Sie müssen alles offenlegen: wie sie arbeiten, wie sie bewerten, wie sie ihre Quellen nutzen.

Gerade in Zeiten der Krise und des Krieges ist das entscheidend.

Faktenchecker sind nicht beliebt. Sie nehmen der Emotion das Gewicht, weil sie beweisen, dass das zornauslösende Bild eines getöteten Kindes gefälscht ist.

Sie nehmen dem Wunsch nach einer heilen Welt die Hoffnung, weil sie belegen, dass der Klimawandel menschengemacht ist. Aber genauso hart würden sie schreiben, dass es keinen Klimawandel gibt, wenn das die Fakten sagen würden.

Sie sind das Feindbild für die eigenen Gewissheiten.

Bei alldem aber sagen sie nicht, was zu tun ist. Sie definieren keine Fakten um oder neu. Sie sagen nur, dieses oder jenes ist belegt, im Kontext oder aus dem Kontext gerissen. Sie sind nüchtern.

Und sie sind sich immer bewusst, dass sie falsch liegen können. Sie korrigieren sich, wenn es nötig ist, und streiten für die korrekten Fakten. Sie lernen mit anderen Worten immer dazu. Und sie lehren alles, was sie erfahren haben.

Für die Gesellschaft ist das wichtig. Die Checker sind so was wie Faktenförster im Märchenwald der Medien. Sie helfen den Menschen, sich nicht zu verlieren.

Mit den Förstern lernen immer mehr Menschen im Laufe der Zeit immer besser, belegte Tatsachen von guten Argumenten und schlechten Lügen zu trennen. Sie werden selbst zu Förstern, prüfen, belegen, korrigieren sich selbst und geben weiter. Die Menschen leben die Ideale der Aufklärung.

Ich persönlich nenne diesen Zustand am Schluss die redaktionelle Gesellschaft, eine Gesellschaft, in der jeder Mensch zur Entwicklung beitragen kann, in der jeder Mensch selbst Sender seiner eigenen Geschichten ist. Eine Gesellschaft, die Fakten kennt und Meinungen toleriert, ohne bevormunden zu müssen. Weil eben jeder weiß, was er tut und warum er es tut.

Die redaktionelle Gesellschaft wird das ganze postfaktische Gewühle überwinden.

Diese Gesellschaft wird nicht ohne Streit sein. Denn wir alle werden weiter mit Argumenten nach dem besten Weg in die Zukunft suchen. Aber die redaktionelle Gesellschaft wird in der Lage sein, sich besser der gesellschaftlichen Wahrheit zu nähern. Nüchtern und im Bewusstsein der vielen Argumente, unserer eigenen Unzulänglichkeit und unserer vielen widerstrebenden Interessen. Die Mehrheiten entscheiden dann auf Basis von besseren Erkenntnissen, das eine zu tun und das andere zu lassen.

David Schraven ist Gründer von CORRECTIV und leitet das Recherchezentrum als Publisher. In seinem früheren Leben füllte er Zeilen bei der *taz*, der *Süddeutschen Zeitung*, der *Welt*-Gruppe und dem von ihm mitgegründeten Blog *Ruhrbarone*. Bei der damaligen *WAZ*-Gruppe (heute Funke-Gruppe) war er für das Investigativ-Ressort verantwortlich. David Schraven wurde für seine Arbeit vielfach ausgezeichnet. Den wichtigsten Satz seines Lebens hat er als Kind von seiner Mutter gehört: „Wir haben die Grenzen der Welt nicht gesetzt. Warum sollen wir sie halten."

Vom User zum Chefredakteur unseres Lebens

von Gabor Steingart

Die Mission Wahrheit beginnt und endet bei uns selbst. Dazwischen liegt die weite und oft auch mühsame Reise zu den Quellen der Information. Es gibt Fakten. Und es gibt Meinungen.

Aber selbst die Fakten führen ihrerseits zu verschiedenen Quellen der Wahrheit, die sich bei näherer Betrachtung oft als Illusion erweisen. Wir leben von einer Fata Morgana zur nächsten.

Es beginnt schon damit, dass die Worte oft nicht halten, was sie versprechen. Sie sind verkleidete Interessen. Als Westdeutschland die DDR übernahm, sprachen die hiesigen Parteien von der stillen Revolution der DDR-Bürger. Die in den historischen Hinterhalt geratenen Funktionseliten der SED empfanden diese Revolution freilich als Restauration, also als Wiederherstellung der alten kapitalistischen Ordnung, wie sie vor dem Realsozialismus existiert hatte. Der Ost-West-Konflikt begegnete uns im Krieg der Worte ‚Revolution' versus ‚Restauration' ein letztes Mal.

Weltweit tobt weiter dieser Krieg der Worte. Die Männer der Hamas werden in den eigenen Reihen als Freiheitskämpfer tituliert und bei uns als Terroristen. Migration oder illegale Zuwanderung? Wohlstand oder Konsumwahn? Leistungsgerechte Bezahlung oder Bonus für Raffgierige? Marktwirtschaft oder Kapitalismus? Ist jemand ein populärer Politiker oder bereits ein Populist?

Die Wahrheit ist, dass es nicht die eine Wahrheit gibt. Worte liefern weniger akkurate Definitionen, sondern sind vielmehr Kampfbegriffe. Die Wahrheit selbst ist ein Wieselwort, das uns entwischt, kaum dass wir nach ihm greifen. Hannah Arendt hat das dialektische Prinzip zu einem einfachen Satz verdichtet: „Wahrheit gibt es nur zu zweien."

Das bedeutet, dass sich erst in der Verständigung über die Tatsachen eine Wahrheit, und sei es eine vorläufige, herausbilden kann. Die einmal gefundene Wahrheit muss sich sodann gegen die anderen Wahrheiten behaupten, um entweder bestätigt oder verworfen und nach ihrer Verwerfung auf höherer Ebene wieder bestätigt zu werden. Als neue Wahrheit. Oder, richtiger gesagt: als neue Wahrheit auf Zeit.

Der Journalist ist der Animateur im Club der Meinungen, weil er seinen Leserinnen und Lesern die Bälle zuwirft und uns dadurch trainiert, die verschiedenen Wahrheiten und Wirklichkeiten aufzunehmen, auszuhalten und uns somit auch in der Disziplin unterrichtet, Freude am Dialog zu empfinden. Der Stillstand der Argumente hingegen bedeutet die geistige Erstarrung, von wo es zur PR und ihrer großen Schwester, der Propaganda, nicht mehr weit ist.

Der gute Journalist ist streng zu unterscheiden vom Aktivisten. Der Journalist ist ein Reisender zu den Tatsachen und ein Fehlergucker, wie der ehemalige *Spiegel*-Chefredakteur und heutige *Welt*-Herausgeber Stefan Aust zu sagen pflegt. Er reportiert von seinen Reisen und berichtet von den Fehlern, die er unterwegs gefunden hat. Er wird dafür bezahlt, dass er zweifelt und nicht glaubt.

Apropos Bezahlung: Im besten Falle wird er ausschließlich von seinen Lesern, Hörern und Zuschauern bezahlt und nicht von politischen Organisationen, vom Staat oder der Werbeindustrie. In diesen Fällen sprach der mittlerweile verstorbene Journalist und legendäre Reporter Herbert Riehl-Heyse (*Süddeutsche Zeitung*) von „gekauften Wahrheiten". Seine Schlussfolgerung ist im fortgeschrittenen Kapitalismus nur konsequent. Wenn man alles kaufen kann, warum nicht auch die Wahrheit?

Der Aktivist schaut auf dieselbe Welt, aber mit anderen Augen. Ihm kribbeln ständig die Beine. Er will die Welt verbessern, und das bedeutet: sie zu seinen Gunsten verformen. Er ist der bildende Künstler mit Ambition auf ein eigenes Werk, derweil der Journalist der Kurator einer Weltausstellung der Wirklichkeiten ist, die sich ausschließlich aus den Werken fremder Menschen zusammensetzt.

Der geübte Kurator bringt die Einzelwerke in den Dialog. Er will informieren, schockieren, inspirieren; seine Absicht ist nicht die Verhaltensänderung, sondern der Erkenntnisgewinn. Er muss, um erfolgreich sein zu können, die Immunisierungsstrategien der anderen Diskursteilnehmer erkennen und durchbrechen.

Der Aktivist ist sein Gegner, denn er kennt ja schon das Ziel. Er will Wale retten oder fangen, das Klima abkühlen oder fossil weiter aufheizen, neue Atomkraftwerke bauen oder verhindern, die Aufrüstung begrenzen oder beschleunigen; und vor allem will er sich selber auf keinen Fall der Irritation durch Informationen aussetzen. Denn Information betrachtet er als zweckgebundene Ware, die er nur dann zu schätzen weiß, wenn sie ihm bei der Erreichung seiner Ziele hilfreich ist.

Der Aktivist hat es leichter als der Journalist. Er lebt in der Welt einfacher Wahrheiten, in der Widersprüche keinen Zutritt haben. Seine Welt ist eine Scheibe, derweil gleicht die Welt der Journalisten einem zerklüfteten Gelände – mit vielen Untiefen und regelrechten Felsspalten.

Wenn wir vorhin gesagt haben, dass wir selbst uns das realistische Bild von der Welt vermitteln müssen, so gibt es auf der Reise dorthin keine Quellen der Information, aus denen sich unbedenklich trinken ließe.

Alle staatlich beeinflussten Medien sind mit Vorsicht zu genießen, weil der Staat, das ist in Moskau nicht anders als in Berlin, diese Medien keineswegs selbstlos mit Geld füttert. Der Staat hat Vorlieben und Abneigungen, und vor allem hat er Interessen und Erwartungen.

Deshalb ist er als Veranstalter von Fernseh- und Radioprogrammen keine neutrale Instanz. In autokratischen Systemen findet die Beeinflussung so offensichtlich statt, dass wir von Propaganda sprechen. In demokratischen Systemen findet die Beeinflussung durch den Staat auf subtile Weise statt, die man eher als Nudging (dt.: Stupsen) bezeichnen kann. Der Zuhörer und Zuschauer wird in eine bestimmte Richtung gestupst, während die andere Richtung, also der wirklich konträre Blick, ihm vorenthalten wird.

Der herrschaftsfreie Diskurs und damit der Austausch der reinen Vernunft im Vertrauen auf den Sieg des besseren Arguments, so wie Harald Welzer die Theorie des kommunikativen Handelns von Jürgen Habermas zusammenfasst, ist in den staatlich organisierten oder wesentlich vom Staat beeinflussten Medien per definitionem nicht möglich. Selbst die Tatsache, dass im deutschen öffentlich-rechtlichen System auch Kirchen, Gewerkschaften und andere Lobbygruppen Sitz und Stimme besitzen, führt eben nicht dazu, dass das bessere Argument zum Zuge kommt. Alle Beteiligten haben Interessen. Das Aushandeln dieser Interessen in den Gremien und ihren Freundeskreisen findet auch dann statt, wenn es nirgendwo protokolliert wird.

Die privaten Medien wiederum sind nicht nur der Werbeindustrie zu Diensten, sondern treten im ureigenen Interesse an, den Wahrheitsgehalt durch Fiktionalisierung und Banalisierung derart zu bearbeiten, dass der Ausgangsrohstoff nur noch schwer zu erkennen ist. Die mediale Währung, in der gezahlt wird, ist die Aufmerksamkeit, was dem sachlichen Diskurs keineswegs zuträglich ist.

Die Entstehung der bürgerlichen Öffentlichkeit besitzt also ein Doppelgesicht, wie Harald Welzer und Richard David Precht in ihrem Buch *Die vierte Gewalt. Wie Mehrheitsmeinung gemacht wird, auch wenn sie keine ist* schlüssig darlegen: „Sie ist Geschäftsinteresse und bürgerliche Machterlangung in einem."

Es gehe geschäftlich immer darum, Aufmerksamkeit zu erregen, und zwar eine Aufmerksamkeit, die den ökonomischen Bestand des Mediums sicherstellt. Im Zeitalter der Digitalökonomie spricht man von den Trigger Points, die so gesetzt werden, dass eine hohe Anzahl von Menschen maximal aufgewühlt wird, in der Absicht, ihren Medienkonsum zu steigern. Diese Steigerung kommt der Auflage, den Page Impressions und immer auch den Anzeigenkunden zugute, deren Werbeanzeigen mittlerweile nicht mehr neben dem journalistischen Text, sondern in ihn hinein platziert werden.

Massenmedien, so der Philosoph Peter Sloterdijk, würden nicht zuerst informieren, sondern „zeichenbasierte Epidemien" erzeugen. Es gehe ihnen um die „Einspritzung mentaler Infektionen" durch die Vergrößerung, Vergröberung und dann auch Verzerrung von tatsächlich Gewesenem. Auf der Themenbörse – sagt Sloterdijk – haben nur jene Verzerrungen einen Marktwert, die dem Verzerrer einen Gewinn einbringen. „Davon, dass die professionellen Verzerrer sich selbst als Journalisten bezeichnen, sollten wir uns nicht beirren lassen."

Fazit: Das hier Gesagte spricht nicht per se gegen die Journalisten und nicht kategorisch gegen die Medien. Aber es spricht gegen die Festlegung auf ein Medium und gegen das, was wir früher blindes Vertrauen nannten. Die Verfasstheit der Medien, ihre politische Abhängigkeit und ihr Geschäftsmodell zwingen Nutzer dazu, sich selber einen höheren Stellenwert einzuräumen. Sie können eben nie nur Nutzer oder, neudeutsch, User sein. Sie müssen selber zum Chefredakteur ihrer Informationsbeschaffung werden. Und wenn sie die Selbstgewissheit der heutigen Chefredakteure im Zuge dieser Selbstertüchtigung gegen die vorsätzliche Skepsis und den wohldosierten Zweifel ersetzen, dann sind sie auf dem richtigen Weg, sich ein realistisches Bild von der Wirklichkeit zu verschaffen.

Gabor Steingart studierte Politikwissenschaft, Volkswirtschaft und Germanistik in Marburg und Berlin. Er absolvierte die Georg von Holtzbrinck-Schule für Wirtschaftsjournalismus und arbeitete als Reporter für die *WirtschaftsWoche* sowie als *Spiegel*-Korrespondent. Im Anschluss wurde er zunächst Chefredakteur (2010–2012) des *Handelsblatts* und dann Herausgeber und Vorsitzender der Geschäftsführung sowie Miteigentümer der Handelsblatt Media Group (2013–2018). Im Jahr 2018 gründete Gabor Steingart das Medien-Start-up Media Pioneer und ist seitdem Herausgeber von Steingarts Morning Briefing. Neben seiner Tätigkeit als Journalist veröffentlichte Gabor Steingart elf Bücher, von denen es sieben auf die *Spiegel*-Bestsellerliste schafften.

Warum wir uns selbst etwas vormachen und wie wir damit aufhören können

von Oliver Stock

Wann hat das angefangen? Wann haben wir Medienmenschen eigentlich begonnen, uns etwas vorzumachen? Wir, die wir von uns behaupten, dass wir sagen, was ist. Wir, die wir eigentlich Vormacher sein wollen und nicht Sich-was-Vormacher. Wann hat das nur angefangen? Wann ist jeder von uns zu dem Kaiser geworden, dem endlich ein Kind zurufen müsste: „Du hast ja gar nichts an!"?

Ich selbst schrappe knapp an der Generation der Babyboomer vorbei, und sich etwas vorzumachen, war bei uns gar nicht so einfach. Natürlich feiere auch ich kleine Siege wie große Triumphe, aber klappern gehört zum Handwerk, sagt nicht nur der Storch. Meine Frau, die Fotografin ist, hat das pragmatische Motto unserer Generation abgeleitet. Es heißt: „Wer macht, hat recht." Es heißt nicht: „Wer sich etwas vormacht ..." Ihr Sich-was-Vormacher verwickelt euch lieber in Systemkämpfe, macht Fließband-Selfies von den Vorbereitungen zur großen Mission und bucht ein Zimmer mit Vollpension, bevor ihr zum Mond fliegt.

Wenn wir nicht zugegriffen haben, waren andere garantiert schneller. Das ist wie beim Knödelessen in der Großfamilie. Wir sind einfach immer noch so viele, dass wir uns gegen andere durchsetzen müssen. Aber ich liebe meine Generation dafür. Sie ist die beste ihrer Zeit. Angeblich haben wir gerade ein Imageproblem, weil wir in SUVs durch

Städte kreuzen, zum Weintrinken in die Toskana fahren und die Sessel an den Schalthebeln der Macht nicht räumen, was alles verzögert und die Wende zur besten aller Welten, aufhält.

Der Unterschied ist aber: Keiner von uns sagt, dass er ein SUV braucht, er hat es nur gern um sich. Keiner sagt, dass ihm der Pfälzer nicht schmeckt, aber der Wein aus der Toskana versprüht einfach mehr Lebensfreude. Und das mit der Macht macht ja auch Spaß. Mir hat auch die Geschichte von den Klimaklebern gefallen, die die Gerichtspost nicht erreichte, weil sie mal eben zum Urlauben nach Bali gesaust waren. Ich finde, die Klimakleber, ja überhaupt all diejenigen, die den Klimawandel ernsthaft bekämpfen wollen, indem sie sich ein staatlich gefördertes Lastenfahrrad kaufen, machen sich etwas vor. Ich bin der Meinung, dass der wichtigste Beitrag, den wir zum Klimawandel leisten können, der ist, bei dem wir vormachen, wie es geht. Wäre es nach mir gegangen, hätten wir unsere Atomkraftwerke in alle Welt exportiert, aber die Sich-was-Vormacher haben sie leider abgeschaltet. Sie haben es getan, weil sie ständig nur in ihrem eigenen Film rumhängen. Vielleicht hänge ich ja in meinem Film rum, aber ich werde den Eindruck nicht los, dass es bei mir eine Doku und bei den anderen eine Soap ist.

Die Sich-was-Vormacher glauben, dass sie durch den eigenen Verzicht die Welt verbessern. Ich sage dann häufig, ihr könnt nicht mal das Wetter für morgen vorhersagen, aber glaubt den Trend für die nächsten 100 Jahre zu kennen. Das meine ich natürlich nicht so, aber es regt die anderen so schön auf. Es steckt allerdings auch ein Körnchen Wahrheit darin. Ich hatte neulich einen großen Mittelständler aus Deutschland zu Gast, dessen globales Unternehmen auf der simplen Philosophie aufbaut, die mir auch schon mein Vater, der Anwalt und Heimwerker zugleich ist, beigebracht hat: „Geht nicht gibt's nicht."

Ich bin der Meinung, das ist der bessere Ansatz als eure Marotten, liebe Sich-was-Vormacher. Das Gendern zum Beispiel ist ein wunderbares Simsalabim, das aus der Welt der Hexen und Hobbits stammen muss, in der mit Zaubersprüchen das Unrecht verbannt wird. Anders kann ich mir den Glauben nicht erklären, dass ein „*innen" zu einer gleichen Behandlung von Frau und Mann führen soll. Ich halte Diversität für keinen Wert an sich, sondern er muss sich messen lassen an den Ergebnissen, die herauskommen, wenn diverse Teams am Werk sind. Und da ist es so, dass Menschen immer dann die besten Ergebnisse erzielen, wenn sie nach ihren Talenten eingesetzt werden. Es gibt eine hübsche Anekdote von Steve Jobs, der seinen Mitarbeitern aufschrieb, sie sollten nicht zu viel Zeit damit vergeuden, anderen Menschen Dinge beizubringen, die sie selber besser können. Es gehe schneller und das Ergebnis sei besser, wenn sie es selbst machten. Steve Jobs hat sich nichts vorgemacht. Sein Konzern ist noch ein Jahrzehnt nach seinem Tod der wertvollste der Welt. Okay, das ist mir nicht gelungen.

Aber wenn ich morgens aus der Wohnungstür unseres Lofts im Hinterhof eines abgerockten Viertels von Düsseldorf gehe, dann schaue ich auf das Plakat von John Lennon und Yoko Ono, das ich an die Tür gedübelt habe: „War is over" haben der Beatle und seine Geliebte darauf geschrieben, beide gucken sie verwuschelt in die Kamera, als seien sie gerade aus dem Bett geklettert. Sind sie auch. „Make love, not war" ist auch ein Spruch aus dem Schlafzimmer. Wenn wir den Sich-was-Vormachern zuhören, wie sie westliche Werte von den Kindern anderer Mütter gerade entlang der Krim verteidigen lassen, würde ich mich gern in einen rostigen VW-Bus ohne TÜV setzen, aber mit Vierzylinderverbrennungsmotor und Matratze hinten, Hauptsache, das Radio dudelt laut genug: „Give peace a chance." „Nie wieder Krieg", haben uns unsere Eltern eingebläut, meine haben mir sogar die Spielzeugpistole verboten mit der Folge, dass ich sie unter der Matratze versteckte. Da haben sie sich etwas vorgemacht, und ich muss sagen, dass das abgefärbt hat. Ich dachte auch mal, dass sich Streit unter zivilisierten Menschen ohne Soldaten lösen lässt. Das ist eine meiner Illusionen gewesen, von der ich mich verabschiedet habe. Es tut weh.

Ja, wir sind viele. Und wir haben die Welt verändert. Während wir die Luft verschmutzten, haben wir mal eben das Internet erfunden. Wir haben auch die Solarzelle zum Funktionieren gebracht, weil wir Strom für unsere fliegenden Kisten im All brauchten. Und wir haben unseren Nachfolgern das Smartphone geschenkt, übrigens nicht, um damit Bilder zu verschicken, die mit dem richtigen Leben etwa so viel zu tun haben wie Barbie mit einem Seniorenpflegeheim. Sondern damit wir ein Gefühl dafür entwickeln, dass wir alle gleichzeitig auf einem Planeten leben, den wir irgendwie halbwegs in Ordnung halten müssen. Damit wir uns unterhalten und vom anderen wissen. Und nicht damit wir unser Spiegelbild posten.

Ich bin schlecht im Rechnen. Aber dass Unternehmer einen Mindestlohn von 12,41 Euro zahlen können, dass jeder Zehnte hierzulande einen sicheren Job beim Staat machen kann, dass wir in der Lage sind, Menschen, denen es schlecht geht, zu helfen, liegt, wenn ich ausnahmsweise richtig rechne, noch immer daran, dass wir fünf bis sechs Tage die Woche Arbeitenden viele Steuern zahlen und die Sozialkassen und die Rentenkassen mehr füllen, als diejenigen, die nach vier Tagen den Griffel, die Tastatur, den Hammer oder was auch immer fallen lassen. Wir sind gerade die, die für die Altvorderen und für die jugendlichen Spunde aufkommen. Ich kann aus eigener Erfahrung sagen, das ist ganz schön anstrengend. Die meisten von uns unterliegen auch nicht der Illusion, dass die Armen arm sind, weil die Reichen reich sind. Wir halten das für eine Vorstellung, die an der Realität zerschellt, wie die Blumenvase, die unsere Jüngste gerade heute auf die Fliesen geknallt hat. Die Reichen sind meistens die, die Arbeit anbieten für die, die weniger haben. Es sollte mehr Reiche geben, dann gäbe es weniger Arme.

Wir haben uns nie vorgemacht, alle gleich zu sein. Das ist nämlich gar keine so schöne Vorstellung, wenn man zur Generation der Vielen gehört. Wir haben uns vielmehr angestrengt, etwas ganz Besonderes zu sein. Mit dieser Haltung haben wir Diktaturen zum Einsturz gebracht und Ideologien erschüttert.

Wann hat das Sich-was-Vormachen angefangen? Ich habe zwei Erklärungen. Erklärung Nummer eins: Es fing an in dem Augenblick, als wir plötzlich in der Lage waren, unser Spiegelbild in Echtzeit und ohne Unterlass in die Welt zu schicken. Ich spreche von spiegelähnlichen Phänomenen, allen voran Social Media. Social Media ist das Fruchtwasser der Sich-was-Vormacher. Früher sind wir in eine Rolle geschlüpft und haben uns darin beobachtet. Den Abstand zwischen Ich und Rolle nannten wir Ironie.

Heute gibt es Menschen, die kommen aus der Rolle nicht mehr raus, weil sie sich 24/7 beobachten lassen. Ihre größte Angst ist: Wenn sie aufhören, sich und den anderen etwas vorzumachen, schalten die anderen einfach aus. Ihr Selbstdarstellungsdrang wird nur noch von ihrem Beurteilungsdrang übertroffen. Beurteilen mag aussehen wie eine Beobachtung, ist es aber nicht. Denn die Beurteiler bringen die Beobachtung der äußeren Welt in sich hinein und verwandeln sie in etwas, machen sich etwas vor. Sie sollten damit aufhören und wieder mit dem Staunen beginnen. Dinge nicht zu beurteilen, sondern unkommentiert hinzunehmen, reduziert die Größe des eigenen Ichs auf Normalmaß.

Erklärung Nummer zwei ist ein Trost: Womöglich nämlich gab es das Phänomen der Sich-was-Vormacher schon immer, und es hat sich nur meine Perspektive darauf geändert. „Die jungen Leute widersprechen ihren Eltern", schreibt Sokrates circa im Jahr 400 vor Christus und fährt fort: „Sie schwadronieren in der Gesellschaft, verschlingen bei Tisch die Süßspeisen, legen die Beine übereinander und tyrannisieren ihre Lehrer." Mir bleibt bei diesem Zitat das Wort „schwadronieren" hängen. Es stammt ursprünglich aus dem Vokabular der Fechtschulen und meint die, die wild mit dem Degen fuchteln, um damit sich selbst Mut und dem Gegner etwas vorzumachen.

Womit wir wieder bei den Sich-was-Vormachern wären. Es sind Schwadroneure. Aber wenn es die schon 400 vor Christus gab, gehöre ich vermutlich auch dazu, und gemeinsam haben wir die Welt jedenfalls nicht völlig ruiniert. Die nächsten werden es auch nicht schaffen. Wir brauchen sie also gar nicht mit Worten zu entblößen, wie den nackten Kaiser, denn ihre Macht ist gar nicht so groß, wie wir denken.

Oliver Stock ist Herausgeber und Chefredakteur von *Business Punk*. Der studierte Volkswirt und Historiker sowie Autor mehrerer Bücher und Blogger (https://einbisschenbesser.de/) kennt die Welt der Politik, der Startups und der Unternehmen: Als Journalist arbeitet Stock für *FOCUS online*, die Schweizer *Weltwoche* und den *Börsianer* aus Wien. Er hat viele Jahre seines Berufslebens „auf der anderen Seite des Schreibtischs" verbracht: als Sprecher in der Politik und von Konzernen. Und er ist glorreich gescheitert beim Versuch, in Vietnam ein Medien-Startup an die Weltspitze zu pushen.

Exkurs: Der Blick der jungen Generation

Mission Wahrheit – Drei studentische Perspektiven

von Manuel Becker

Der Presserechtler Martin Löffler (1905–1987) schrieb in einem Rechtskommentar bereits im Jahr 1955, die Medien seien angesichts der voranschreitenden Durchdringung des Staatswesens durch die Parteien dazu berufen, als vierter Träger der öffentlichen Gewalt neben der klassischen Montesquieu'schen Trias aus Exekutive, Legislative und Judikative zu fungieren – und zwar ganz bewusst im Sinne eines ausgleichenden Elements gegenüber dem Parteienstaat. Die Rede von den Medien als „vierter Gewalt" ist aus dem heutigen öffentlichen Diskurs in und über Medien nicht mehr wegzudenken. Sie ist so oft überstrapaziert worden, dass sie schon fast zur Floskel verkommen ist.

Und dennoch wird etwas unbestritten Grundlegendes für die Funktionsweise moderner Gesellschaften auf den Punkt gebracht: In einer arbeitsteiligen Gesellschaft ist es für Bürgerinnen und Bürger nicht möglich, sich dauerhaft direkt und unmittelbar über Politik zu informieren. Es ist nur möglich, dies sekundär, aus zweiter Hand, eben vermittelt zu tun – und zwar über Medien in all ihrer Vielfalt, in der sie heute angeboten werden. Daher prägt die Art und Weise, wie Staatsbürgerinnen und Staatsbürger Medien konsumieren, fundamental das politische Bewusstsein und die Wahrnehmung von Politik und wird auf diese Weise auch zur Grundlage für ein politisches Urteilsvermögen, aus dem dann beispielsweise eine Wahlentscheidung resultiert.

Die Medien sind ein wesentliches Korrektiv der liberalen Demokratie und sie stellen neben der Rechtsstaatlichkeit *das* entscheidende Rückgrat einer liberalen Gesellschaft dar. Dies lässt sich schon daran erkennen, dass Machthaber in – auf dem Papier – rechtsstaatlich und demokratisch verfassten Staaten, die um den Aufbau autoritärer Strukturen bemüht sind, nicht von ungefähr gerade bei der Pressefreiheit und der freien Meinungsäußerung die Axt anlegen. Trump, Putin, Erdoğan, Kaczyński, Orbán und viele andere lassen grüßen.

Ungeachtet ihrer prinzipiell kardinalen Bedeutung für das Gelingen einer modernen Demokratie stehen die Medien – bedingt durch fundamentale Wandlungsprozesse – seit geraumer Zeit unter einem enormen Druck: Die klassischen, etablierten Medien in Print, Funk und Fernsehen sind durch die stetig wachsende Bedeutung des Online-Marktes und insbesondere durch die Möglichkeiten von Social Media massiv herausgefordert. Das Rennen um Aufmerksamkeit, Schnelligkeit und die Konkurrenz zwischen seriöser und effektheischender Berichterstattung hat wohl schon immer zum journalistischen Tagesgeschäft gehört, aber seit dem Aufkommen von Internet und Social Media nochmals eine ganz neue Virulenz bekommen. Die Schlagzahl im journalistischen Alltag hat sich deutlich erhöht. Weitere Blüten sind Kampagnenjournalismus, dramatische Inszenierung, Emotionalisierung und einseitiges Infotainment, unter dem die Seriosität und die Glaubwürdigkeit leiden. Darüber ist es nicht zuletzt auch zu einem dramatischen Vertrauensverlust in die Presse gekommen, die in dem an die nationalsozialistische Propaganda erinnernden Vorwurf der „Lügenpresse" ihren bislang brachialsten Ausdruck findet. War es früher einmal ein geflügeltes Wort für Glaubwürdigkeit, dass etwas „schwarz auf weiß" in der Zeitung stand, so haben selbst ehemals stolze Leitmedien ihre noch vor wenigen Jahren unangefochtene *Gatekeeper*-Funktion für die öffentliche Meinung verloren.

Die Anforderungen der modernen Mediendemokratie haben Rückwirkungen sowohl auf das politische System als auch auf dessen Wahrnehmung. Als Social Media zum Ende der 2000er Jahre im Zusammenhang mit dem ersten Wahlkampf Barack Obamas in den USA und rund um die Ereignisse im Arabischen Frühling erstmals breitenwirksame Entfaltung erfuhren, verbanden sich damit jede Menge Hoffnungen, die neuen medialen Möglichkeiten könnten zu einer verstärkten Demokratisierung und Liberalisierung der Welt führen. Chancen schienen vor allem in einer guten Vernetzungsmöglichkeit für demokratische Bewegungen in autoritären Staaten zu bestehen. Nach den Erfahrungen ungezählter Shitstorms, dem Aufkommen der Cancel-Culture und nicht zuletzt der Erfahrung, dass Donald Trumps rasanter politischer Aufstieg bis ins Amt des Präsidenten der Vereinigten Staaten ohne Social Media kaum vorstellbar gewesen wäre, sieht man die neuen Medien heute deutlich kritischer. Es wurde deutlich, welche Konsequenzen die Ausschaltung der klassischen Filterfunktion professioneller Medien, die immer in der Einordnung und Interpretation von Information bestand, zeitigen können. Auch der Aufstieg populistischer Bewegungen von rechts und links rund um den Globus ist ohne die Bedeutung der sozialen Medien nicht zu verstehen.

Die neue Medienwelt bringt auch in anderer Hinsicht ungeahnte Herausforderungen mit sich. Über weite Strecken der Menschheitsgeschichte bestand das Kernproblem immer im Informationsmangel. Heute ist der Informationsmangel schon lange nicht mehr das Problem, sondern eher der Informationsüberfluss und der daraus resultierende *Overkill*. Die grundsätzliche Beschaffung von Informationen scheint angesichts nahezu globaler Netzwerkdurchdringung relativ barrierefrei für fast jeden Erdenbürger möglich zu sein. Aber es wächst die Notwendigkeit, den globalen Datenstrom zu filtern: Was unterscheidet die relevante von irrelevanter Information? Was unterscheidet seriöse Information von Propaganda? Was unterscheidet überhaupt Information und Meinung? Wie gelingt es, eine Vielfalt von Meinung, Deutung und Interpretation zu erhalten oder neu zu erfinden? Dies sind alles Fragen, die auf die gewachsene Bedeutung von geschulter Medienkompetenz hinweisen. Hier stehen alle Erziehungsinstanzen, von den Eltern über die Schulen bis hin zur außerschulischen Bildung, in der Pflicht. Denn nur medienkompetente Bürgerinnen und Bürger können verantwortungsvolle Entscheidungen – nicht nur, aber nicht zuletzt auch an der Wahlurne – treffen.

All diese – hier nur angerissenen – grundlegenden Beobachtungen waren in den vergangenen Jahren wiederkehrende Themen in den Diskussionen der Seminare von Bodo Hombach an der Universität Bonn, in denen er Studierende mit interessanten Gastreferentinnen und Gastreferenten aus Theorie und Praxis zusammenbrachte. Eine grundlegende Erfahrung dabei war, wie sehr sich das Mediennutzungsverhalten der jungen Generation von demjenigen der vorangegangenen Generationen unterscheidet. Zwar haben sicher immer unterschiedliche Generationen auch unterschiedliche Medien bevorzugt, aber die Diskrepanz zwischen den heute 15- bis 30-Jährigen und den anderen Generationen scheint so groß zu sein wie noch nie. Aus diesem Grund hat Bodo Hombach drei Studierende aus dem Seminar des Sommersemesters 2023 gebeten, ihr individuelles Mediennutzungsverhalten zu reflektieren und zu verschriftlichen – und zwar ganz bewusst nicht in der üblichen akademischen Form einer Seminararbeit, sondern als offenen Essay, angelegt im Sinne eines Gedankenspaziergangs. Herausgekommen sind drei Beiträge von höchst reflektierten jungen Menschen, die sicher nicht als repräsentativ für den Durchschnitt ihrer Altersklasse gelten können, die aber dennoch instruktive Eindrücke enthalten, die für alle Generationen interessant zu lesen sein dürften. Die drei Perspektiven erheben weder einen Anspruch auf Vollständigkeit noch auf Exklusivität, aber sie wollen dazu anregen, weiterzudenken. Sie offenbaren interessante Einsichten, wie junge, interessierte Menschen die Welt heute sehen und wie sie versuchen, angesichts der überbordenden Fülle an Möglichkeiten ein realistisches Bild von der Welt zu erhalten.

Priv.-Doz. Dr. Manuel Becker ist Leiter des Wissenschaftlichen Programms an der Academy of International Affairs NRW und Privatdozent am Institut für Politische Wissenschaft und Soziologie der Universität Bonn. 2022 schloss er sein Habilitationsverfahren zum Thema „Hochschulpolitik in Nordrhein-Westfalen" an der Philosophischen Fakultät der Universität Bonn ab.

Medien: Spiegel für ein realistisches Bild unserer Gesellschaft?

von Jan Große-Katthöfer

Medien haben mein Interesse an Politik und der Gesellschaft geweckt, was mich wiederum dazu bewegte, mich mehr zu informieren. Anfangs, in der Oberstufe, zu Schulzeiten, war die *tagesschau* das einzige, was ich als beinahe tägliche Informationsquelle nutzte. Die Lokalzeitung zuhause hat mich dagegen mehr interessiert, wenn es um Neuigkeiten aus der Stadt ging.

Als ich Politikwissenschaft und Soziologie zu studieren begann, fühlte es sich mehr wie eine Pflicht an, die 20-Uhr-Sendung anzuschauen, und für einige Jahre blieb das meine Tradition. Mit dem Studium wurde die häusliche Lokalzeitung durch die *Süddeutsche Zeitung* verdrängt, und mein Interesse, die tägliche Ausgabe zu lesen, wuchs, jedoch fehlte mir häufig die Zeit dafür. Erst in diesem Jahr habe ich mir gezielt vorgenommen, die Zeitung ausführlicher zu lesen. Täglich schaffe ich es rund fünf oder sechs Beiträge zu lesen, was immer noch eine begrenzte Auswahl ist. Dagegen habe ich am Wochenende mehr Zeit, die größere Ausgabe zu lesen, was ich persönlich ansprechender finde, denn diese vermittelt mehr Hintergründe als das aktuelle Tagesgeschehen.

Wenn ich die Zeitung aufschlage, ist die Rubrik „Politik" eine der interessantesten für mich. Danach kommt das Feuilleton und zum Abschluss, aber auch nicht immer, die Seiten zur Wirtschaft.

Neben der *Süddeutschen Zeitung* lese ich in unregelmäßigen Abständen das Nachrichtenmagazin *Der Spiegel.* Wenn ich dieses aufschlage, schaue ich dort zuerst in die Rubrik „Ausland“ und danach in die Teile „Wirtschaft“ und „Wissen“. Hier sind es meist drei Artikel, manchmal sogar fünf, deren Themen mich interessieren und die eine schöne Ergänzung zu den aktuellen Nachrichten bieten. Aus Zeitgründen lese ich die Magazine selten in der gleichen Woche, in der sie erschienen sind. Zwar habe ich zuhause Zugang zu den Online-Ausgaben, doch ich lese viel lieber im Heft, in dem ich blättern kann und das ich nicht extra aus einer App ‚hervorholen‘ muss. Ich selbst weiß, dass ich die Zeitungen, wenn ich sie im digitalen Format habe, kaum lesen werde. Wenn die Zeitung oder das Nachrichtenmagazin offen herumliegen, dann ist es viel einfacher, danach zu greifen oder sich eine mentale Notiz zu machen, dass man noch nicht hineingeschaut hat. Wenn die Zeitung bloß als App in den digitalen Untiefen meines mobilen Endgeräts irgendwo aufgerufen werden könnte, ist das ein Umweg, den ich nicht intuitiv nehmen werde. Außerdem sitze ich wegen des Studiums und darüber hinaus genug vor dem Computer oder dem mobilen Endgerät und bin dankbar über Zeitungen in Papierform, wie andere sich auf ein neues Buch freuen würden.

Viel öfter schaue ich bei *tagesschau.de* in die Nachrichten hinein und ertappe mich dabei, wie ich es tue, um nicht mit der Arbeit beginnen zu müssen. Auch hier komme ich trotz der Kürze der Beiträge nur zum Lesen ausgewählter Themen, und es sind besonders die Neuigkeiten aus dem internationalen Feld, vor allem aus Ländern in Europa, die nicht oft in den Nachrichten auftauchen und über die ich mich gerne mehr informieren würde. Ich schaue rund viermal am Tag für etwa sechs bis zehn Minuten auf *tagesschau.de* nach, lese drei oder vier Artikel und ansonsten die kurzen einleitenden Texte, die mich über manche Themen bereits genug informieren. In regelmäßigen Fällen lese ich auch verschiedene Artikel zum gleichen Thema oder zu ähnlichen Themen, die mir darüber hinaus angezeigt werden. Das ist ein Vorteil, den ich an Nachrichten in digitaler Form sehe, denn hier kann ich den Bezug zu einem verwandten Thema finden und mehr Informationen bekommen, die mich an vergangene Ereignisse erinnern. Wegen der regelmäßigen Blicke auf die Internetseite der *tagesschau* habe ich aufgehört, die 20-Uhr-Sendung zur passenden Uhrzeit oder als Video auf der Webseite zu schauen, auch wenn mir Informationen zu einigen Themen fehlen, die ich in Artikelform auf der Webseite eher nicht durchlese.

Insgesamt würde ich mir wünschen, mehr Zeit für das Lesen der Zeitungen, aber auch der Berichte im Internet auf *tagesschau.de* zu haben, denn diese wecken meine Neugier auf die Welt, auf andere Länder und auf aktuelle gesellschaftliche Themen. Viele Nachrichten haben auch einen Bezug zum Studium, und manche Dozierende erwarten, dass die Nachrichten verfolgt werden oder dass die Studierenden über die Ereignisse aus den letzten Monaten und Jahren Bescheid wissen. Nachrichten ergeben ein Netz, mit dem ich die heutige Welt verstehen kann und mit dem ich besser abschätzen kann, wie sich die Welt entwickeln wird, denn zum Diskutieren und Einschätzen brauche ich Informationen und Hintergründe statt Kurzmeldungen in drei Sätzen.

Mein Drang, Nachrichten und neue Entwicklungen aufzunehmen, hat auch etwas mit meinem Weltbild und meinen Erwartungen an das Kommende zu tun. Statt Nachrichten als eine unendlich lange „True-Crime-Serie" zu betrachten, bin ich von großer Neugier gepackt, was für neue Entwicklungen aus Umfragen hervorgehen, ob dieser oder jener Politiker vor Gericht kommt, ob die globale Erwärmung zumindest etwas zu bremsen ist oder ob es alte Informationen gibt, mit denen ich mein Wissen zu neuen Entwicklungen erweitern kann. Was andere als „News Fatigue" betrachten, war bei mir die „Corona Fatigue", also das ständige Steigen und Sinken der Fallzahlen und diese unendlich lange Karussellfahrt aus Maßnahmen und Statistiken. Mit den jüngsten Ereignissen in Russland und der Ukraine gibt es einen zwar zermürbenden, aber (für mich als interessierten Politikwissenschaftler in spe) abwechslungsreichen Kriegsverlauf voller neuer Entwicklungen, die eine neue Form der Kriegführung zeigen. Das große Problem hierbei ist natürlich, dass mein Interesse auf Kosten der Menschen beruht, die getötet oder durch die Ereignisse traumatisiert werden. Natürlich will ich, dass dieser Krieg so schnell wie möglich vorbei ist und die Übeltäter bestraft werden, aber ich habe mich auch damit abgefunden, dass die Welt immer komplizierter wird und wir in einer Phase der Bedrohung leben.

Ich bin eine Ausnahme in meiner Generation, die über die sozialen Medien nicht nur Nachrichten konsumiert, sondern Meinungen produziert und die Nachrichten mit etwas anderen Absichten liest und schaut als ich. Nachrichten sind für mich der Schlüssel, um unsere aktuelle Weltordnung zu verstehen, wogegen ich den Eindruck habe, dass viele junge Menschen in meinem Alter (ich bin Anfang 20) viel über Kultur, den Klimawandel, den neuen Arbeitsalltag (Fachkräftemangel und Viertagewoche) oder Neuigkeiten aus ihrem direkten Umfeld erfahren möchten. Auch diese Entwicklungen interessieren mich, wenn auch zu einem kleineren Anteil.

Denn Nachrichten aus dem Ausland nehme ich mit einer passiven Einstellung auf. Der Krieg in der Ukraine und die Verbrechen Russlands verunsichern mich weniger, da dieser Konflikt eine räumliche Distanz zu meinem Umfeld hat. Mit Umfeld meine ich Deutschland und mein Alltagsradius, also die Stadt Bonn, wo ich studiere und wohne. Wenn ich aber Nachrichten zum Thema Fremdenfeindlichkeit, Fachkräftemangel, steigende Mieten und Preise, Unmut wegen Plänen der aktuellen Regierung und des mangelnden Tempos beim Ausbau des Verkehrsnetzes lese, spüre ich die Frustration. Mir ist viel deutlicher bewusst, dass ich von diesen Entwicklungen betroffen bin und dies in Zukunft vielleicht noch deutlicher spüren werde. Auch der Verfall der Rechtsstaatlichkeit in Ländern wie Ungarn und Polen macht mich betroffen, weil mir viel deutlicher bewusst wird, dass solche Entwicklungen meine Zukunft und die der Europäischen Union bestimmen werden. Wenn berichtet wird, dass fremdenfeindliche Parteien, wie die AfD in Deutschland, an Zuwachs gewinnen, spüre ich, dass ich mich mit dem Thema weniger befassen möchte. Der Grund ist nicht nur die Nähe solcher Nachrichten (wenn ich die Webseite der *tagesschau* öffne oder die Zeitung mit dem Artikel herumliegt), sondern auch die Nähe der Wirklichkeit, die einem weit stärker verdeutlicht, dass diese

Ereignisse tatsächlich passieren und ich ihre Folgen persönlich erleben werde. Ich zweifle nicht an der Wahrheit der Berichterstattung, aber Berichte über antidemokratische Tendenzen im Osten Deutschlands und die Hilflosigkeit im Umgang mit der Situation machen meine persönlichen Erfahrungen viel greifbarer. Zwar lese ich solche Nachrichten und bin mir der Mentalität der Leute und ihrer Gründe für die Unterstützung der AfD bewusst, doch diese Berichte lese ich deutlich weniger als andere Artikel.

Bekomme ich ein realistisches Bild von der Welt, wenn ich mir die Medienlandschaft anschaue, die ich benutze? Die Art, wie ich Texte nach Interesse auswähle, verzerrt meine Sicht auf die Welt etwas, aber das Nachrichtenangebot selbst hat auch seine Lücken. In einem Artikel bei *tagesschau.de* wurde berichtet, dass die Zahl der Todesopfer durch Konflikte weltweit zugenommen habe, und nicht nur wegen des Krieges in der Ukraine, sondern wegen eines Konfliktes, über den so gut wie gar nicht berichtet wird: des Konfliktes in Äthiopien um die Provinz Tigray, in dem deutlich mehr Menschen ermordet wurden als in der Ukraine. Als Gründe wurden genannt, dass sich „der Westen“ wenig für den Konflikt interessiere, aber auch, dass durch gestörte Internetverbindungen wenig Neuigkeiten nach außen dringen würden. Manche Weltregionen wie Skandinavien, der Süden Afrikas, Indien, Australien oder auch Südamerika fallen sehr häufig aus dem Sortiment an Meldungen in deutschen Medienportalen heraus. In einem Artikel im Nachrichtenmagazin *Der Spiegel* aus dem Juni 2023 wurde ein nigerianischer Autor interviewt, der von westlichen Klischees über Afrika spricht, an denen meiner Ansicht nach die Medien und ihre Berichterstattung über Flüchtlinge aus dem Süden nicht unschuldig sind. Sollte China seine Drohungen in die Realität umsetzen und Taiwan angreifen, würden wir in Europa viel passiver reagieren als nach Russlands Angriff auf die Ukraine, da wir keine Flüchtlinge zu erwarten haben. Außerdem würde der Konflikt um Taiwan eher die Seiten in der Rubrik „Wirtschaft“ dominieren und seltener die Politik- oder die Kulturseiten im Feuilleton; dennoch würde er die Weltwirtschaft ähnlich hart treffen, nur auf eine andere Weise.

Als ich vor kurzem mit meiner Bundestagsabgeordneten bei einem Parteitreffen sprach, hat sie davon berichtet, was für ein Marathon es gewesen sei, ein Gesetz zur Ausbildungsplatzgarantie zu beschließen. Kein Funke davon ist auf die Medien übergesprungen. Keine Meldung war darüber zu finden, obwohl die Koalitionspartner so erbittert darum gerungen haben. Von der Erweiterung des Bundeskanzleramtes habe ich kein Wort von *tagesschau.de* erfahren, sondern nur aus der *Süddeutschen Zeitung*.

Kurz gesagt: Ich selbst kann zwar entscheiden, was für ein Bild ich mir durch die Berichterstattung von der Welt mache, doch ich sehe manche Regionen der Erde und Themen unseres Alltags nicht ausreichend repräsentiert. Und die Medien haben noch ein anderes Problem, außer dass sie den Anschein erwecken, dass die Welt zum Großteil aus dem globalen Norden besteht.

Ende Juni 2023 wurde viel über das gesunkene U-Boot *Titan* berichtet, das zum Tod von fünf superreichen Abenteurern geführt hatte. Als gäbe es auf der Welt nicht schon genug Probleme. Das ist für mich – um es etwas überspitzt auszudrücken – eine Meldung in der Boulevardzeitung wert, aber keine tägliche Berichterstattung auf seriösen Nachrichtenportalen, wie zum Beispiel denjenigen der öffentlich-rechtlichen Sendeanstalten. Ein Artikel in der *Süddeutschen Zeitung*, bei dem sich der Autor auch auf diese Katastrophe bezog, ließ verlauten, dass Medien nicht Informationen verbreiten sollen, sondern Informationen vermitteln sollen. Man denke nur an die skandalöse Berichterstattung über Prinz Harry in der englischen Medienlandschaft oder die über Tage andauernde Flut von Neuigkeiten über den Gerichtsprozess zwischen Johnny Depp und Amber Heard.

Hinzu kommt auch die regelmäßige Berichterstattung zur Pflege, den Rentenerhöhungen und der Lage in den Krankenhäusern, die meiner Meinung nach andere Themen verdrängt. Zwar muss man zugestehen, dass die Zielgruppe für Nachrichten, welche die Sozialversicherung betreffen, groß genug ist und durch die Nachrichten erreicht wird. Allerdings hat sich die Mediennutzung geändert, und für meine

Generation sind solche Informationen weder hilfreich noch ein Grund, um in die Nachrichtensendungen hineinzuschauen.

Wir nehmen Zeitungen, Fernsehsendungen und Kurzmeldungen über Ereignisse heute als so natürlich wahr, dass wir uns nicht bewusst sind, wie sehr sie unsere Sicht auf die Gesellschaft beeinflussen. Heute verknüpfen wir zu sehr die Herkunft mancher Menschen mit den dortigen Problemen. Um das zu ändern, braucht es eine Neuauflage des Auftrags der öffentlich-rechtlichen Sender. Einerseits soll dieser die Menschen nicht mit grausigen Nachrichten zu Krieg, Klimawandel und anderen Krisen erschrecken, andererseits soll auch ein realistisches Bild von der Welt durch die Gesamtheit an Nachrichten und nicht nur durch Erfolgs- oder Unglücksmeldungen verbreitet werden. Abschließend würde ich mir wünschen, dass trotz der Breite an Themen oder Ländern und Regionen ein vielseitigeres Bild von der Welt gezeichnet wird. Dies soll Themen wie kulturellen Austausch und das Miteinander in der Gesellschaft in verlässlicher Berichterstattung verbinden. Ich finde, dass durch kurze Reportagen oder Dokumentarfilme – ähnlich wie beim *Weltspiegel* in der ARD –, die nicht nur das Ausland betreffen, sondern auch das Leben ganz unterschiedlicher Menschen in Deutschland in Szene setzen, gut über Lücken im Weltgeschehen berichtet werden kann. Mein Eindruck ist, dass Argumente für intolerantes oder rassistisches Verhalten auch darauf beruhen, dass in Zeitungen und den Nachrichten über zu viele Fehler und Krisen berichtet wird. Wenn ich mir überlege, welches Bild wir Europäer von Afrika bekommen, wenn wir erfahren, dass Flüchtlinge die riskante Überfahrt über das Mittelmeer wagen, die Bundeswehr sich aus Mali zurückziehen soll und im Sudan ein Konflikt aufgeflammt ist, dann wird das den Menschen dort nicht gerecht. Und in Deutschland ist der Osten leider zu sehr von negativer Berichterstattung betroffen. Dabei leben dort ganz normale Menschen mit einem ähnlichen Alltag, wie wir Medienkonsumenten ihn haben. Einseitige Berichterstattung stört den Ruf gesellschaftlicher Schichten und lässt deren Fehler wie Selbstverständlichkeiten aussehen. Damit wir zu einer bunteren Medienlandschaft kommen, muss sich in den Verlagshäusern und Redaktionen etwas ändern, damit der Austausch zwischen den Bürgerinnen und Bürgern Deutschlands gefördert wird. Schließlich sind etwa die öffentlich-rechtlichen Sendeanstalten in einer Krise, und die deutsche Gesellschaft steckt ebenfalls in Problemen, von denen ich glaube, dass sie durch Berichterstattungen über das „Selbstverständliche“ mehr aufgelockert werden könnten. Mehr Reportagen wie beispielsweise *ARD mittendrin* oder der Podcast der *tagesschau, 11KM*, können helfen, die Flut an Schlagzeilen aufzulockern. Es ist Zeit, die Menschen über die Vielfalt der Kulturen und der Gesellschaft in Deutschland zu informieren, um mehr Wissen über diese Realität in die Berichterstattung einfließen zu lassen, anstatt skandalöse Dokumentationen zu zeigen. So etwas soll nicht nur ein realistisches Bild unserer Welt schärfen, sondern auch Toleranz vermitteln. Deswegen finde ich, dass der Auftrag aller Verlagshäuser und Redaktionen in Deutschland sein sollte, mehr über weniger Brisantes zu berichten und nicht weniger über mehr Alltägliches.

Jan Große-Katthöfer besuchte im Rahmen des Studiengangs Politik und Gesellschaft an der Universität Bonn im Sommersemester 2023 das Seminar „Fakt oder Fake? Aufklärung oder Propaganda? Medien in der Selbstfindung – Schwerpunkt Öffentlich-Rechtlicher Rundfunk“ unter der Leitung von Prof. Bodo Hombach und Priv.-Doz. Dr. Manuel Becker.

„Das verstehe ich sowieso nicht, warum sollte ich mich damit beschäftigen?“

von Katharina Marx

Meinen ersten bewussten Kontakt mit medialer Berichterstattung hatte ich in der Grundschule in Form eines Printmediums. Einmal pro Woche bekam meine Klasse ein Exemplar der lokalen Tageszeitung, mit dem wir uns dann eine Schulstunde lang beschäftigen durften. Ich erinnere mich, dass keiner wirklich ganze Artikel las; Bilder und Bildunterschriften genügten. Dann verbrachte man lieber den Rest der Stunde mit dem Lösen der Sudokus oder Kreuzworträtsel.

Je älter ich geworden bin, umso mehr stieg mein Interesse an Nachrichten. Printmedien konsumiere ich dafür nicht mehr. Selbst die regionale Tageszeitung aus der Heimat gibt es mittlerweile für mich nur noch digital. Das Endgerät der Wahl ist meistens das Handy. Während ich in der Grundschule bewusst eine Stunde Zeit hatte, mich mit Nachrichten zu befassen, informiere ich mich mittlerweile gewissermaßen „zwischendurch“. Die *FAZ* stellt einen Newsletter per E-Mail zur Verfügung oder als Podcast mit einer Dauer von ca. 10 Minuten, der die wichtigsten Nachrichten des Tages kurz zusammenfasst. Da ich zur Universität pendle, nutze ich zudem das Radio als Nachrichtenquelle.

Sowohl die *FAZ* als auch die öffentlich-rechtlichen Sender ARD und ZDF stellen ihre Nachrichten über die Social-Media-Plattform Instagram zur Verfügung. *Tagesschau* (ARD) und *heute* (ZDF) bieten dort nicht nur Nachrichtenmeldungen, sondern auch in einem kurzen

Format aufbereitete Hintergrundberichte. Die „klassischen" öffentlich-rechtlichen Nachrichtensendungen von ARD und ZDF, *Tagesschau* und *heute*, konsumiere ich nicht regelmäßig. Allerdings sind sie beim Thema Fernsehnachrichten immer erste Wahl. Ich bin damit aufgewachsen, die öffentlich-rechtlichen Sender als Nachrichtenquelle zu nutzen; ich verbinde sie in erster Linie nicht, wie in meiner Generation vielleicht eher üblich, mit spießiger Berichterstattung, von der ich mich nicht ‚abgeholt' fühle, sondern mit einer vertrauenswürdigen, seriösen Informationsquelle, die mir ein realistisches Bild der Welt liefert. Ich habe eine gewisse Erwartungshaltung gegenüber Nachrichten, mich nicht nur darüber zu informieren, was ich wissen will, sondern vor allem darüber, was ich wissen sollte. Die Berichterstattung gibt mir (idealerweise) einen Überblick mit grundlegenden Informationen über aktuelle Themen, und ich entscheide selbst, über welche Themen ich mich später tiefergehend informiere. Je nachdem, wie viel Zeit und Gelegenheit ich habe, suche ich mir hierzu dann eigene Hintergrundartikel oder Berichte; entweder über die zuvor beschriebene Plattform oder aber die Apps bzw. Internetauftritte der öffentlich-rechtlichen Fernsehsender oder der Tageszeitungen.

Besonders die öffentlich-rechtlichen Medien ARD und ZDF geraten immer wieder in die Kritik. Obwohl sie für mich durchaus eine Informationsquelle der ersten Wahl darstellen, ist mir dennoch bewusst, dass unter anderem in meiner Altersgruppe (Anfang 20-Jährige) diese Meinung nicht die Regel ist. Die öffentlich-rechtlichen Medien haben hier mit einem zumindest vorbelasteten, teilweise auch reinweg negativen Bild zu kämpfen. Die Argumente, die diese Einschätzung erklären, sind unterschiedlich. Einerseits fühlen sich Personen Anfang 20 von den öffentlich-rechtlichen Medien oft nicht abgebildet – nicht nur seien die (Nachrichten-)Formate zu steif, auch Sendungen abseits der Nachrichten (unter anderem solche, die primär der Unterhaltung dienen) seien nicht auf diese Zielgruppe ausgerichtet. Es wird auch eine ständig negative Berichterstattung beklagt; die Nachrichten hört bzw. sieht man sich nicht an, da sie ein ungutes, fast schon depressives Gefühl vermitteln.

„Das verstehe ich sowieso nicht, warum sollte ich mich damit beschäftigen?"

Wie also können sich die öffentlich-rechtlichen Rundfunkanstalten ARD und ZDF für die junge Zielgruppe, unter anderem die der Anfang 20-Jährigen, attraktiver machen? Ich habe selbst zuvor angemerkt, dass ich die klassischen Nachrichtensendungen, *heute* (um 19 Uhr im ZDF) und die *Tagesschau* (um 20 Uhr in der ARD), nicht regelmäßig konsumiere. Das liegt vor allem daran, dass man hier zeitlich gebunden ist. Um diese Nachrichten nutzen zu können, muss man pünktlich vor dem Fernseher sitzen – und das passt, gerade im jungen Alter, vermutlich oft nicht in den Tagesablauf. Außerdem braucht man das entsprechende Gerät; einen Fernseher besitzen heute, im Zeitalter von Streamingdiensten, aber nicht mehr alle. Obwohl die Möglichkeit besteht, Live-TV auch über Handy oder Laptop anzusehen, ist die Hürde doch hoch, extra für Nachrichten einen Sender hierüber einzuschalten, der ansonsten wohl eher kaum bis gar nicht konsumiert wird. Ich erhebe mit meinen Einschätzungen keinerlei Anspruch auf Allgemeingültigkeit; dennoch gehe ich davon aus, dass Ausnahmen die Regel bestätigen. Möchte man die junge Generation eher erreichen, so gilt es, meiner einleitenden Argumentation zum Zugang zu Nachrichten folgend, diese Hürde besonders gering zu halten. Es müssen Angebote vorhanden sein, die zeitunabhängig und bestenfalls über ein Medium zugänglich sind, das ohnehin vorhanden ist, wie Handy oder Laptop. Apps sind durchaus eine Möglichkeit. Während sie den Vorteil bringen, dass sie Nachrichten und weitere Informationen gebündelt auf einer Plattform jederzeit zur Verfügung stellen, ist doch auch hier eine Hürde festzustellen: Apps müssen von Personen bewusst genutzt werden. Sind diese ohnehin an Berichterstattung interessiert, so stellen Apps sicher eine praktische und gute Lösung dar, um die jüngere Generation ‚abzuholen'. Man verliert jedoch vermutlich jene, die sich ohnehin nur bedingt für Nachrichten aller Art interessieren. Schon das Herunterladen einer App und die dann notwendig bewusste Anwendung können den Kreis derjenigen, die erreicht und ‚abgeholt' werden, verringern. Um diesem Aspekt entgegenzuwirken, bietet es sich an, etablierte und unter jungen Leuten beliebte Plattformen zu nutzen. Auf Instagram gibt es bereits Angebote der etablierten Nachrichtensendungen von ARD und ZDF. Gerade wenn das Nachrichteninteresse von vornherein nicht groß ist, kann die Nachrichtenaufnahme gewissermaßen nebenbei erfolgen und so eine größere Zielgruppe erreichen. Die Plattformen der sozialen Medien, wie Instagram, erlauben nicht nur eine leichte Zugänglichkeit für die entsprechende Zielgruppe, sondern auch einen entsprechenden Umfang der Information. Die wenigsten Anfang 20-Jährigen sind bereit oder haben Interesse daran, viel Zeit zu investieren, um sich zu informieren. Da ist vermutlich doch noch eine Verbindung zu Grundschulzeiten zu finden, als vor allem Bilder und Bildunterschriften gelesen wurden, nicht aber ganze Artikel. Es ist dem System der sozialen Medien immanent, dass Informationen hier kurz und knapp aufbereitet werden. Auch dies erhöht die Wahrscheinlichkeit, dass Nachrichten konsumiert werden. Bilder und Videos machen diese zudem oft greifbarer, wobei selbstverständlich auch dem Fernsehformat zugestanden werden muss, dass zumindest Bilder, aber auch zum Teil Videos genutzt werden.

Neben dem Zugang zu Nachrichten kann sicherlich auch deren Aufbereitung entscheidend dafür sein, ob die junge Zielgruppe sich abgebildet oder ‚abgeholt' fühlt. Nachrichten sollten in allererster Linie und selbstverständlich seriös sein. Eines der wichtigsten Indizien dafür ist für Zuschauer oder Leser die Sprache. Es wäre also sicherlich keine adäquate Lösung, wenn *Tagesschau*-Sprecherin Susanne Daubner die von ihr jedes Jahr so liebevoll präsentierten Jugendworte in Zukunft auch regelmäßig in ihre tägliche Berichterstattung einfließen ließe. Zumal ich aus eigener Erfahrung sagen kann, dass es einem bereits mit Anfang 20 passieren kann, dass man dort Worte zum ersten Mal hört. Dennoch ist der Aspekt „Sprache" für viele sicherlich auch ein nicht zu vernachlässigendes Thema. Eine steife, von Fachbegriffen gesäumte Sprache kann das Interesse am eigentlichen Informationsgehalt deutlich mindern, nicht nur, aber vor allem, wenn es sich um unbekannte Worte oder Zusammenhänge handelt. Nachrichten sollten – gerade im öffentlich-rechtlichen Rundfunk, dessen Informationsauftrag für die gesamte Bevölkerung gilt – nicht als Veranstaltung für eine gut situierte Elite empfunden oder etabliert werden. Jeder Mensch, ganz gleich, welcher Bildungsschicht oder welchen sozialen Milieus er angehört, sollte aus der *Tagesschau* oder *heute* einen ähnlichen Informationsgewinn ziehen können. Es geht einerseits um die Komplexität von Formulierungen und andererseits um das Verwenden von Fachbegriffen. Es ist vermutlich Wunschdenken, dass das Gros der Zuschauer nicht verstandene Fachbegriffe, die in Nachrichten genutzt werden, eigens nachschlägt. Auch wenn dies im Zeitalter des Internets oft keines großen Aufwands bedarf, ist der gedankliche Schluss vermutlich (leider) oft ein anderer: „Das verstehe ich sowieso nicht, also warum sollte ich mich damit beschäftigen?“ Mir ist dennoch bewusst und ich halte es für ebenso wichtig und entscheidend, dass eine präzise Sprache die einzige Möglichkeit ist, um eine gewisse Informationsdichte in einer stark begrenzten Zeit zu liefern. Trotzdem glaube ich durchaus, dass es möglich ist, viele Fachbegriffe oder ‚hochtrabende‘ Ausdrücke durch einfachere, nicht minder präzise Worte zu ersetzen. Damit hat man noch lange keinen Verlust an Sprache provoziert, sondern eher einen Gewinn an Reichweite ermöglicht. Nachrichtensendungen wie die *Tagesschau* und *heute* sind in meinen Augen der Kernauftrag des öffentlich-rechtlichen Rundfunks. Es sollte nicht das Gefühl entstehen, es handle sich um ein exklusives, elitäres Erklären der Welt, sondern es geht um Informationen, die so aufgearbeitet sind, dass sie für alle verständlich und zugänglich sind.

Nachrichten sollten vor allem eins sein: wertfrei. Es geht um Information, nicht um Interpretation. Ist dies jedoch in der Berichterstattung des öffentlich-rechtlichen Rundfunks der Fall? Soll hier informiert oder beeinflusst werden? Ich habe zuvor angemerkt, dass ich von Nachrichten erwarte, mich über das zu informieren, was ich wissen sollte, und nicht zu sehr darüber, was ich wissen will. Vor diesem Hintergrund lässt sich durchaus argumentieren, dass es hier zu einer Beeinflussung meiner selbst kommt, da von übergeordneter Stelle – de facto von Journalisten des öffentlich-rechtlichen Rundfunks – entschieden wird, die Erwähnung welcher Nachrichten mir ein reales Bild unserer Welt liefern und welche dazu zunächst nicht entscheidend sind. Sobald man Information weglässt, kann immer von einer Beeinflussung die Rede sein. Doch lässt sich dieses Argument für mich genauso schnell entkräften. Es ist meiner Ansicht nach ebenso Auftrag wie Kompetenz von Journalisten, die Fülle an Informationen so zu filtern, dass genau jene weitergegeben werden, die ein realistisches Bild unserer Welt vermitteln. Diese Sichtweise meinerseits beruht jedoch auf der Annahme, dass Berichterstattung in Form von Nachrichten schon im Kern unabhängig sein müsste, da es sich um einen objektiven, auf Fakten basierten Bericht der Realität handelt. Doch stelle ich mir selbst im nächsten Atemzug die Frage, ob sich die Realität tatsächlich realitätsgetreu abbilden lässt? Berichterstattung umfasst nicht nur Nachrichten im Sinne von stichwortartiger Information, sondern bezieht auch Bildauswahl, Videoaufbereitung und Schlagwortauswahl mit ein. Beeinflusst ein Format wie die *Tagesschau* oder *heute* durch die Auswahl an Bildern oder die Formulierung der Kurzinformation darunter? Ich denke schon, dass ich dadurch beeinflusst bin, ja. Je nach Aufbau der Nachricht oder zu übermittelnder Kerninformation wird ein anderes Bild gezeigt, das der Nachricht einen Kontext oder eine Intonation gibt, die mich beeinflusst, ohne dass ich es im ersten Moment überhaupt bewusst wahrnehme. Es hängt für mich jetzt davon ab, wie negativ oder positiv ich diese Beeinflussung bewerte. Sehe ich darin eine Beeinflussung, die das Verstärken einer möglichst objektiven Sichtweise als Ziel hat? Oder aber sehe ich eine Beeinflussung im Sinne einer Verfälschung, bei der eine vermeintlich allgemeingültige Meinung abgebildet werden soll? Ist das Ziel sogar Meinungsbildung statt Information? Letzteres mache ich den öffentlich-rechtlichen Medien nicht zum Vorwurf. Ich möchte an dieser Stelle festhalten, dass ich mit dem Begriff „Nachrichten" allein die *Tagesschau* und *heute* meine. *Tagesthemen* und *heute journal* sind meiner Ansicht nach durchaus nicht wertfrei, erheben diesen Anspruch aber auch nicht, da es sich nicht um klassische Nachrichten als Informationssendungen handelt, sondern explizit um Journale, die Themen aus einem bestimmten Blickwinkel beleuchten. Dennoch drängt sich mir immer wieder einmal die Frage auf, wie unabhängig die Berichterstattung in der deutschen Medienlandschaft – vor allem in den öffentlich-rechtlichen Medien – eigentlich ist. Ich habe grundsätzlich nicht das Gefühl, dass der öffentlich-rechtliche Rundfunk in der Unabhängigkeit seiner Berichterstattung eingeschränkt ist; eine Beeinflussung durch andere Instanzen sehe ich nicht. Wenn überhaupt, lässt sich hinterfragen, wie weit der öffentlich-rechtliche Rundfunk sich durch seine Zuschauer oder Leser beeinflussen lässt und ob es sich hierbei um eine legitime oder sogar wichtige und notwendige Beeinflussung handelt. So kann man die Tatsache, dass im Sportteil der Nachrichten in breitem Ausmaß über Fußball, aber selten über anderen Sport berichtet wird, vor diesem Hintergrund positiv – als wichtige und auftragsgemäße Abbildung der mehrheitsgesellschaftlichen Meinung – deuten, sie aber auch negativ interpretieren, als Beeinflussung durch das Streben nach besonders hohen Zuschauerzahlen, oder aber die Abbildung einer (vermeintlich) mehrheitsgesellschaftlichen Meinung als solche generell in Frage stellen. Andererseits gehört es sicherlich dazu, dass Informationen für Nachrichten danach ausgewählt werden, wie relevant sie auch im Sinne eines Quantitätsaspekts – also relevant für wie viele Menschen – sind. Trotz meiner vorangegangenen Argumentation bleibt dann die Frage offen, ob sich eine solche Beobachtung bei der Sportberichterstattung nicht doch auch auf die restliche Berichterstattung übertragen lässt. Doch dieses Urteil kann ich für mich derzeit nicht fällen.

Katharina Marx besuchte im Rahmen des Studiengangs Politik und Gesellschaft an der Universität Bonn im Sommersemester 2023 das Seminar „Fakt oder Fake? Aufklärung oder Propaganda? Medien in der Selbstfindung – Schwerpunkt Öffentlich-Rechtlicher Rundfunk“ unter der Leitung von Prof. Bodo Hombach und Priv.-Doz. Dr. Manuel Becker.

Medienkonsum der jungen Generation

von Hannah Schmitz

Welche Medien konsumieren Personen im Alter von 20 Jahren? Welche Informationsmedien werden bevorzugt?

Heutzutage gibt es so viele Angebote der Informationsbeschaffung, dass viele junge Menschen sich nicht nur auf ein Medium beschränken, sondern mehrere gleichzeitig nutzen. Auch bei mir ist das so. Grundsätzlich würde ich sagen, dass das Fernsehen beziehungsweise die klassischen Nachrichten im Abendprogramm eher bei älteren Generationen beliebt sind.

Die jüngeren Generationen, besonders Jugendliche und junge Erwachsene, nutzen meist Social Media. In meinem Freundeskreis – und auch bei mir persönlich – ist Instagram das bevorzugte Medium. Das kommt auch daher, dass die Tagesschau, BBC, n-tv und viele andere Nachrichtensender Social-Media-Kanäle haben. Alternativ dazu haben diese Sender auch Apps, die man sich kostenlos auf das Handy oder Tablet laden kann. Ich nutze, neben der Tagesschau-App, die von der BBC.

Auf Instagram und anderen Social-Media-Kanälen, wie X (vormals Twitter) und Facebook, gibt es bei den Apps die Funktion der Push-Nachrichten. Durch Algorithmen werden dem Nutzer Nachrichten aus jenem Themenbereich vorgeschlagen, der in der Vergangenheit bereits aufgerufen worden ist. Das ist praktisch, wenn man sich für ein tagesaktuelles Thema interessiert und regelmäßig über Neuigkeiten informiert werden möchte. Diese Funktion haben Medien wie die Zeitung oder die Fernsehnachrichten nicht. Lediglich Sender wie n-tv oder WELT, die rund um die Uhr informieren, sind dazu eine gute Alternative. Gerade wenn man lieber zuhören möchte, statt z. B. das Handy aktiv zu nutzen, bietet sich das Fernsehen noch immer an.

Die klassischen Medien sind für viele junge Menschen Anfang 20 uninteressant, weil sie nicht so bequem sind wie neuere Medien. Die wenigsten jungen Menschen nehmen sich die Zeit, um aktiv die Zeitung zu lesen. Aus meinem Bekanntenkreis gibt es niemanden in meinem Alter, der das macht.

Wie viel Zeit nimmt dies ein?

Für mich und die meisten meiner Bekannten ist es wichtig, dass man die Informationen, die man braucht oder für die man sich interessiert, relativ zügig abrufen kann. Deshalb bietet sich auch die bereits genannte Push-Funktion besonders an.

Gerade wenn es um Texte geht, ist meist schon die Lesedauer angegeben, die selten mehr als drei Minuten beträgt. Hier fällt Instagram besonders auf: Oftmals sind die wichtigsten Fakten bereits auf den Bildern in Kurztexten oder Stichpunkten angegeben. Nur wer sich für die Details interessiert, muss den dazugehörenden Beitragstext lesen.

Dass die jüngeren Generationen heutzutage kaum noch Zeitung lesen oder Nachrichten schauen, bedeutet jedoch nicht, dass das Interesse am Weltgeschehen nachgelassen hätte. Es ist vielmehr so, dass diejenigen, die sich mit sozialen Medien beschäftigen, kein Interesse daran haben, sich in der Flut von Informationen, die Social Media ausmacht, mit Kleinigkeiten zu befassen. Deshalb gilt: Je kompakter und kürzer, desto besser.

Welche Endgeräte werden genutzt?

Ich persönlich nutze meist das Handy, und auch für meinen Freundes- und Bekanntenkreis ist es das bevorzugte Endgerät. Grundsätzlich bieten sich portable Geräte an. Es ist praktischer, z. B. in der Bahn Nachrichten im Liveticker auf dem Handy oder Tablet zu verfolgen, als bis zum Abend zu warten und sich zu Hause die Nachrichten im Fernsehen anzusehen. Des Weiteren schauen immer weniger junge Menschen fern, insbesondere seitdem die Funktion des Streamings auf den Markt gekommen ist. Ich persönlich schaue weniger als zwei Stunden in der Woche klassisches Fernsehen. Wenn ich die Nachrichten dort verfolge, dann ist das meist der Fall, wenn ich meine Großeltern besuche. Nur bei politischen Themen, die in aller Munde sind, schalte ich n-tv oder WELT ein, aber selbst dann warte ich nicht auf die Abendnachrichten. Und wenn doch, dann nur für Updates.

Da jüngere Generationen ohnehin viel unterwegs sind, ist auch das Radio populär. Wenn man im Auto sitzt oder zu Hause arbeitet, ist es angenehm, dabei die lokalen Radiosender zu verfolgen. Dort werden ohnehin meist halbstündlich oder stündlich in einem Zeitraum von fünf Minuten die wichtigsten politischen Themen zusammengefasst, und man bekommt einen guten Überblick.

Das ist auch ein Punkt, von dem ich denke, dass er wichtig ist: ein Überblick. Es geht nicht darum, umfangreiches Wissen über ein Thema zu erlangen, sondern vielmehr darum, davon gehört zu haben, um bei Gelegenheit mitreden zu können. Der Satz „Das habe ich auch mitbekommen, aber ich habe es nicht genau verfolgt", den ich recht oft höre und selbst nutze, beschreibt es ganz treffend.

Neben dem Radio sind auch Podcasts, die man über verschiedene Musik-Apps oder YouTube auf mobilen Geräten verfolgen kann, eine wichtige Informationsquelle. Politische Podcasts höre ich persönlich nicht, aber ich habe des Öfteren mitbekommen, dass sie in meiner Generation populär sind – gerade, wenn es um kritische Themen geht, die Potenzial zur Diskussion bieten.

Auch wenn klassische Fernsehnachrichten nicht mehr so gefragt sind, ist es das Fernsehgerät selbst noch immer. Gerade durch die Fusion verschiedener Funktionen ist das Spektrum an möglichen Endgeräten recht groß. Die Smart-Funktionen, die Handy und Tablet ausmachen, können auch auf Geräte wie Computer und Fernseher ausgeweitet werden. Smart-TVs sind dafür ein gutes Beispiel. Diese können beinahe genauso bedient werden wie ein Handy und besitzen oft dieselben Funktionen.

Verbesserungsvorschläge – Was könnten klassische Medien tun, um jüngere Menschen bis Mitte 20 in Deutschland abzubilden und abzuholen?

Ich denke, dass die klassischen Medien sich schon große Mühe geben, die jüngeren Generationen für sich zu begeistern. Die meisten Zeitungen sind mittlerweile auch online abrufbar. Ein Problem in meinen Augen ist jedoch, dass viele davon nicht kostenlos sind. Für ältere, traditionelle Zeitungen sind meist Abos vonnöten, oder man muss zusätzliche Gebühren zahlen, wenn man sich über spezifischere Themen informieren möchte. Manche Medien bieten mittlerweile jedoch die „Mit Werbung weiterlesen"-Funktion an.

Auch die Präsenz der klassischen Medien in den sozialen Medien ist ein guter Schritt, um jüngere Generationen abzuholen. Dazu kommt ein breites Angebot an verschiedenen Themen, die sich nicht nur auf das eigene Land, sondern die ganze Welt beziehen. Gerade im aktuellen Zeitalter, aus dem eine globale Vernetzung nicht mehr wegzudenken ist, brauchen die Medien Vielfältigkeit.

In meinen Augen ist es wichtig, Schritt zu halten. Die klassischen Medien müssen sich weiterhin an die aktuellen Situationen anpassen und so viele Trends wie möglich mitgehen, um den Kontakt zu den jüngeren Generationen nicht zu verlieren. Vor zwanzig Jahren war Facebook praktisch eine Sensation. Heute interessieren sich die jungen Menschen eher für TikTok und Instagram. Es müssen also Wege gefunden werden, diesen Altersgruppen Informationen passend zu den entsprechenden Medien nahezubringen.

Will der öffentlich-rechtliche Rundfunk eher beeinflussen oder informieren?

Diese Frage ist schwer zu beantworten und ich denke, dass beides einen gewissen Wahrheitsgehalt hat. Natürlich liegt die Aufgabe des öffentlich-rechtlichen Rundfunks darin, die Menschen über aktuelle Themen, die sie und ihre Umwelt betreffen, auf dem Laufenden zu halten. Andersherum muss er die Menschen so beeinflussen, dass sie nicht das Interesse verlieren und sich abwenden. Das ist ein schmaler Grat. Ich denke, dass der öffentlich-rechtliche Rundfunk die Menschen durch die richtige Themenwahl in gewisser Weise an sich bindet. Das ist wohl auch einer der Gründe, warum Katastrophennachrichten meist so ausgeschlachtet werden. Beispiele hierfür sind der Sturm auf das Kapitol in den USA oder der Ukraine-Krieg. Ersteres betrifft unsere politischen Überzeugungen, das Zweite betrifft uns, weil es in unmittelbarer Nähe stattfindet. Solange Themen gezeigt werden, die uns interessieren, nutzen wir weiterhin diese Informationsquelle. Natürlich dient diese zur Information, aber die Art der Darstellung und die Häufigkeit der Nennung bestimmter Themen beeinflussen auch das Konsumverhalten. Aus diesem Grund denke ich, dass der öffentlich-rechtliche Rundfunk sowohl informiert als auch beeinflusst, gerade weil der Markt groß ist und private Sender weitaus freier in ihrer Themenwahl sind.

Wie ist es um die Meinungsfreiheit in Deutschland bestellt?

Deutschland ist ein Land mit großer Meinungsfreiheit. Man hört immer wieder vom rechten Spektrum, dass unser Land die Meinungen und Wünsche der Menschen unterdrückt, aber das kann ich nicht bestätigen. Grundsätzlich darf jeder das sagen, was er möchte. Es gibt nur einen gewissen Grundrahmen, den man nicht verlassen sollte. Hassreden sowie menschen- und demokratiefeindliche Aussagen gehören beispielsweise nicht zur Meinungsfreiheit. Es kommt nicht darauf an, *ob* man Kritik äußert, sondern eher, *wie* man sie äußert. Kritisieren darf jeder, das ist in meinen Augen auch wichtig in einem demokratischen

Staat, doch die Aussage sollte niemanden verletzen, beleidigen oder bedrohen.

Das einzige Problem besteht für mich darin, dass es keine klar festgelegten Grenzen gibt. Wenn man sich in der Öffentlichkeit kritisch äußert, besteht immer die Gefahr, dass die Interpretation eine andere ist. Gerade die sozialen Medien, wo jede Aussage auf die Goldwaage gelegt wird, sind ein Hindernis für die Meinungsfreiheit. Egal wie sorgsam man eine Aussage formuliert, es wird immer jemanden geben, der dagegen wettert. Ich selbst nehme mich meist zurück, wenn es um bestimmte Themen geht, gerade in den sozialen Medien, und verzichte lieber auf einen Beitrag, statt das Ziel von Beschimpfungen zu werden.

Dieses Problem scheint jedoch meist nur unter Gleichaltrigen zu bestehen. Beispielsweise ist es der *Fridays-for-Future*-Bewegung relativ egal, ob ihre Tätigkeiten die älteren Generationen verärgern, weil sie ihnen ohnehin die Schuld am Klimawandel geben. Die Älteren wettern in den sozialen Medien oft gegen die Bewegung, wobei die jüngeren Generationen sich eher zurückhalten, wenn sie deren Meinung nicht teilen. Vermutlich, weil sie befürchten, mit ihrer Meinung allein dazustehen und dadurch das Opfer von Kritik zu werden.

Ich bin ein großer Verfechter der Meinungsfreiheit, aber ich denke, dass es, gerade wenn es um Politik und die Medien geht, schwierig ist, einen Weg zu finden, der der Mehrheit gefällt. Auch gerade deshalb, weil tausende Menschen mit verschiedenen Meinungen einen Beitrag lesen können. Hier stellt sich zudem die Frage: Wann zählt eine Aussage noch als Meinung?

Die Medien spielen dabei eine zentrale Rolle. Sie haben die Möglichkeit, die Sicht auf die Dinge durch Informationen zu verändern oder zu beeinflussen. Das bedeutet, dass manche Menschen, die ein Thema anders sehen, als die Medien es darstellen, sich davor scheuen, ihre Meinung zu äußern. Bei manchen Themen mag das gut sein, bei anderen schlecht. Die globale Vernetzung hat eben auch ihre Nachteile.

Hannah Schmitz besuchte im Rahmen des Studiengangs Politik und Gesellschaft an der Universität Bonn im Sommersemester 2023 das Seminar „Fakt oder Fake? Aufklärung oder Propaganda? Medien in der Selbstfindung – Schwerpunkt Öffentlich-Rechtlicher Rundfunk“ unter der Leitung von Prof. Bodo Hombach und Priv.-Doz. Dr. Manuel Becker.